太平洋战争全史书系

本土决战

第五卷　1945

团结出版社
UNITY PRESS

赵恺
顾晓绿
——作品

图书在版编目（Ｃ Ｉ Ｐ）数据

本土决战：1945 / 赵恺，顾晓绿著. — 北京 ：团
结出版社，2018.11（2020.5 重印）
（太平洋战争全史书系 ；第五卷）
ISBN 978-7-5126-6496-8

Ⅰ. ①帝… Ⅱ. ①赵… ②顾… Ⅲ. ①太平洋战争－
史料－1945 Ⅳ. ①E195.2

中国版本图书馆 CIP 数据核字(2018)第 174956 号

出　版：团结出版社
　　　　（北京市东城区东皇城根南街 84 号　邮编：100006）
电　话：(010) 65228880　65244790　（出版社）
　　　　(010) 65238766　85113874　65133603（发行部）
　　　　(010) 65133603（邮购）
网　址：http://www.tjpress.com
E-mail：zb65244790@vip.163.com
　　　　fx65133603@163.com（发行部邮购）
经　销：全国新华书店
印　装：三河市东方印刷有限公司

开　本：170mm×240mm　　　　16 开
印　张：21
字　数：308 千字
版　次：2018 年 11 月　第 1 版
印　次：2020 年 5 月　第 2 次印刷

书　号：978-7-5126-6496-8
定　价：59.00 元

前　言

　　1945 年，曾经试图在东亚大陆和西太平洋地区建立自身霸权的日本帝国，终于在以美、英、中为首的国际反法西斯同盟的不断打击之下，感受到了那即将降临的灭顶之灾。生存还是毁灭？这不仅是摆在日本陆、海军面前的问题，更是上至天皇、下至普通的黎庶都必须面对的问题。

　　尽管日本陆、海军此时已然无力再战，但为了避免最终的覆灭，更为了能争取到一个所谓"体面的和平"，在太平洋和东亚大陆战场上，日本陆、海军还是以竭泽而渔的动员模式，集结起了最后的残山剩水，试图在菲律宾群岛、硫磺岛、冲绳乃至日本本土，作最后的放手一搏。尽管这样的抵抗，未必能取得胜利。但在日本陆、海军上层看来，这样却足以令对手在巨大的伤亡数字面前停下脚步。但与日本陆、海军的负隅顽抗相比，以天皇裕仁为首的日本政界人士却早已认清了现实，试图通过各种蝇营狗苟和异想天开的手段尽快与美、英媾和。

　　与日本方面的穷途末路相比，执太平洋地区国际反法西斯同盟牛耳的美国却显得格外的淡定从容，毕竟曾经对其构成巨大威胁的纳粹德国已然在东、西两线的夹击下，走到了覆灭的边缘。而不可一世的日本帝国此时也是颓势尽显、日薄西山。但就是在这样的整体有利环境之下，由谁来主动发起对日本本土的登陆作战，却引发了代表美国陆军势力的西南太平洋战区麦克阿瑟，以及海军首脑——中部太平洋战区司令尼米兹之间的一场明争暗斗……

　　在西太平洋辽阔的海面和第一、第二岛链上，日、美双方围绕着诸如菲律宾的吕宋群岛、小笠原群岛、冲绳列岛展开了怎样惨烈的绞杀，而在国际外交舞台上，最终战胜了纳粹德国的苏联政府又是如何长袖善舞，直到最后一刻才露出了对日宣战的底牌？

面对外线战场的节节败退，日本陆、海军缘何还有底气叫嚣"本土决战"，而在所谓"一亿总玉碎"的口号之下，日本方面又作了哪些与"美英鬼畜"决战到底的部署？而围绕这场最终未能爆发的决战，日、美双方又进行了怎样的战前准备和战略规划？在战后的兵棋推演之中，这场决战又可能以怎样的方式分出胜负？

两颗原子弹究竟是摧毁了日本的抵抗意志，还是给了日本政府一个放弃抵抗的理由？在《日本帝国投降书》的签署过程中，在日、美双方之间和各自的内部又经过了怎样的一番博弈，才最终出现了为世人所熟知的结局。在《太平洋战争全史》的收官之作中，我们将全面为读者呈现这场战争最后一年的风云激荡和战争走向。

目　录

楔 子

走向末路——1944 年的战局回顾和日本帝国的应对之道

1945 年 1 月 3 日，对于大多数生活在名古屋的日本民众而言，战争依旧是发生在遥远异域的故事。虽然主妇们偶尔也会谈起谁家的儿子被征募入军队，被派往了某地可能已经惨遭不幸的消息。男人们下班之后则会在居酒屋中抱怨粮食短缺、物价飞涨，整个日本只剩下了"星星（指代陆军）、海锚（指代海军）和黑市"，连用大米酿造的清酒都成为奢侈品，甚至会在报纸上读到"八幡制铁所""中岛飞机厂""三菱重工"遭到美军轰炸的消息。

但是战争对于他们的生活而言依旧是那么遥远，直到这一天的白昼，刺耳的防空警报在这座城市的空中响起。市民们不约而同抬头仰望天空，才发现美国陆军航空兵的 B-29 型轰炸机正高高地盘旋在他们的头顶……对于那些沉浸于日常琐碎生活的平民而言，战争似乎是一夜之间便降临在了自己的头上，殊不知他们每一个人都早已参与其中。

自 1931 年 9 月 18 日日本关东军悍然发动"九一八"事变，鲸吞中国东北三省以来，日本政府从中国领土上掠夺而来的粮食、煤炭、原木、金属矿石便源源不断地输送回日本本土，保障着每一户日本家庭可以免受昭和初年那些饥荒、萧条和失业的困扰。也正因如此，当 1937 年卢沟桥畔的枪声响起，"惩膺暴支"的呼声才会在日本国内得到亿万民众的呼应和拥戴，才会在攻占上海、南京、武汉的消息传来，引发日本举国若疯的全民狂欢，才会在苏联、英国、美国先后或明或暗地支持中国政府抵抗侵略之后，令全体日本国民对其格外地仇视。

1941 年 12 月 7 日，当日本联合舰队偷袭珍珠港大获全胜之际，日本国内除了少数仍保持着冷静的知识分子和左翼人士，几乎没有人会想

在第二次世界大战中日本政府始终绑架着国民的根本利益

到战争的天平会出现逆转。日本的国民大多迷信着自己国家的陆军骁勇善战、海军精锐无双,他们不仅可以将整个东亚都化为"皇道乐土",甚至还将帮助东南亚、印度乃至中东地区摆脱英、美的控制。这种狂想不仅仅缘于日本政府宣传机构的洗脑,更是基于每一个普通日本人最切身利益的需要。

但战场上传来的不会永远都是好消息,起初民众只是能够从一些政府的战报中偶然听到"艰难""苦战"之类的字眼,隐约感到他们的梦想似乎进行得不是那么顺利。随后是越来越多的阵亡通知单和骨灰被陆续运回,令一些家庭陷入丧子、丧夫、丧父的苦楚之中。不过这并没有什么关系,战争嘛!总是要死人的。只要继续加班加点、做好自己的本职工作,将更多的武器和粮食送往前线,局势便仍会按照预定的目标前进的,嗯!一定是这样的。这种想法不是天真,而是每一个日本国民出于自身生存和发展的必然选择。

再后来,战局的恶化似乎已经没什么好隐晦的了,相反逐渐成为了一种习惯和必然。当广播和报纸上出现某地失去联系、某支部队奋战到最后一兵一卒之时,日本的国民们已经不再感到震惊,而是麻木地点了点头,然后对自己说:你看大家都还没有放弃,我又有什么资格沮丧呢?相信政府吧!一切都还会有办法的。

但是这一刻,当美国人的轰炸机大白天出现在名古屋的上空,整个日本几乎同时响起了一阵悄无声息的破碎之声。仰望天空的人们或许终于意识到了,一切都是有代价的,国运昌隆的繁荣、皇道乐土的梦想,乃至桌上那一碗廉价的东北大米。当日本的国民不分贵贱、无一例外地享受着战争的红利之时,他们早就应该想到,这场战争的代价同样会摊分在他们每一个人的头上。

名古屋遭遇空袭的消息传到位于东京永野町的首相官邸之中,日本第41任首相小矶国昭唯有苦笑着表示:"还好遭遇轰炸的不是东京,否则我将不得不亲往皇居谢罪。"是啊!他能有什么办法?从一开始他的接任首相,便是日本国内代表公卿、贵族利益的重臣集团与日本陆、海军私相授受、妥协博弈的产物。他既没有权力左右日本的政治、外交走向,对军事事务也无从置喙,能做的只有背负着国民"木炭汽车"(木炭自动车)的揶揄,看着局势一天天变糟而已。

此时小矶国昭或许会想起半年前那个东京下着瓢泼大雨的午后,当时刚刚从朝鲜总督任上被召回国内的自己,顺利地接替了东条英机上台组阁。回首那一刻的意气风发,小矶国昭竟然有恍如隔世之感。那么问题究竟出在哪里呢?军人出身的小矶国昭面前似乎徐徐展开了一张太平洋战场的辽阔地图。

1944年7月22日,小矶国昭内阁正式成立。当时整个世界战场的局面是美英盟军于当年6月6日在诺曼底一线发动登陆,正式开辟了许诺已久的欧洲第二战场。德国陆军虽调集大批精锐装甲部队对美、英军队的登陆场展开向心突击,但在对手强大的空中火力拦阻之下,最终功败垂成。6月30日,希特勒撤换了德国陆军的西线主要指挥官、总司令龙德施泰特,代之以前东线中央集团军司令克卢格。可惜临阵换将并不能改变战场不利的形势。就在克卢格接掌帅印后不久,7月3日,美、英盟军便集中约14个师的兵力向登陆场正面的德军发动进攻。尽管德军依托地形节节抵抗,但最终仍在反复的拉锯和消耗战中败下阵来。

诺曼底登陆战的成功,昭示着纳粹德国在欧洲彻底陷入了两线作战的尴尬境地

就在德军于西线焦头烂额之际，6月22日苏联红军于白俄罗斯一线发动了声势浩大的"巴格拉季昂"行动。面对苏联红军强大的装甲突击集群，大部分装甲部队都被抽调到乌克兰一线的德国陆军中央集团军无力抵挡，整条战线随即土崩瓦解。至7月3日苏联红军已然收复了白俄罗斯首府明斯克，并对德国陆军第4、第9集团军展开了围歼。6月22日至7月4日的短短12天内，德国陆军中央集团军便损失了25个师超过30万人。

东、西两线连遭重创之余，纳粹德国内部也爆发了严重的政治倾轧。对希特勒及其政治集团长期抱有敌意的德国容克军官团于7月20日策划了一起针对希特勒本人的暗杀行动，史称"7·20"事件。可惜容克军官团不仅缺乏全面夺权的准备，更差了一些运气。在造成了4人当场死亡、3人重伤的剧烈爆炸之中，希特勒仅烧伤了大腿，烧焦了头发，震坏了耳膜，在一个小时之内便赶回了柏林，全面粉碎了容克军官团的夺权阴谋，而纳粹德国方面也借由"7·20"事件，全面调整了军队的指挥系统，大批对纳粹党和希特勒本人忠心耿耿的职业军官被委以重任，利用东、西两线美、英盟军和苏联红军进攻矛头顿挫的有利时

"7·20"事件之后希特勒带领墨索里尼参观自己被炸当天的会议室

机，利用德国军工系统陆续投入的新锐武器，暂时稳定了战线。

"7·20"事件的戏剧性收尾和德国在东、西两线的勉力维持，也给了日本方面莫大的鼓励。尽管1944年6月、7月间，日本陆、海军在马里亚纳群岛一线遭遇重创，苦心构筑的"国防圈"陷入分崩离析的状态，但在小矶国昭内阁成立之后，日本陆、海军方面还是雄心勃勃地拟定了一个"捷号作战"方案，拟定在菲律宾、中国台湾—冲绳一线，小笠原群岛—日本本土或北方千岛群岛与来犯的美军展开主力决战。

与此同时，在英帕尔战役中一败涂地的日本陆军，仍在缅甸发起了"断作战""完作战"，继续阻断连接印度与中国之间的"史迪威公路"的贯通，以及英联邦军队对缅甸的反攻。而中国派遣军所发动的"大陆交通线作战"也如火如荼地展开着。因此在小矶国昭内阁看来，这场战争似乎仍有转圜的余地。

1944年10月10日，归属于哈尔西麾下美国海军第3舰队的庞大航母战斗群对日本冲绳岛展开大规模空袭。日本海军联合舰队随即命令驻守中国台湾地区的第二航空舰队，及以打击航母为主要训练目标的"T攻击部队"（第762海军航空队）全力出击。一时间在中国台湾本岛及附近海域，日美双方进行了长达4天的海空大战。

最终日本海军联合舰队宣布：击沉美国海军航空母舰11艘、战列舰2艘、巡洋舰3艘及疑似驱逐舰1艘，重创美国海军航空母舰8艘、战列舰2艘、巡洋舰4艘、其他战舰13艘。尽管己方损失了312架各型战机，但这场"台湾近海航空战"也堪称辉煌的胜利。

由于坚信美国海军的主力航母战斗群已经遭遇重创，因此10月20日当美国海军炮击菲律宾莱特岛，并准备发动两栖登陆的消息传来，日本陆、海军一致认为美军已是强弩之末，只要集中己方陆、海军精锐，于莱特湾内一举将对手荡平并非难事。正是秉承着这一宗旨，日本海军派出了以残余航母组成的"机动舰队"承担诱敌任务，而以水面战斗舰艇组成的"第1游击部队""第2游击部队"，试图分兵突入莱特湾的美军登陆场区域，以舰炮和鱼雷横扫美军登陆舰队。

但最终由于多路进击中的联络不畅、配合失误，日本海军联合舰队的分进合击演变成了各自送入对手舰载航空兵和重炮轰击之下的自杀之旅。在整个莱特湾海战及其后的地面战中，日本海军损失了3艘战列舰

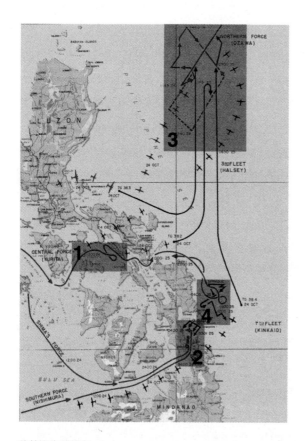

莱特湾海战简图

（"武藏""扶桑""山城"）、4艘航空母舰（"瑞鹤""瑞凤""千岁""千代田"）、6艘重型巡洋舰（"爱宕""摩耶""鸟海""最上""铃谷""筑摩"）、4艘轻型巡洋舰（"能代""多摩""阿武隈""鬼怒"）、11艘驱逐舰（"野分""藤波""早霜""朝云""山云""满潮""初月""秋月""若叶""不知火""浦波"）和3艘潜艇（"伊26""伊45""伊54"），可谓伤筋动骨、元气大伤。

　　如果说"莱特湾大海战"之前，日本海军联合舰队还具备与美国海军一战之力的话，那么"莱特湾大海战"之后，日本海军联合舰队则基本沦为陆军附庸，非但不可能再与对手争锋于海上，甚至连自保亦是非常困难了。1944年11月，为了执行掩护陆军向莱特岛增兵的"多号作战"任务，日本海军又损失了重型巡洋舰"那智"、驱逐舰"岛风""若月""长波""浜波""初春""冲波""秋霜""曙""桑""岸波"以及包

太平洋战争全史

括海防舰"第11号"在内的大批小型舰艇和运输船。

撤回本土的日本海军主力舰同样成为美国海军攻击的目标。11月21日零点,航行在中国台湾基隆附近海域的日本海军"第1游击部队",遭到了美国海军潜艇"海狮"号(USS Sealion, SS-315)的伏击,位于队列最前方的战列舰"金刚"舰首左舷中雷2发。与此同时,在舰队右侧执行护航任务的驱逐舰"浦风"意外地撞上了一枚原本瞄准战列舰"长门"的鱼雷,当场沉没。

由于迷信战列舰的防护能力,被鱼雷击中之后随即出现多个舱室进水、倾斜14度的"金刚"没有立即停止航行,相反选择了在驱逐舰"滨风""矶风"的护卫下以16节的航速朝着基隆港驶去。但此时这艘明治末年由日本向英国订购的战列舰(按照英国方面的划分应为:战列巡洋舰)服役已经超过30个年头了。虽然经过了多次现代化的改造,但舰体终究老朽不堪,加之在此前的莱特湾海战中遭遇美国海军舰载机的多轮轰炸,水线以下因近失弹而多处开裂,此番再度被鱼雷命中,新伤旧创一并发作,最终于11月21日上午5时20分由于发动机舱严重进水而彻底失去了动力,并在10分钟之后发生倾覆。由于在沉没之后,随即发生了弹药库的剧烈爆炸,因此舰上日本海军第3战队司令铃木义尾、舰长岛崎利雄以下1300余人全部死亡。

作为一艘日俄战争之后寄托着日本海军乃至国民无限期望的战舰,

1944年的战列舰"金刚"

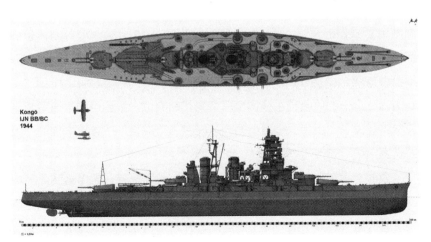

Kongō
IJN BB/BC
1944

战列舰"金刚"陪伴着日本走过了一段无比辉煌的道路。服役后不久，其便与姐妹舰"榛名"一道开赴青岛附近海域，参与第一次世界大战中日本对德国远东舰队的围攻。此后在1923年、1924年，其又两度作为皇太子裕仁的"御召舰"前往中国台湾地区"视察"。

即便在太平洋战争中，"金刚"同样为日本海军所重视。时任第3战队司令的小泽治三郎便曾以"（金刚）的训练和使用完全可以参照驱逐舰来进行"（万事駆逐队並に扱う位のつもりで鍛え上げておかねばならない）来夸耀"金刚"30节以上的高航速和强大的火力。也正因如此，在太平洋战争期间"金刚"东征西讨，参与了日本海军的多次重要军事行动。但在这份荣耀的背后，又何况不是日本海军的一种悲哀呢？而此刻这艘老舰的沉没，更无疑预示着一个时代的终结。

如果说伴随着战列舰"金刚"一同沉没的还有日本海军的勃勃雄心的话，那么伴随着莱特岛战役的日本陆军第35军所属之第1、第16、第26、第102师团及第68旅团的兵败如山倒，日本陆军内部也爆发了前所未有的激烈争执。事件的导火索是1944年12月1日，由于菲律宾战场的剧烈消耗，陆军方面所能运用的船只保有数已经下降至23万吨。为了满足前线部队的需求，陆军参谋本部向陆军省提出在12月再征用10万吨民用船只，此后在1945年1月到3月间每月在补充前线损耗的前提下再征用12万吨的民用船只，4月之后每月征用5万吨的相关配额。

表面上这是出于前线战事需要的合理诉求，但实则却是剑指东条英机主政以来，把持着日本主要军工生产的陆军省的实权。对此陆军省方面做出了强烈的反弹，于12月14日推出"从12月起3个月内，总计征用15万吨；4月以后每月征用3.5万吨"的反建议。眼见陆军省方面不愿意就范，12月14日长期以来被看作东条英机主要心腹、所谓"三奸四愚"之一的佐藤贤了被调离军务局长的岗位，派到中国派遣军当副总参谋长去了，由另一个所谓的"三奸四愚"成员——参谋本部的作战部长真田穰一郎接任军务局长一职。

表面上看东条英机系人马似乎依旧掌控着陆军省，但考虑到此前的征用计划便是参谋本部提出的，真田穰一郎的立场转圜随即便产生了自相矛盾的结果。真田穰一郎上下运作，好不容易让参谋本部统一了此前陆军省提出的 3 个月征用 15 万吨、以后每月征用 3.5 万吨的计划。海军方面却又鼓噪起来，要求陆军省一定要将海军方面的损失量也计算在内。无奈之下真田穰一郎只能在参谋总长梅津美治郎借故离席的情况下，独自接受了海军方面的要求。在局势已然恶化如斯的情况下，日本陆、海军之间仍在争权夺利，或许也只能让人产生"这个大日本帝国是要完了啊！"的感觉。

有趣的是就在日本陆、海军方面纠缠不清的同时，1944 年 12 月 16 日，德国陆军于西线发动了旨在撕裂美军防线、直趋比利时安特卫普、合围和歼灭美、英盟军荷兰方面 4 个军的"阿登反击战"。消息传到日本，随即被一些人当作了"救命稻草"。在日本大本营的所谓"机密战争日记"中，不无期许地写道："有的论者或者把它看作和上次大战中德国陆军的五次攻势①一样，认为这是德军崩溃的开端，但绝不是那样。这次德军的攻势尽管规模较小，但可以指望，能在物质精神两方面给予敌人相当大的打击。"

鉴于德国可能在西线取得巨大的战果，日本陆军方面似乎也备受鼓舞，随即拟定了一个在莱特岛决战之后，继续于菲律宾一线消耗美军战力的"吕宋决战"计划。12 月 18 日，日本陆军参谋本部作战部第二科长服部卓四郎向参谋总长梅津美治郎提交了相关方案，认为在"天皇的命令没有变更"的情况下，应该继续对"吕宋岛"按原定计划投入地面兵力。但鉴于战场环境的特殊性，"今后以航空作战为中心，地面以便于航空作战为准"。

具体的举措是：1.陆海空形成一体，由第 4 航空军司令官富永恭次统一指挥。2. 地上的陆海军部队编入尚武司令官（笔者注：方面军司令官）指挥之下。3. 由决战思想转为持久思想，但对"莱特岛"补充军需品，并视情况进行"萨马"战役。4. 航空兵同时攻击敌舰船和美军在摩

① 这五次攻势指的是 1918 年，苏维埃俄国退出战争，德国立即集中兵力于西线，企图在美国军队赴欧参战之前，于 1918 年夏季打败英法，结束战争。1918 年 3—7 月，德军连续在西线发动 5 次进攻。但最终在英法联合反击下归于失败，德军进攻力量消耗殆尽，被迫撤至兴登堡防线，从此一蹶不振。由于前后历时 100 多天，因此也被称为"百日攻势"。

罗泰岛和比阿岛的基地，并准备攻击敌机动部队（指美国海军航母战斗群）。5. 对巴哥洛、巴拉望、民都洛等岛，不投入其他兵力。6. 在吕宋岛实行攻势防御，在情况最坏时，确保中北部。

服部卓四郎缘何在莱特湾海战和莱特岛地面战均一败涂地的情况下，突然又唱起了"航空决胜"的高调呢？除了日本陆、海军此刻无论是在地面战还是海上交锋中都处于绝对的劣势之外，更重要的原因是在莱特岛战役全面展开的同时，日本陆、海军不约而同地开始采用以自杀式撞击为主的"特别攻击战术"，并取得了相当的战果。正因如此，服部卓四郎才信心满满地表示："11 月以后，在莱特岛航空作战中，有我方胜利的印象……从 11 月 12 日到 12 月 12 日，在一个月间，陆军航空击沉敌舰船 51 艘，25 万总吨。今后如再努力，并非无航空必胜的前景……"

最后服部卓四郎站在日本陆军的角度提出了 1945 年的日本战备计划，即以"吕宋决战"继续迟滞美军进攻的同时，着手加强中国东南沿

即将撞上美国海军护航航母"白平原"号的日本海军"零式"战斗机

太平洋战争全史

岸、中国台湾及西南诸岛（指琉球群岛）的兵力（各投入一个师团），尽快从东南亚抢运更多的石油等战略物资返回本土，以便在筹备本土防务力量的同时，大力发展航空兵并研制更多的"特攻武器"。

对于服部卓四郎的建议，参谋总长梅津美治郎等参谋本部高层基本表示赞同，只是发表了一些诸如"当因敌我兵力悬殊，在指挥作战上发生困难时，要紧的是排除消极情绪，积极合理地打开难局""要研究航空作战的纵深性，即要调整兵力的推进和陆海军航空部队的挺进""以上设想，作为对现在形势的想法，是可以的，但思想不可偏执，要保有灵活性"之类的废话，便算是基本通过了。显然在当前的条件之下，日本陆军虽然还抱有所谓的"决战必胜"的信心，但在具体的举措上除了被动防御，并大量使用自杀式攻击给对手造成损失之外，已经没有太多的办法了。而正是在这种盲动的情绪之中，一场更为血腥的"吕宋决战"由此拉开了序幕。

第一章　兵临城下

（一）"神风"乍起——日本陆、海军"特攻"战术的滥觞

谈起日本军队在太平洋战争末期广泛使用的自杀式撞击战术，"神风特攻队"的形象往往会第一时间浮现在世人的眼前。而其创始人大西泷治郎更在战后成为遭遇万人唾骂的"神风之父"。似乎是这位日本海军中的"航空制胜论"倡导者一手制造了万千日本青年抱着"一机换一舰"的宗旨舍身撞击美国海军舰艇的悲剧。

但仔细分析却不难发现，自杀式撞击战术并非只有日本海军在采用，日本陆军方面也有名为"万朵队"的"特攻部队"。此外，大西泷治郎充其量不过是一个海军中将，1944年10月5日才接任日本海军第一航空舰队司令，不可能有那么大的能量在全军推广自杀式撞击战术。因此要真正厘清日本军队采用自杀式撞击战术的源头及其大力普及的过程，我们不得不从太平洋战争战局的发展以及大西泷治郎等特攻战术倡导者的心路历程着手。

作为人类历史上使用最为广泛的空战兵器，军用飞机从一开始便以其高空、高速所产生的质量效应，而具备撞击对手以产生巨大杀伤效果的特殊属性。在其首次大规模投入军事行动的第一次世界大战之中，最初并没有安装武器的各参战国战机之间便是通过撞击战术来消灭对手的。但是当时的军用飞机速度较慢、材质轻便，撞击战术往往只是各参战国少数飞行员之间类似骑士决斗的游戏。而随着各国军用飞机普遍开始安装机枪等射击武器，撞击战术也一度逐渐淡出了历史舞台。

但随着第二次世界大战的爆发，各国之间战机性能和飞行员素质的差异日益明显。在正面对决已无取胜的可能之下，舍身撞击便成为处于劣势一方的最终选择。在东线的苏德战场上，苏联航空兵在开战之初便遭遇重创，为了阻止德军轰炸机肆无忌惮地轰炸自己的祖国，很多英勇的飞行员都选择了撞击的空中战术。不过尽管这种战术在当时各种兵败如山倒的情况之下，取得了为数不多但仍颇为可观的战绩，并得到了苏联国土防空军方面的鼓励和推广，但是苏联航空兵从未真正以官方层面组织过以撞击为目标的职业部队。毕竟诚如英国作家罗伯特·杰克在

《红色雄鹰》一书中所说："(撞击)这是一种经过深思熟虑的非常冷静的战术，需要高超的飞行技艺和钢铁般的心理素质。"

太平洋战争期间，日本海军航空兵自杀式袭击第一人——饭田房太

而在太平洋战场上，由于一直以来受到国力的制约，日本陆、海军长期都有以步兵奋勇突击对手堡垒，鱼雷艇、驱逐舰冒死攻击对方主力舰的"肉弹"战术，因此在开战初期的"奇袭珍珠港"行动中就有派出5艘明显无力返航的"甲标的"型袖珍潜艇，试图攻入敌方军港展开自杀式攻击的行动。而在空袭的过程之中，隶属于航空母舰"苍龙"舰载机部队的飞行员饭田房太，也在其驾驶的"零式"21型战斗机（编号BI-151）被地面防空炮火击中后，毅然驾机冲入美军机库，成为日本海军航空兵自杀式攻击的第一人。

不过由于此时日本海军方面仍沉浸于一举重创美国海军太平洋舰队的狂喜之中，对于饭田房太的事迹并没有太多的渲染，只是将其与从航空母舰"加贺"上出击但最终被美军击落的轰炸机队长牧野三郎、鱼雷攻击队一中队长铃木三守并列，称为"珍珠港大功之三勇士"而已。而在此后的一系列战斗之中，日本海军航空兵似乎也并没有刻意提倡过撞击战术。

反倒是在1942年5月28日，在中途岛战役取得辉煌胜利之后，美国海军SB2U"守护者"型舰载轰炸机飞行员理查·尤金·弗莱明（Richard Eugene Fleming，1917—1942年），在驾机追击日本海军第7战队之际，据说一头撞上了日本海军重型巡洋舰"三隈"。但这一说法并不为美国和日本的官方战史所承认，双方一致认定弗莱明在驾驶战机低空、近距离向"三隈"投弹后，随即被防空炮火击中，最终坠入大海。显然在强调"没有哪个杂种是靠'为国捐躯'来赢得一场战争的。要赢得战争，靠的是让敌国那些可怜的杂种为他们的国家捐躯"（巴顿的名言）的美国军旅之中，并不提倡这种"舍身攻击"的模式。

即便是日本海军之中，最终提倡士兵以生命为代价向对手发动"特攻"，也是在 1943 年之后。除了"中途岛海战"之后，日本海军在舰队规模和兵员素质上与对手的差距日益加大，通过常规战术已难以挽回颓势之外，另一个非常重要的因素在于，此时作为日本的主要盟友，德国军队已经在战场上广泛运用精确制导武器。1943 年 7 月，德国空军首次在实战中使用了无线电制导的 HS-293 型空对舰导弹。两个月之后又使用"Fritz-X"遥控滑翔炸弹击沉了倒向盟军的意大利海军战列舰"罗马"号。这些成功的战例，极大地刺激了日本海军。

但在自身军工技术望尘莫及，不可能在短时间之内研制出同类产品的情况下，日本海军尽管怀着艳羡之情，最终能做的也只有"土法上马"，用人脑代替各类电子仪器，尝试研制有人操控的鱼雷等"特攻"武器，以期能达到德国新锐制导武器的效果。而这方面的始作俑者，是山本五十六的"得意门生"——侍从武官城英一郎。

城英一郎是日本海军兵学院第 47 期毕业生，仅从教育经历来看，

被美国海军舰载机重创之后不久便沉没的日本海军重型巡洋舰"三隈"

太平洋战争全史

与山本五十六似乎没什么交集。但城英一郎毕业之后随即加入了"霞之浦海军航空队"担任教官兼分队长，便与时任"霞之浦海军航空队"副司令的山本五十六搭上了关系。1932 年 11 月 26 日，城英一郎从日本海军大学以第 6 名的身份毕业，据说他毕业之时所选定的论文题目便是"肉搏冲撞"（肉弾体当たり）战术，并得到了时任日本海军航空本部技术部长山本五十六的支持。

毕业之后的城英一郎一度进入军令部任职，并于 1940 年作为海军侍从武官兼军事参议院干事开始"陪皇伴驾"，在天皇裕仁身边工作。在此期间他有没有向裕仁推销过自己的那一套"特攻作战"理论，世人不得而知。但作为从小便跟随日俄战争时期以"肉弹战术"攻克旅顺的乃木希典长大的裕仁而言，其对于这种漠视生命的战术即便并不支持，也不会有太人的反感。因此当 1943 年 6 月 5 日参加完山本五十六国葬典礼之后，城英一郎便积极向海军舰政本部、航空本部"咨询"相关战术的可能性。

6 月 29 日，城英一郎直接找到了时任航空本部总务部长的大西泷治郎，虽然大西泷治郎表面上回答"现在提这样的意见还不是时候"（意见は了とするがまだその時ではない），但言下之意却是"只要时机合适就可以大干快上"。于是 1943 年 7 月 17，城英一郎正式向大西泷治郎提交了自己所撰写的《特殊航空队编组计划》。

在文章中城英一郎认为要执行自己所拟定的"特攻作战"，无须另外设计和制造专用的战机，只要在海军现有的"零式"战斗机等机型上挂载 250 公斤及以上的炸弹便可实施。如有需要也可以在老式的木制战机上安装简易的仪表系统，携带 500 公斤左右的炸弹来完成。根据城英一郎的预测，这样的特攻战机不仅可以轻易撞沉驱逐舰和运输船，即便对丁战列舰、航空母舰、巡洋舰这样的大型舰艇也有机会将其一举重创。毕竟如果撞中战列舰的前部炮塔和舰桥、航空母舰的飞行甲板，都将令其战斗力大打折扣。而如果撞中这些战机的后部推进系统，则足以令敌方战舰失去动力、当场瘫痪。

城英一郎的这份计划书提交之后，虽然一度石沉大海，但从未来日本海军"神风特攻队"的编组和使用情况来看，却基本与其所设想的并无二致。无独有偶，就在城英一郎到处推销自己的"肉搏冲撞"战术的

RISING SUN

ON THE AFT SIDE OF THE ISLAND
YOU SEE A JAPANESE RISING SUN
FLAG WITH A BLACK BORDER.
THIS FLAG INDICATES THE EXACT
LOCATION WHERE ON NOVEMBER 5
1944 A JAPANESE KAMIKAZE PLANE
(CODE NAME ZEKE) CRASHED INTO
USS LEXINGTON KILLING 50 OF HER
CREW AND INJURING 132.

HIS MISSION WAS A SUCCESS.

PLEASE VISIT OUR "ABOVE AND BEYOND"

HORIZONTAL ATTACK

250 MPH

170-190 MPH
3-4000 ft.

今天被作为博物馆的美国海军"列克星敦"号航母上,以旭日旗标注着遭受日本海军自杀式袭击的位置

同时,另一位山本五十六生前的故友也在进行着类似的计划,他就是山本五十六时代联合舰队的先任参谋——黑岛龟人。

山本五十六在所罗门群岛遭遇美军战机的拦截而阵亡之后,其生前的心腹幕僚黑岛龟人便离开联合舰队,调任军令部第二部部长。与日本陆军参谋本部平行的海军军令部本是平时主管作战与用兵计划、战时拟定联合舰队作战目标的后方行政机构,擅长谋划的黑岛龟人入职其中本应如鱼得水。偏偏第二部掌管的是军备和动员,与黑岛龟人此前的工作可谓格格不入。急于做出一番成绩的黑岛龟人自然而然也将目光转向了所谓"特攻作战",竭力推崇这一战术"必死必杀"的效果。

不过此时日本海军航空兵在所罗门群岛战场上虽然已呈颓势,但毕竟还没到要只能发动"肉搏撞击"的程度。何况围绕瓜岛展开的一系列海战之后,美国海军也将大型舰艇悉数抽调回夏威夷进行休整。即便有心去撞击,也一时没有合适的目标。因此城英一郎和黑岛龟人的提案基本都停留在战术研讨的层面,尚未有实施的空间。倒是正在日本海军潜

艇学校进修的两个年轻军官——黑木博司和仁科关夫，对日本海军视为杀手锏的"九三式"氧气鱼雷进行改造，通过加设驾驶舱以提供命中率的提议，得到了永野修身等日本海军大佬的重视。

尽管日本史学界对于黑木博司和仁科关夫两人给出了"位卑未敢忘忧国"的嘉许，但仔细分析却不难发现，这两个人之所以提出这样的建议，多少也是一种无奈。黑木博司和仁科关夫均非潜艇专业出身，在被选入海军潜艇学校之前，黑木博司被分配到了战列舰"山城"之上，仁科关夫则先后在战列舰"长门"和轻型航空母舰"瑞凤"上工作。

一夜之间从主力舰调到了潜艇学校，个中的原因自然是因为此时日本海军的水面舰艇人满为患，而条件较为艰苦的潜艇部队却是严重缺编。而更令两人寒心的是，他们未来毕业分配的舰艇还不是日本海军的大型远洋潜艇，而是在偷袭珍珠港行动中已经被证明为与"活棺材"无异的"甲标的"型袖珍潜艇。

为了躲过这场命中注定的灭顶之灾，黑木博司和仁科关夫全力指责"甲标的"型袖珍潜艇所存在的问题，竟然提出"甲标的"型袖珍潜艇的作用是突击至敌方主力舰侧近发动自杀式袭击。为什么不干脆直接将"九三式"氧气鱼雷改为集发现、追击、命中于一体的"人操兵器"呢？这个提案成功上达之后，永野修身虽然于 1943 年 12 月 28 日表示："这是不行的！"（それはいかん）但两个月之后还是通过海军工厂鱼雷

今天在美国海军博物馆展出的日本海军"回天"型可操控鱼雷

试验部，将两人调往研发部门，参与对"九三式"氧气鱼雷的改造工程。由此黑木博司和仁科关夫算是暂时摆脱了指挥"甲标的"型袖珍潜艇去送死的命运。

经过一段时间紧张的研制和测试，1944 年 8 月 1 日海军大臣米内光政正式认可"人操鱼雷"为日本海军的制式装备。此后虽然兼任日本海军特攻部长的军令部第一部长大森仙太郎还扭扭捏捏地表示"该兵器是否投入使用，还需要时间的检验"，但日本海军方面事实上已经于 8 月 15 日为之冠名为"回天"，赋予了其"逆天改命创世纪，孤身扛起这天地"的重担。

1944 年 9 月 1 日，"回天"人操鱼雷的试验基地正式在山口县的大津岛开张，并向全国招募志愿者。而除了黑木博司和仁科关夫这两位"设计者"之外，日本海军方面还特意任命了经验丰富的潜艇指挥官板仓光马为基地指挥官。板仓光马在日本海军之中的经历可谓传奇，出生于北九州小仓市的他据说早年立志成为一名画家，只是在有一次路过关门海峡之时目睹了联合舰队的英姿，才毅然投笔从戎。

但是板仓光马个性张扬，又贪杯易怒，因此在海军兵学校之中便是出了名的"问题学生"，据说不良记录有 8 页之多。不过其为人聪慧，最终还是以海军兵学校第 61 期第 7 名的成绩毕业，先后在战列舰"扶桑"和重型巡洋舰"最上"上工作。不过也就是在"最上"工作期间，板仓光马撞上了演习遭遇台风侵袭的"第 4 舰队事件"。

自感九死一生的板仓光马上岸之后，选择了大醉一场，顺手还把舰长鲛岛具重揍了一通，好在鲛岛具重觉得被下属打了也只是不光彩而已，并未追究其责任，只是把他调离了自己的战舰。不过经过此事，板仓光马在水面舰艇部队算是混不下去了，此后几经辗转，最终加入了日本海军潜艇部队。

应该说板仓光马的个人才干还是颇为出众的，在海军潜艇学校学习期间，他主攻潜艇的逃生技术，其毕业论文《潜艇的防水对策》更成为日本海军潜艇应急处置的规范和模板。不过其恶劣的个性依旧得到了"像你这样倔强的部下还是第一次遇到"（おまえのような强情な部下は初めてだ）等不佳的风评。

太平洋战争爆发之后，板仓光马先是跟随着日本潜艇部队先后参与了偷袭珍珠港和对中途岛的炮击等行动，最终于1943年升任潜艇舰长。在此期间板仓光马有过两段颇为传奇的经历：一是在配合陆军从阿留申群岛撤退期间，带着全体艇员开怀畅饮，酒醉之后又借着查点值班人员是否已全部归还为名登上甲板，结果在小便时失足落入北太平洋冰冷的海水之中，幸好部下抢救及时才保全了性命，事后板仓光马只能自嘲自己是"不死之身"。二是在1944年1月到4月间，主动请命担负向被围的布干维尔岛运送补给物资。理由是此刻带领海军陆战队在岛上

日本海军的"问题少年"板仓光马

奋战的便是自己的老领导鲛岛具重。据说板仓光马特意为鲛岛具重带去的威士忌，鲛岛具重喝完了之后一直保留着那些空酒瓶，直到战后两人在远东国际战犯法庭重聚。

虽然有高超的潜艇操控技术和白天水面航行、夜晚转入潜航模式的逆向思维，板仓光马在其他潜艇部队损失惨重的情况下，成功地完成了4次补给运送任务（1次前往拉包尔，3次前往布干维尔岛），但此后随着日本海军潜艇部队逐渐转入沉寂，板仓光马也再无用武之地。而之所以选择板仓光马主持"回天"人操鱼雷的试验工作，很大程度上缘于日本海军内部还抱有一丝幻想，希望这位日本海军水下作战和潜艇逃生技术的专家，能够开发出一套在最后一刻让操作员安全逃离的设备。

但作为一款大威力的水下高速攻击武器，"九三式"氧气鱼雷从设计之初便存在巨大的安全隐患，加装操控舱之后更加剧了其不稳定性。在试验工作刚刚开始后的9月6日，搭乘"回天一号"的黑木博司便不顾板仓光马和仁科关夫的劝阻，强行与驾驶员樋口孝一同展开海上试验。结果"回天一号"被濑户内海的波浪打翻，迅速沉底，黑木博司和樋口孝在海底坚持了10个小时之后，终因缺氧而死。

年仅22岁的黑木博司死后，仁科关夫不得不独自承受了来自各方面的压力，夜以继日展开技术攻关。但此时的他并不知道，初次试验失败的"回天"人操鱼雷早已被日本海军当作了救命稻草。9月12日，

日本海军军令部作战课潜艇部员兼海军大学教员的藤森康男提交了尽快将"回天"人操鱼雷投入实战的相关计划。

藤森康男与板仓光马同样出任过日本海军的潜艇舰长，但他的战术指挥水准似乎有些问题。1941年12月18日，藤森康男指挥日本海军潜艇"吕60"参与威克岛战役，结果意外地在瓜加林岛礁附近触礁。好在日本海军迅速出动了潜艇母舰"迅鲸"赶往救援，才令藤森康男及其麾下的66名艇员安全脱险，此后藤森康男只能转入海军大学继续自己的学业。

虽然现实无情地证明了藤森康男不是一个合格的潜艇指挥官，但却不影响其以潜艇作战专家自居，在进入军令部作战课后屡屡提出一些不切实际的作战计划。比如1944年1月，藤森康男便针对美国海军在马绍尔群岛的攻势，提出了所谓"龙卷作战"的方案：先以潜艇将日本海军研制的水陆两栖战车"特四式内火艇"运送到马绍尔群岛附近的岛礁登陆，随后再利用"特四式内火艇"的水、陆机动能力，秘密靠近美国海军舰队发射鱼雷。

事实上"特四式内火艇"在水面航行时，航速缓慢且噪音极大，很难达到隐蔽接敌的目的。但就是这一看似荒谬可笑的计划，却得到了日本海军方面的高度重视。在广岛县吴军港附近的情岛和仓桥岛建立起了所谓"Q基地"，秘密培训了800余名敢死队员，准备发动这一自杀式的"雄作战"行动。可惜藤森康男的计划尚未落实，日本海军联合舰队便发生了因为遭遇空难而导致司令古贺峰一殉职，大量作战计划泄露的"海军乙事件"。藤森康男所力推的"雄作战"也由此胎死腹中。

不过藤森康男的提案倒是给了醉心于"必死必杀"战术的黑岛龟人以启发，黑岛龟人认为藤森康男的整体方略不错，不过既然是自杀式攻击，那么就不应浪费水陆两栖战车这样的"高科技装备"，同样的效果完全可以通过军用快艇来完成。根据这一思路，日本海军于1944年4月生产了多款"装甲爆破艇"的试验型号。由于材料较为轻便，且可以在大多数日本国内民用造船厂迅速建造，1944年6月25日，开始多型号同时量产，并最终于1944年8月28日得到了海军大臣米内光政的认可，以"震洋"之名正式列装日本海军。

虽然自己的方案被否决，创意被隔壁部门的领导抄袭和篡改，但

藤森康男并未因此而气馁，这一次他又盯上了新鲜出炉的"回天"人操鱼雷，打算抓住这个"新热点"再炒作一波自己这个潜艇作战专家的身份。因此早在黑木博司和仁科关夫提出这一理念时，藤森康男便密切关注着"回天"人操鱼雷的研制进度，并利用自己在军令部的影响力，谎称"回天"人操鱼雷已经设计了操作员的逃生装置，可以迅速投入实战。

（二）以命相搏——"玄作战"和日本陆、海军航空"特攻"的相关准备

按照藤森康男所拟定的作战计划，日本海军将集中 6—8 艘大型潜艇，每艘搭载 4—5 枚"回天"鱼雷，由濑户内海的基地出发，远程奔袭美军位于马绍尔群岛、吉尔伯特群岛的前进基地。由于整个航行过程需要 20 余天，因此"玄作战"的发动时间被定在 1944 年 10 月 28 日或

惯常于纸上谈兵的藤森康男

11月4日、5日。而为了全面掌握攻击区域之内的美国海军战舰配置情况和攻击后所取得的战果，日本海军还计划从威克岛起飞6架"彩云"侦察机，以配合作战行动。

尽管整个"玄作战"计划几乎完全建立在想当然的理想状态下，但藤森康男还是颇为乐观地表示，此番作战至少可以取得击沉美国海军5艘航母的战果。面对如此大的画饼，藤森康男的顶头上司中泽佑颇为欣喜，随即与藤森康男一起赶赴大津岛的"回天"试验基地，了解人操鱼雷的生产和使用情况。

但结果却令人失望，不仅数量上远不能满足藤森康男一口气出动40枚的上限，甚至连24枚的下限都只能满足半数（12枚）。更令人感到绝望的是，"回天"人操鱼雷在技术上也仍存在渗水和从潜艇"冷发射"等无法解决的问题。但此时的藤森康男早已被自己赶到了无法回头的境地，只能向军令部方面继续吹嘘"回天"性能优异、单发命中率高达75%等"神话"。

由于此时日本海军方面正全力筹备着围绕着菲律宾、中国台湾、琉球群岛等地展开的"捷号作战"，在将所有水面舰艇和航空兵悉数投入的情况下，自然也不希望潜艇部队无所事事。因此在明知"回天"人操鱼雷仍存在着诸多问题的情况下，最终批准了藤森康男的相关方案，并命名为"玄作战"。

经过了1944年10月紧锣密鼓的战前测试和突击训练之后，11月8日，随着12枚"回天"人操鱼雷被装载上日本海军由3艘潜艇（"伊36""伊37""伊47"）组成的"菊水队"，第一次"玄作战"由此正式启动。值得一提的是，作为"回天"人操鱼雷的设计者，仁科关夫也以"志愿者"的身份报名加入了这一批的"回天"驾驶员。关于此事日本方面自然是赞许其以身作则、敢为天下先。殊不知从心理学的角度来看，无论仁科关夫设计"回天"人操鱼雷的初衷如何，此刻不可避免地要承受"我不杀伯仁，伯仁却因我而死"的巨大心理压力，早已失去了苟活于世人眼光之下的勇气。

按照预定计划，"菊水队"的3艘潜艇之中，"伊36"和"伊47"奉命突击美国海军位于西加罗林群岛的前进基地——乌利希环礁。而"伊37"则计划通过科索尔水道（Kossol Roads）攻入帕劳群岛。

11月20日黎明前，"伊36"和"伊47"两舰先后顺利抵达乌利希环礁周边海域。但由于此刻海域之内集结着美国海军超过200艘战舰，两艘潜艇都不敢过分靠近。"伊47"没有选择进入5海里（约9.3千米）的理想攻击距离，

"回天"的潜望镜，其底部的徽章即为日本海军的"菊水"徽章

而是在"九三式"氧气鱼雷接近最大射程12海里（约22.2千米）之外展开攻击。结果所发射的全部4枚"回天"人操鱼雷之中2枚撞在了珊瑚礁上而自爆。剩下的2枚之中，1枚在以2到4节行进过程中，升起的潜望镜被美国海军轻型巡洋舰"莫比尔"号（USS Mobile，CL-63）发现，随即招致了127毫米副炮和40毫米机关炮的密集攻击，被迫暂时沉入海底规避。不过美国海军护卫驱逐舰"拉尔"号随即拍马赶到，又投了一通深水炸弹，最终将其彻底炸毁。水面上仅漂浮着出发前日本女学生赠送给特攻队员的坐垫。

但从"伊47"上所发射的最后1枚人操鱼雷还是顺利冲入乌利希环礁，成功命中了美国海军油料运输舰"击沉"号（USS Mississinewa，AO-59）的左舷。由于"击沉"号上满载着供应前线的大量海军重油和航空燃料，因此被"回天"命中之后，迅速引起二次爆炸，并倾覆沉没。虽然美国海军迅速出动轻型巡洋舰"圣塔菲"号（USS Santa Fe，CL-60）展开救援，但仍有63名舰员不幸遇难。

与躲在12海里之外展开攻击的"伊47"相比，"伊36"终于成功地潜入到了距离乌利希环礁5海里的理想攻击距离。但在攻击行动开始

美国海军油料运输舰"击沉"号被"回天"人操鱼雷击中后引发了剧烈爆炸

之前，由于发射过程中 3 枚"回天"一度发生了故障，经过一番排查之后，最终忙碌到 4 点 54 分天色逐渐放晴之前，才最终勉强发射了唯一能正常工作的人操鱼雷，之后迅速撤离。不过此时美国海军已经提高了警惕，"伊 36"所发射的那一枚"回天"人操鱼雷很快便被在乌利希环礁外围巡逻的美国海军驱逐舰"卡斯"号（USS Case，DD-370）发现，并以舰首的冲角将其撞沉。

在"伊 36"和"伊 47"两舰完成攻击之后迅速脱离的同时，试图突入帕劳群岛的"伊 37"号却在通过科索尔水道时，遭到美国海军设网船"美洲冬青"号（USS Winterberry，AN-56）的拦截，并被随即赶来的美国海军护航驱逐舰"康克林"号（USS Conklin，DE-439）和"麦考伊雷诺兹"（USS McCoy Reynolds，DE-440）以深水炸弹击沉。

至此日本海军投入 3 艘潜艇、12 枚"回天"人操鱼雷的"玄作战"以损失 1 艘潜艇、9 枚"回天"人操鱼雷的代价，仅取得了击沉美国海军一艘油轮的战绩。这次战斗虽然证明了"回天"拥有精确突防和选择目标的能力，并能够对巨舰一击必杀，但是这一战绩距离藤森康男设定的"击沉 5 艘航母"的目标相去甚远。究其原因，除了"回天"人操鱼雷本身各项技术尚不成熟之外，更重要的是美国海军各前进基地均建立了严密的对潜防御体系。也正因如此，在设计之初，黑木博司和仁科关夫便力主"回天"人操鱼雷应用于在美军主要航线上展开伏击，而并非突袭对手锚地。

不过"玄作战"的成果对急于建功立业的藤森康男以及屡战屡败的日本海军而言，都不失为一针强心剂。为了凸显此战的悲壮，日本海军将此战唯一的战绩——美国海军油料运输舰"击沉"号，算在了同样在此战丧生的"回天"人操鱼雷的设计者仁科关夫的头上，并描绘出一幅仁科关夫抱着好友黑木博司的骨灰冲向敌舰的感人画面。

不管是不是仁科关夫亲自驾驶的那枚"回天"人操鱼雷成功命中了目标，日本海军对乌利希环礁发动的"玄作战"至少不能说是无功而返。藤森康男食髓知味，随即便着手策动了更大规模的第二次"玄作战"。按照日本海军军令部的计划，第二次"玄作战"将投入"伊36""伊47""伊48""伊53""伊56""伊58"6艘组成的"金刚队"，搭载24枚"回天"人操鱼雷，对美军所控制的乌利希环礁、新几内亚的查雅普拉（Jayapura）、所罗门群岛方向的阿德默勒尔蒂群岛（Admiralty Islands）、关岛的阿普拉港（Apra Harbor）发动"特攻作战"。

在如此辽阔的战线上同时发动进攻，固然符合潜艇海上破交的战术要求，但却也大大降低了"回天"人操鱼雷的作战效能。加上"回天"人操鱼雷的改造和驾驶员的培训，都远远无法满足第二次"玄作战"的进度，因此"金刚队"只能陆续进入大津岛基地装载"回天"，然后逐一开赴目标海域。

1944年12月21日，装载"回天"人操鱼雷的"伊56"首先从吴港出击，奔赴阿德默勒尔蒂群岛。作为日本海军1944年6月8日才接收的新锐潜艇，"伊56"在此前的战斗中表现不俗，先是在10月24日于菲律宾以东洋面，重创了美国海军坦克登陆艇"LST-695"号。随后又在10月25日夜，向以4艘航母为中心的美国海军舰队发射了5枚鱼雷，击伤了美国海军护航航母"桑蒂"号（USS Santee，CVE-29）。

但就是这样一艘功勋潜艇，在1945年1月12日抵达阿德默勒尔蒂群岛附近后，由于美国海军的防御严密、无从下手而最终选择带着所搭载的4枚"回天"人操鱼雷返回了吴港，从而导致了日本海军高层颇为不爽，一口气撤换了舰长森永正彦以下的所有舰上军官。

"伊 56"出发的 4 天之后，曾经参与过第一次"玄作战"的"伊 47"再一次从大津岛出发，不过这一次它的目标是新几内亚。1945 年 1 月 12 日，"伊 47"抵达距离查雅普拉港 4 海里的攻击阵位。利用黎明前夜色的掩护，一口气发射了所有"回天"人操鱼雷之后逃之夭夭。事后虽然日本海军宣称停泊于查雅普拉港内的美国海军 50 艘大型舰艇之中 4 艘被击沉，但实际上此番攻击仅造成了美军方面 1 艘"自由轮"型武装商船"本都·H.罗斯"号（Pontus H. Ross）轻微受损。

　　1944 年 12 月 30 日，此前同样参与过第一次"玄作战"的"伊 36"，再度奉命前往乌利希环礁展开攻击。但这一次美国海军早已亡羊补牢，强化了乌利希环礁周边的反潜警戒。1945 年 1 月 11 日抵达乌利希环礁附近海域后，"伊 36"便被美国海军驱潜艇和 PBM-3 大型水上反潜机的围堵，慌乱之中一度两次触礁。好在舰长寺本严经验丰富，带领全体舰员与美军斗智斗勇，不仅成功脱困，更顶着美国海军各类深水炸弹的狂轰滥炸，将所搭载的 4 枚"回天"人操鱼雷全部成功发射了出去。

　　可惜在这样的环境之下，仓促冲入乌利希环礁的人操鱼雷，全无准头。一枚在发射后不久便直接被美军深水炸弹摧毁，另一枚则在进入岛礁内部海域时被美军轻型武器所拦截。剩下的两枚之中，一枚的驾驶舱

以建造快速和物美价廉而著称的美国海军"自由轮"型运输船

直接撞上了美国海军弹药补给舰"马扎马火山"号（USS Mazama，AE-9）的船底，虽然鱼雷的爆炸随即诱爆了"马扎马火山"号上的弹药，但最终并未导致其沉没。只有最后一枚侥幸击沉了美国海军步兵登陆艇"LCI-600"号。

"伊36"在第二次"玄作战"中的实际战果虽然非常有限，但却仍得到了日本海军方面的大力吹捧，宣称其出击，一举击沉了美国海军"主力舰艇"4艘之多。但对于1月27日狼狈逃回吴港的"伊36"的舰员而言，能够活着回到日本便已经是他们最大的抚慰和奖励了。或许正是带着一份对生命的珍惜，1月30日"伊36"舰长寺本严离开了一线部队，转入日本海军潜艇学校任教，可惜还是在1945年7月24日的一次日常训练中死于美军的空袭。

当然并非所有参与第二次"玄作战"的日本海军潜艇都能有"伊36"那般的好运气。1月12日当天同时抵达帕劳和关岛附近的"伊53"和"伊58"两艘潜艇便各自遭遇了"人在囧途"的尴尬。"伊53"抵达帕劳附近4海里的发射阵位时，并未遭到美军的袭扰。但是第一枚"回天"人操鱼雷发射后不久便在海中自爆，随后又有一枚因为发动机故障而发射失败，剩下的2枚虽然成功冲入帕劳港，但随即便被美军的舰载轻型火炮击毁。无奈之下，"伊53"只能丢掉发生故障的那枚"回天"

美国海军弹药补给舰"马扎马火山"号

人操鱼雷，仓皇逃回吴港。

　　与"伊53"相比，"伊58"的运气也不好到哪里去。这艘潜艇抵达关岛附近海域，刚刚浮出水面便遭到美军远程雷达的监测。舰长桥本以行，随即不顾还在甲板上没有完成出击准备的4枚"回天"人操鱼雷的死活，紧急下潜。虽然事后宣称击沉美国海军护航航母1艘、运输舰3艘，但从美国海军方面的资料来看，4枚"回天"人操鱼雷可能根本没有抵达关岛便自行沉没了。

　　1945年1月9日，投入第二次"玄作战"的日本海军"金刚队"的最后一艘潜艇"伊48"，从大津岛出发，再度前往乌利希环礁。但此时经历了日本海军两次偷袭的美国海军已经在当地布下了天罗地网。1月21日，抵达乌利希环礁以西海域的"伊48"随即遭到美国海军PBM-3大型水上反潜机的跟踪，随后3艘护航驱逐舰"柯布西耶"号（USS Corbesier，DE-438）、"康克林"号（USS Conklin，DE-439）、"瑞比"号（USS Raby，DE-698）先后拍马赶到，最终将其击沉。"伊48"舰长当山全信以下112人全部阵亡。

　　尽管日本海军方面宣称第二次"玄作战"总计击沉对手18艘主力战舰，但事实上在损失1艘潜艇、20枚"回天"人操鱼雷的情况下，日本海军所取得的战绩仅为击沉美国海军1艘步兵登陆艇，造成1艘弹

美国海军护航驱逐舰是一种执行护航反潜任务的小型舰艇

药补给舰、1艘"自由轮"型武装商船受损而已。而除了美国海军的反潜能力日益强大，日本海军潜艇再难有所作为之外，更为重要的原因在于，"回天"人操鱼雷的设计理念从一开始便过于理想化。

作为"九三式"氧气鱼雷的衍生型号，"回天"人操鱼雷的作战模式事实上与普通鱼雷没什么不同。唯一的改进之处在于，由于有人员操控，日本海军潜艇可以在相对安全的距离内进行攻击。但这个所谓的安全距离，在美国海军的大型反潜机和先进的海面搜索雷达面前也不过是一种心理安慰。相反由于距离过远，"回天"人操鱼雷在发射之初只能以非常缓慢的速度前进。在这一过程中极其容易遭到拦截和摧毁。而在接近目标的冲刺阶段，全速前进的"回天"人操鱼雷事实上很难进行操控和校准，加之生产工艺中存在的诸多问题，最终导致这种武器的作战效能极其低下。

虽然通过对战绩的人工修正，两次"玄作战"表面看起来颇为风光，日本海军也仍对"回天"人操鱼雷抱以厚望，但随着战事的进一步发展，日本海军潜艇不得不暂停"玄作战"，放弃对美国海军各前进基地的袭扰，转而将潜艇部队和"回天"人操鱼雷集中用于硫磺岛和冲绳等地的"决战"之中。当然这些都是后话了。

作为日本海军水下"特攻兵器"的先驱，"回天"人操鱼雷存在的诸多问题，事实上是有目共睹的。因此在两次"玄作战"的同时，日本

今天的大津岛"回天"人操鱼雷试验和训练基地

陆、海军在菲律宾战场各自展开了大规模"航空特攻"。但具有讽刺意味的是，虽然后世普遍将日本海军的"神风特攻队"视为"航空特攻"代表，但事实上在这一战术领域，日本陆军走得更早，也走得更远。

日本陆军航空兵自草创以来，便长期以支援地面作战为己任。因此直到太平洋战争爆发初期，日本陆军航空兵才发现自己长期以来所奉行的训练体系，与新的战场环境格格不入。比如日本陆军航空兵在战场导航领域，长期采用的是所谓的"地面目标物判定法"，即在高空飞行的过程中，通过目视地面上的山峰或城市地标建筑，对照地图以修正航线。但这种模式在茫茫大海之上显然并不合适。因此要投入太平洋战场，日本陆军航空兵必须首先学习海军方面通过仪表或星辰判断航线的相关技能。除此之外，为了躲避敌军雷达和摆脱追击，日本陆军航空兵还要学习在超低空航行和投弹的相关技术。

但在耗费了无数的训练时间之后，日本陆军的精锐部队终于可以完成在海上大规模转场和"贴着椰子树"进行接敌和攻击之时，时间却已经来到了 1943 年末，此时的战场形势迫切需要的不再是陆军航空兵的远程奔袭，而是尽快配合海军展开打击美国海军水面舰艇。于是 1943 年 12 月，日本陆军航空兵在滨松陆军飞行学校展开对舰攻击的相关研究。在采用海军方面提供的"九六式"陆基攻击机进行训练的同时，积极尝试在日本陆军"四式"重型轰炸机"飞龙"上挂载鱼雷或效仿美国

日本陆军的"四式"重型轰炸机"飞龙"

陆军航空兵在俾斯麦海展开"反跳轰炸"的可能性。

1944年4月和8月，日本陆军航空兵分别在滨名湖和冲绳那霸展开了相关武器试验，但结果却令人失望。"四式"重型轰炸机虽然可以挂载鱼雷，但由于弹舱容积等问题，仅能挂载于机翼之上，极大地影响了战机的飞行性能。而由于航速和载弹量问题，"四式"重型轰炸机也无法进行"反跳轰炸"。正是在这种走投无路的情况之下，日本陆军航空兵中有人提出干脆对美军战舰采取撞击战术，达到"一机换一舰"的效果。

对于这种丧心病狂的呼声，时任日本陆军航空总监兼航空本部长的安田武雄表示坚决反对。安田武雄从日本陆军气球队的中尉起步，一路升迁至日本陆军航空兵的领军人物，自然对陆军航空兵有着深厚的感情。在他看来，美军在技术领域上的优势唯有靠技术来破解，因此从1941年开始安田武雄便力推日本陆军理化研究所加速核武器的开发和研制。

可惜安田武雄的这些坚持，最终换来的不过是一纸调令。1944年3月28日，安田武雄被要求全力负责其此前兼任所长的多摩陆军研究所武器研制工作。日本陆军航空总监一职被交给了东条英机的心腹后宫淳。后宫淳的履历中没有任何与航空兵有关的部分，此刻由其出任这一关键岗位，无非是为了熔断日本陆军投身自杀式"特攻作战"的最后一根保险丝而已。

在后宫淳的主导之下，日本陆军一方面开始调集各方人力、物力编组"特攻队"，另一方面还在1944年5月启动了"航空特攻兵器"——"樱弹"的研制工作。而有趣的是，在几乎同一时间里，日本海军方面少壮派军官太田正一也提出了一款名为"樱花"的"航空特攻兵器"设计构想。

从工作原理来上来看，"樱弹"和"樱花"这两款"撞名"的武器都是基于重型轰炸机之上的"特攻兵器"，似乎有着异曲同工之妙，但事实上两者却存在着本质上的不同。所谓"樱弹"其实指的是日本陆军采用德国技术生产的总重量高达2.9吨、直径1.6米的圆形铝热剂炸弹。这种武器显然无法挂载到任何日本陆军现有的飞行器上。因此要将其投入实战的唯一办法，就是将其塞入"四式"重型轰炸机的内部，然后以之撞击对手。而根据"樱弹"的巨大破坏力,日本陆军认为即便运载它的"四式"重型轰炸机在撞击之前被击落,其爆炸之后也能将半径3千米内海域化为一片火海,因此是攻击美国海军舰队的理想武器。

如果日本陆军的"樱弹"是具有自主飞行能力的"炸弹之母"的话,那么海军方面所研制的"樱花"则是借助人力操控的"反舰导弹"。基于法西斯轴心国之间的军事科技交流,事实上日本陆军早在20世纪30年代末便启动了反舰导弹的相关研究工作,并在1944年7月以德国空军HS-239型空对舰导弹为原型,研制了"伊(イ)号一型甲"和"伊(イ)号一型乙"两款无线电制导导弹、"伊(イ)号一型丙"型自动跟踪导弹,并参照德国"Fritz-X"遥控滑翔炸弹开始了"久(ケ)号"红外线制导炸弹的研制。

可惜这些看似"高大上"的武器,无一例外地均受制于日本落后的电子元器件生产,不是长久地停留于纸面之上和试验阶段,就是故障频发、事故连连。其中进度最快的"伊(イ)号一型乙"于1944年10月完成了30枚样弹的生产工作,并在东京附近的神奈川县附近海域进行测试,结果却连连坠入当地"热海温泉"的女浴室和女更衣室之中,因此被调侃为"好色的炸弹"(エロ爆弹)。

一直关心空对舰导弹发展的太田正一,眼见陆军方面相关研制工作进展缓慢,最终决定另辟蹊径,他联络了东京大学航空研究所的几位教授,提出"人操导弹"的设计理念。在经过一番图纸设计和空洞测试,

日本海军的"樱花"人操空对舰导弹

基本确定可行之后，太田正一又积极奔走于日本海军航空兵各部门，最终于 1944 年 8 月得到了军令部的首肯。

在这款日后被正式命名为"樱花"的"航空特攻兵器"正式列装之前，日本海军也秉承着"宁可人等装备，不可装备等人"的理念，于 1944 年 10 月 1 日在"百里原海军航空队"的基础上编组了号称"神雷部队"的"第 721 海军航空队"。无独有偶，虽然陆军方面寄予厚望的"樱弹"尚未实战化，但 1944 年 10 月经过了一个阶段的筹备之后，日本陆军方面还是在锋田、滨松两个陆军飞行学校组建的教导飞行师团选拔精锐，组建了以"九九式"双发轻型轰炸机为"特攻武器"的"万朵队"和以"四式"重型轰炸机为"特攻武器"的"富岳队"，开赴菲律宾战场。

与日本陆军自上而下全面推广"航空特攻作战"的行政手段相比，日本海军在这个方面的表现却似乎温和得多。在后世很多日本史料之中，都将这一战术的发明和应用算在时任日本海军第 1 航空舰队司令大西泷治郎个人的头上，甚至在战后相当长的时间里，许多加入"神风特攻队"丧命疆场的日本海军飞行员的家人依旧对大西泷治郎的家庭抱有敌意。但事实上大西泷治郎所做的一切却始终是在日本海军高层的鼓励和默许之下进行的。

大西泷治郎出身于日本兵库县的一广地主家庭。由于其少年时代日俄战争正如火如荼地进行着，因此据说大西泷治郎一度对战争中舍弃生命驾船封堵旅顺口的日本海军"军神"广濑武夫颇为崇敬，并由此于 1909 年考入了海军兵学校。不过大西泷治郎个性张扬，在军校期间以剑道、柔道达人的身份横行一方，成为令人头疼的"喧哗泷治郎"。

在向来强调服从精神的日本海军之中，大西泷治郎这样的刺头自然不可能在水面舰艇部队得到重用，因此 1915 年便与著名的"问题人物"山口三郎一道被赶到还在组建之中的海军航空兵方面去了。投闲置散的生活令大西泷治郎一度萌生了退意，甚至写好了辞职报告，准备跳槽去中岛飞机厂当技术员。但就在此时日本海军航空兵进入了高速发展期，大西泷治郎的政治行情也由此走高。可惜此公得意忘形，竟然在海军大学面试前几天在饭店里和人打架，由此错失了更上一层楼的机会。

未能进入海军大学深造的大西泷治郎由此变得更为愤世嫉俗，开始到处宣扬"航空制胜"和"战舰无用"的论调。起初这些话也并未引起太多的重视，但在1935年作为日本海军精神象征的"大和""武藏"两艘战列舰开工的消息传来之际，大西泷治郎公然宣称"造1艘'大和'可以造3艘航空母舰了""造1艘'大和'可以造1000架战机，1000架战机可以击沉'大和'无数次"等高论，自然引起了日本海军中"大舰巨炮"信徒们的不满。

与此同时，大西泷治郎还针对当时日本海军轰炸机的发展，到处贩卖他的"战斗机无用论"。按照大西泷治郎的说法，未来的海军轰炸机势必更大、更快、更高，且拥有更为强大的自卫火力，战斗机根本无法对其进行拦截，因此应集中力量发展大型轰炸机。为了证明自己的理论，1937年4月大西泷治郎还在佐世保组织了一次日本海军"九六式"陆基攻击机和"九六式"舰载战斗机的对抗演习，结果"九六式"陆基攻击机突防成功，大西泷治郎也由此变得更加不可一世。

不过在此后全面爆发的中日战争之后，从中国台湾和韩国济州岛出击轰炸杭州、上海、南京的日本海军陆基轰炸机遭遇中国空军的拦截而损失惨重，对兰州、重庆等地的远程轰炸也收效甚微。反倒是日本海军投入战场的新锐"零式"战斗机在"璧山空战"中大放异彩，大西泷治郎也由此颜面扫地。客观地说，大西泷治郎的"战斗机无用论"在日后美、英盟军大举轰炸德国和日本本土的过程得到了证实，但这一需要强大国力为基础的战术，显然不是日本所能理解和承受的。

1941年1月15日，时任联合舰队司令的山本五十六钦点大西泷治郎为第11航空舰队参谋，让其参与谋划"偷袭珍珠港"。但大西泷治郎却处处与山本五十六意见相左，最终于1942年2月再度被赶到了日本海军航空本部。远离前线的大西泷治郎心中的抑郁可想而知。而随着战局的日益恶化，大西泷治郎也被海军方面在野势力所利用，一度成为反对东条内阁的"急先锋"。不过扳倒了东条英机及其心腹海军大臣岛田繁太郎之后，等待大西泷治郎的却是前往危险的菲律宾，接掌第1航空舰队。

由于此前大西泷治郎支持"航空特攻"的种种言行已经广为人知，因此在其动身之前海军大臣米内光政、军令部长及川古志郎便分别找他谈话，说了一通"应该将菲律宾视为帝国最后的防线"（フィリピンを

最後にする）"虽然没有具体的指示，但也不会反对你在当地组织的任何行动"（指示はしないが現地の自発的実施には反対しない）。这些暧昧不明的言辞背后，自然是要大西泷治郎放开手脚，在菲律宾组织海军航空兵大搞"特攻"。

而在大西泷治郎赶赴菲律宾的途中，在中国台湾地区面见联合舰队司令丰田副武之时，话就说得更开了。丰田副武表示："在目前飞行员的技术水平之下，是不能期待他们取得什么像样的战果的，唯一能做的只有撞击战术。但在目前的政治氛围下，是不可能下达这样的命令的啊！"（単独飛行がやっとの練度の現状では被害に見合う戦果を期待できない、体当たり攻撃しかない、しかし命令ではなくそういった空気にならなければ実行できない）

如果说连续三层的"上意"还不足以令大西泷治郎坚定决心的话，随着他于1944年10月19日抵达菲律宾，前线各航空部队的惨状更令其相信"航空特攻作战"是改变战局的唯一办法。10月20日，大西泷治郎正式在第1航空舰队中组建"神风特攻队"，并以江户时代诗人本居宣长的和歌"敷岛心怀大和之人，向往着朝日山樱花的芬芳"一句（敷島の大和心を人問わば朝日に匂ふ山桜花），将"神风特攻队"分别编组为"敷岛队""大和队""朝日队"和"山樱队"。此举也开创了日本陆、海军胡乱给"特攻队"起名的先河，此后各种乱七八糟的名字层出不穷，由此日本海军有组织的"航空特攻作战"全面展开。

（三）"礼号作战"——大视野下的吕宋战役（上）

大西泷治郎成立"神风特攻队"之际，正值日本陆、海军以菲律宾为主战场发动"捷一作战"，试图与美军拼个鱼死网破之际，因此日本海军方面发动的这场"航空特攻"自然也备受瞩目。除了进行了一番诀别仪式之外，日本海军方面甚至还派出日本电影公司（日本映画社，以下简称"日映""日央日"）前来拍摄纪录片，以求达到振奋国民士气的目的。

10月21日"神风特攻队"下属的4个攻击队全员出击，但由于恶

负伤的英国皇家海军重型巡洋舰"澳大利亚"号

劣天气的影响,不仅劳而无功,"大和队"队长久纳好孚、队员佐藤馨上两人驾驶的战机还失踪了,可谓开局不利。为了掩饰失败,日本海军结合当天英国皇家海军重型巡洋舰"澳大利亚"号负伤的情报,宣称是久纳好孚驾驶"零式"战斗机撞击成功,首开"航空特攻作战"纪录。但这一说法不仅在时间上站不住脚:"澳大利亚"号负伤是21日上午,而"神风特攻队"出击则是在傍晚,且"澳大利亚"号尚未失去战斗力的现实,似乎也有悖于"一机换一舰"的"航空特攻"的相关宣称。因此经过一番博弈之后,久纳好孚的"战果"并未被日本海军方面所承认。

经过了几天的养精蓄锐之后,"神风特攻队"于10月25日再度出击。此时正值莱特湾海战的关键时刻,因此除了大西泷治郎麾下的日本海军第1航空舰队之外,驻守中国台湾的日本海军第2航空舰队也在福留繁的指挥下,派出了其所组建的"菊水队""若樱队""彗星队"前来助战。虽然在美军强大的防空火力之下,参战的各特攻队总计损失了17架"零式"战斗机和1架"彗星"式俯冲轰炸机,但据说击沉了美国海军5艘航母。

但事实上在日本海军于10月25日所发动的"航空特攻作战"之中,仅仅撞沉了此前已经遭受"栗田舰队"重创的美国海军护航航母

"圣·洛"号（USS St. Lo，CVE-63）而已。而且过程还有一定的偶然性：1架日本海军的"零式"战斗机撞穿了"圣·洛"号的飞行甲板，所以引爆了舰上的弹药库才最终导致了这艘护航航母在短时间内沉没。而事后日本海军将这一战果加在当天牺牲的"敷岛队"队长关行男的头上，并鼓吹其为新一代的"军神"。

消息传来，日本海军上下欣喜若狂，军令部长及川古志郎忙不迭地上奏天皇裕仁，裕仁表面只是淡然地表示："那就这样吧！没有什么吧！挺好的！"（そのようにまでせねばならなかったか。しかしよくやった）但内心深处还是不免产生一种抓住了"救命稻草"的错觉。而秉承上意，海军大臣米内光政也装作无辜的样子发出暧昧不明的"贺电"："虽然这样做有其必然性，神风特攻队也表现得很好，但仍向牺牲的诸公表示惋惜。"摆出一副事不关己的样子。

不过这些政治上高冷的惺惺作态，并不能削减日本海军急于将"神风特攻队"推而广之的热情。随着日本海军第1、第2航空舰队正式合并为"第1联合基地航空队"，"神风特攻队"的规模得以进一步地扩张。但这次合并和扩张对于大西泷治郎而言却多少有些为他人作嫁衣的成分。因为此时的第1航空舰队早已元气大伤，远不如第2航空舰队兵强马壮。

在整个莱特湾海战之中，第2航空舰队多次出动数百架战机，以"航空特攻作战"重创美国海军轻型航母"普林斯顿"号（USS Princeton，CVL-23，后被美国海军自行击沉）、补给舰"阿什特比拉"号（USS

学生时代的关行男和据说被其击沉的美国海军护航航母"圣·洛"号

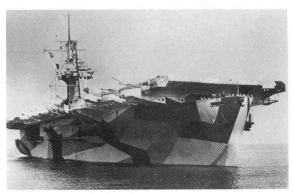

Ashtabula，AO-51）、驱逐舰"洛伊策"号（USS Leutze，DD-481）。

因此在具体的人事安排上，新组建的"第1联合基地航空队"以福留繁为司令，大西泷治郎只能屈居参谋长。不甘人下的大西泷治郎随即产生一些负面情绪，他公开反对在招募特攻队员的过程中采取宴请或行政分派的模式，并禁止除了"特攻队员"之外的飞行员采取撞击战术。据说大西泷治郎私下曾流露出对"特攻战术"继续推广中存在种种丑恶行径的厌恶："城（英一郎）说的是让特攻队员在现场自己下决心的。"不过此时他口中提到的故友城英一郎，已经在1944年10月25日莱特湾海战中与轻型航母"千代田"一起沉入了海底。

对于大西泷治郎的这些情绪，日本海军高层自然是洞若观火。但此时日本海军在莱特湾海战新败，要打击对手只能乞灵于"神风特攻队"。何况此时日本陆军的"航空特攻作战"也已然启动：11月5日，日本陆军"万朵队"队长岩本益臣驾驶1架经过改装的"九九式"双发轻型轰炸机（机首加装了一根3米长的引爆管）试图出动撞击美国海军舰艇时被美军战机击落。

岩本益臣此前在铧田陆军教导飞行师团中号称"飞行天才"（航法の天才），竟然这么轻易便战死了，自然令陆军方面颜面无光，随即于11月12日出动4架"九九式"双发轻型轰炸机改装的"特攻机"，让

日本海军"神风特攻队"出击时的场景

飞行员抱着岩本益臣的骨灰冲入莱特湾。虽然最终在美军战机的拦截之下，"万朵队"的这4架战机未能靠近对方舰队便被击落，但日本陆军还是发表了"航空特攻"击沉敌战列舰、运输舰各1艘的战报。次日日本陆军"富岳队"成员西尾常三郎驾驶改装的"四式"重型轰炸机出击，虽然最终在美军战机的围攻下迅速被击落，但日本陆军方面还是宣称其击沉敌战列舰1艘。

在陆军方面不断发动"航空特攻"取得"巨大战果"，并准备效仿海军投入由明野教导飞行师团"一式"战斗机组成的"八纮队"的消息面前，日本海军高层自然坐不住了。11月16日，福留繁向联合舰队和军令部提出从各部队抽调300架各型战机用于"特攻作战"，并指示大西泷治郎亲自前往东京进行说明。

福留繁这种为了政绩不惜竭泽而渔的做法，自然无法得到联合舰队方面的支持，最终经过协商仅同意抽调仍在训练之中的各航空学校的150架战机投入菲律宾战场。而大西泷治郎更从内心深处感到厌恶，因此回国之后在面对《大阪每日新闻》记者后藤基治关于"为什么要继续扩大特攻作战？"（なんで特攻を続けるのですか？）的提问时，只能无奈举出了"倒幕战争"时期会津藩将少年组成"白虎队"的例子，回答说："如果淡忘了青年应该为国捐躯这种历史记忆的话，那么日本人还是灭亡了吧！"（青年たちが国難に殉じていかに戦ったかということを歴史が記憶しているかぎり、日本人は滅びることはないだろう。）

承受着巨大压力的不只有大西泷治郎及一干日本海军将帅们，面对日本陆、海军疯狂的自杀式"航空特攻"，美国海军虽然被击沉的战舰不多，但包括舰队航母"富兰克林"号（USS Franklin，CV-13）、"列克星敦"号（USS Lexington，CV-16）、"埃塞克斯"号（USS Essex，CV-9）、"卡波特"号（USS Cabot，CV-28），轻型航母"贝露森林"号（USS Belleau Wood，CV-24）相继在菲律宾近海遭遇自杀式攻击而被迫脱离战场。而在巨大的心理压力之下，美国海军内部也出现大量酗酒甚至自杀的精神病患。

根据美国海军方面的评估，日本陆、海军的"航空特攻"对于装备有厚重装甲的大型舰艇杀伤效果有限，但如果命中满载兵员或物资的运输舰时，其造成的后果很可能是毁灭性的。为了避免此类事件的发生，美国海军勒令医护船撤离菲律宾战场，同时缩短了各类运输舰艇的作业时间。麦克阿瑟更与尼米兹进行沟通，要求美国陆、海军方面进行新闻管制，不允许日本军队采用自杀式攻击战术造成美军大量伤亡之类的新闻出现在各类媒体之上。当然在这位美军西南太平洋战区司令看来，从最根本上瓦解日军"航空特攻"的办法，莫过于尽快在吕宋岛登陆，彻底占领那些宛如蜂巢一般不断放出自杀式战机的日本陆、海军机场。

不过尽管此时美国陆军在莱特岛的战斗已经进入了收官阶段，但考虑到莱特岛和吕宋岛之间仍有两天的航程，因此麦克阿瑟决定先夺取莱特与吕宋两岛之间的民都洛岛（Mindoro）为跳板。而鉴于岛上的日本陆军在莱特岛战役打响之前仅有第 105 师团独立步兵第 359 大队的 2 个中队兵力，此后虽有一些运往莱特岛方向的日本陆军部队在舰艇沉没后陆续登上民都洛岛避难，但兵力也不过 200 余人，因此麦克阿瑟仅准备在民都洛岛方向投入美国陆军第 24 步兵师所属之第 19 步兵团以及独立第 503 伞兵团，作战兵力约 1 万人，行动代号为"守望者"（The Warden）。

为了运送陆军的相关登陆部队，美国海军第 7 舰队计划以轻型巡洋舰"纳什维尔"号（USS Nashville, CL-43）及 8 艘驱逐舰掩护 8 艘高速运输舰（APD）、30 艘坦克登陆舰（LST）、12 艘中型登陆舰（LSM）直趋民都洛岛西南部的曼加林湾。与此同时，美国海军还有 1 艘重型巡洋舰、2 艘轻型巡洋舰、12 艘驱逐舰在外围游弋，3 艘战列舰、6 艘护航航母、2 艘重型巡洋舰承担着火力支援的责任。因此在美国海军第 7 舰队司令托马斯·卡森·金凯德（Thomas Cassin Kinkaid, 1888—1972 年）和陆军第 6 集团军司令沃尔特·克鲁格（Walter Krueger, 1881—1967 年）看来，此战十拿九稳，并没有太大的风

位于菲律宾中部的民都洛岛

险。殊不知一场凶杀恶斗正在等待着他们。

　　1944 年 12 月 13 日，美国海军登陆舰队刚刚离开莱特岛进入苏里高海峡，便遭到了日本陆、海军 36 架战机的攻击。仅从机群规模上来看，此轮攻击本不足以对美军舰队造成威胁。但偏偏美军西南太平洋战区此刻仍沉浸于莱特岛战役力挫对手的欢悦之中，并未认真组织防空作战。因此战斗打响之后，不仅美国陆、海军航空兵的护航机群没有第一时间赶到战场，甚至连舰队防空火力也是颇为稀疏。抓住这一有利战机，日本海军"神风特攻队"所属的 3 架"零式"战斗机和陆军"一宇"队的 1 架"一式"战斗机先后向长期作为麦克阿瑟旗舰的"纳什维尔"号冲撞而去。

　　最终，其中的一架成功躲过美军的防空炮火，撞在了"纳什维尔"号后部一门 127 毫米副炮的附近。日军战机上挂载的炸弹和残存的汽油随即将整艘战舰化为一片火海。虽然在美国海军损管人员的全力扑救之下，"纳什维尔"号很快便恢复了自主航行的能力，但这次致命的撞击依旧造成包括多名高级军官在内的 133 人死亡、190 人负伤。

　　自己曾经乘坐过的旗舰遇袭，令向来喜欢出风头的麦克阿瑟在后怕之余，也不得不重新审视菲律宾战场的空中力量对比。在莱特岛的美国陆军机场完工之前，为了最大限度地降低日本陆、海军航空兵的威胁，

遭遇日军自杀式袭击之后的"纳什维尔"号

麦克阿瑟不得不请求美国海军舰载机部队深入吕宋岛内陆对日军机场展开空中打击。此时美国海军第3舰队司令哈尔西同样对日本陆、海军的特攻作战不胜其扰。于是两人一拍即合，一场空前规模的空中大扫荡由此展开。

根据美国海军方面的战报，在为期一周的空中打击之中，日本陆、海军至少有700架军用飞机在地面和空中被摧毁。不过对于这一数字日本方面仅承认损失了270架战机，其中208架在地面被摧毁。但即便是按照日本方面的数据来看，这样的损失对于驻守吕宋的日本陆军第4航空军和日本海军"第1联合基地航空队"而言都可谓元气大伤。不过秉承着"拼亦光，不拼亦光"的精神，日本陆、海军还是决定将"航空特攻"进行到底。

12月15日，美国海军第7舰队逼近民都洛岛西南部海域。日本海军再度出动13架"特攻机"对美军登陆部队展开"航空特攻"，并一举击沉了美国海军2艘坦克登陆艇。值得一提的是，在坦克登陆艇"LST-738"号被日本海军的"零式"战斗机撞中、燃起熊熊大火之际，美国海军驱逐舰"摩埃尔"号（USS Moale，DD-693）顶着不断殉爆的各种弹药，强行靠上去救出了"LST-738"号上绝大多数的舰员。

尽管日本陆、海军在民都洛岛一线展开"航空特攻"颇有成效，但

美国海军驱逐舰"摩埃尔"号抢救"LST-738"号

是岛上为数不多的日本陆军面对大举登陆的美军却显得毫无还手之力，在短暂的交火之后，便不得不选择退入民都洛岛东北部的山区展开所谓"持久战"的游而不击去了。美国陆军随即在岛上大兴土木，在 13 天之内相继完成了 2 座野战机场的建设，并迅速部署了 130 架战机。由此弥补了美国海军第 3 舰队在吕宋岛东北洋面进行海上补给时，遭遇台风袭击所造成的舰载战斗机损失。

鉴于美国陆军航空兵进入民都洛岛之后，对一衣带水的吕宋岛产生了威胁，日本海军方面决心集中残余的水面舰队对民都洛岛一线展开反击。事实上早在美军正式登陆之前，日本海军方面就曾计划集中第 31 战队所属第 43、第 52 驱逐舰队残存的"梅""桃""桤""杉""樫" 5 艘驱逐舰，对美军登陆舰队展开突袭。

"梅""桃""桤""杉""樫" 5 舰均属于日本海军"战时量产"的"丁"型驱逐舰。虽然最终定型并开始生产是在 1943 年，但其体积吨位和武器装备却不仅无法与此前的"甲"型（"阳炎""夕云"两级）、"乙"型（"秋月"级）、"丙"型（"岛风"级）等各舰相媲美，甚至连更早之前的"白露"级和"满潮"级也多有不如。

究其原因，除了此时的日本军工系统饱受原料短缺的困扰已经无力建造大型驱逐舰之外，更主要的是此时日本海军已经放弃了"大正时代"驱逐舰应具备与敌轻型巡洋舰匹敌的火力标准，转而追求驱逐舰在敌空中打击之下的反击和生存能力。因此"丁"型驱逐舰满载排水量为

日本海军战时应急生产的"丁"型驱逐舰

1687 吨，仅为"丙"型驱逐舰（满载排水量 3323 吨）的半数。日本海军驱逐舰曾经夸耀一时的 127 毫米联装火炮被"丁"型驱逐舰单门 127 毫米高平两用炮所取代。"九三式"鱼雷发射管也从原来动辄十余枚的齐射水准削减到不过 4 枚。不过在"丁"型驱逐舰上，日本海军也尝试着安装了更多的小口径防空火炮以及深水炸弹投射装置。因此总体来说，"丁"型驱逐舰不再是"决战大洋"思路的产物，更多地适应于护航任务。

或许正是考虑到"丁"型驱逐舰并不适合这种决死突击的战术，因此接受任务之后，12 月 14 日和 16 日本海军第 31 战队两度以遭遇美军空袭和战舰机械故障为由延缓了出击的时间。面对下级部门的软磨硬抗，12 月 20 日本海军西南舰队新任司令大川内传七与在苏里高海峡中仓皇逃窜才保住首级的联合舰队第 2 游击队司令志摩清英紧急磋商，最后决定由两家各出本钱，组织"挺身部队"。

此时日本海军第 2 游击队不仅吸收了此前莱特湾海战中被重创的栗田健男第 1 游击队的残余兵力：战列舰"榛名"、重型巡洋舰"羽黑"、轻型巡洋舰"大淀"以及第 2 水雷战队等驱逐舰部队，更有小泽治三郎所部"机动舰队"的 2 艘航空战列舰"伊势""日向"的加盟，可谓兵强马壮。因此志摩清英大笔一挥便拨出重型巡洋舰"足柄"，将轻型巡洋舰"大淀"作为第 2 水雷战队的新旗舰，指挥驱逐舰"霞""朝霜""清霜"，会合西南舰队的"榧""杉""樫"3 艘驱逐舰，在第 2 水雷战队司令木村昌福的统一指挥下向民都洛岛发动名为"礼号作战"的决死突击。

在太平洋战场既经历过"俾斯麦海海战"那样的重创，也有过指挥舰队成功从阿留申群岛撤回陆军的辉煌，此时的老将木村昌福自然早已老于世故。接到命令之后，他做的第一件事情便是将旗舰从上级指定的轻型巡洋舰"大淀"转到了驱逐舰"霞"上。对于自己这么做的原因，木村昌福给出了"驱逐舰比巡洋舰机动性能更好"等理由。但仔细想来木村昌福此举多少有些避讳"大淀"曾为联合舰队旗舰，而自己堂而皇之地乘坐其指挥的僭越之嫌。这一点倒是和莱特湾海战前向联合舰队方面要求以"大和""武藏"为旗舰却遭到联合舰队司令部拒绝的栗田健男相映成趣。

除了在旗舰的选择中表现得格外谨慎之外，在具体的摆兵布阵上，木村昌福也着实花了一番心思。虽然同为"挺身队"，但木村昌福还有意将6艘驱逐舰作为前锋，"足柄""大淀"2艘巡洋舰则处于压后的位置，充分体现了其"要有将'足柄''大淀'视为借物的"思想觉悟（大淀と足柄は借り物としての意識があったから）。正是在如此小心翼翼的状态之下，木村昌福统率着这支临时拼凑起来的舰队于12月22日黄昏从越南南部的金兰湾出发，计划于12月25日冲入民都洛岛西南的曼加林湾。

　　木村昌福的运气似乎不错，在头两天的航行之中，这支"挺身舰队"几乎没有受到美军的任何干扰。而造成这一局面的原因，除了这段时间里狂风暴雨始终笼罩在舰队上空之外，更为重要的是，此时美国海军第3舰队的主力已经陆续撤离菲律宾海域。美国海军第7舰队则忙于准备对吕宋岛的登陆行动，放松了对周边海域的警戒。因此直到12月26日傍晚时分，1架从莱特岛起飞的美国海军PB4Y"私掠船"型水上巡逻机才在距离曼加林湾以西偏北290千米处发现了来袭的日本舰队。而可能是由于心情太过于紧张，这架巡逻机上的飞行员竟错误地将日本海军重型巡洋舰"足柄"误认为是战列舰"大和"。

　　得到日本海军主力舰"大和"竟然再度冲杀而来的消息，正身处莱

"足柄"隶属日本海军"妙高级"重型巡洋舰

特湾的美国海军第 7 舰队司令金凯德心头自然不免回想起 2 个月前萨马岛海战的阴影。鉴于"大和"强大的水面作战能力，金凯德不敢派出己方的巡洋舰和老式战列舰前往拦截，只能乞灵于当天夜间全力展开的空袭可以将对手击退。

应该说此刻美国陆军航空兵经过多年的历练，早已具备了夜间轰炸的能力。当天晚上 8 点之后，在鱼雷艇的引导之下，美国陆军航空兵的 B-25 重型轰炸机对木村昌福的"挺身舰队"展开攻击。虽然成功地击沉了驱逐舰"清霜"，但命中重型巡洋舰"足柄"和轻型巡洋舰"大淀"的炸弹均未造成毁灭性的打击。而此时日本海军已经杀入曼加林湾，开始用舰炮攻击停泊在岸边的美军运输舰和靠近海岸线的美军机场。

客观地说，此刻日本海军在曼加林湾扮演着绝对主宰的角色，完全可以进一步扩大战果。但木村昌福毕竟做贼心虚，在炮击了仅仅 20 分钟之后便选择借助着夜幕的掩护撤出了战场，最终于 12 月 28 日安全地将"足柄""大淀"2 艘巡洋舰，驱逐舰"霞""朝霜""榧""杉""樫"带回了第二游击队盘踞的金兰湾。

虽然日本方面发表了"礼号作战"击沉 3 艘运输舰的战报，但事实上日本海军发射的鱼雷和炮火仅造成了其中 1 艘的重创而已。以损失 1 艘驱逐舰的代价换来了如此微薄的战绩，可谓是得不偿失。但这并没有改变日本方面将其吹嘘为"太平洋战争中日本帝国海军有组织战斗中的最后一场大胜"（太平洋戦線における帝国海軍の組織的戦闘における最後の勝利である）。

之所以造成这样的局面，除了木村昌福颇会做人，反复强调"此战本应由领导们亲自指挥，他们只是看我年纪大了，给我木村一个面子"，从而引来了日本海军的交口称赞之外，更重要的是曾经自诩不败的日本海军此刻已经彻底对胜利失去了信心，因此哪怕这样一星半点的成绩也足以令其以为天助。但诚如与木村昌福同期从海军兵学院毕业的联合舰队参谋长草鹿龙之介所说："（礼号作战）对战局的影响，不过是一抹凉风吹过而已啊！"（当時沈滞を免れなかったわが戦局に、一抹の涼風をおくったのである）随着莱特岛和民都洛岛机场的完工，麦克阿瑟开始逐渐加快了其重返吕宋岛的脚步。

（四）冲向马尼拉——大视野下的吕宋战役（中）

　　麦克阿瑟对菲律宾、特别是吕宋岛怀有着一份别样的情感，这不仅仅是因为 1942 年 3 月他从这座岛屿最南端的巴丹半岛匆忙南逃之际，曾许下过"我一定会回来"的承诺，更是因为他的人生与吕宋岛之间早已结下了太多的羁绊。1905 年麦克阿瑟第一次来到吕宋岛之时，25 岁的他刚从西点军校毕业不久，虽然名义上是以工程兵中尉的身份出任驻菲律宾美国陆军司令的副官，但事实上这位美国菲律宾驻军司令正是他的父亲亚瑟·麦克阿瑟（Arthur MacArthur，1845—1912 年）。

　　作为美国南北战争中的英雄，亚瑟·麦克阿瑟在西部围剿印第安人的过程中积累了丰富的反游击战经验，并将其用于在菲律宾镇压各路反美武装。在一路杀得人头滚滚的基础上，自然也赢得了美国总统西奥多·罗斯福的信任和嘉许。亚瑟·麦克阿瑟名义上只是驻军司令，但事实上已然行使着菲律宾总督的职权。

　　但就在麦克阿瑟父子团聚之后不久，日俄战争全面爆发的消息传

率领军队镇压菲律宾当地反美武装的亚瑟·麦克阿瑟

来。考虑到日本在西太平洋的崛起可能会威胁到美国好不容易在菲律宾建立起的殖民地，西奥多·罗斯福第一时间委派亚瑟·麦克阿瑟为驻日大使馆武官，近距离观察日本的一举一动。年轻的麦克阿瑟也由此跟随着父亲首次踏足日本列岛。或许正是在这段滞留于日本的时间里，麦克阿瑟坚信未来在菲律宾日美必有一战。

1909 年，64 岁的亚瑟·麦克阿瑟虽然终于因为超龄而被迫退役，但此时的小麦克阿瑟已然成为西奥多·罗斯福总统的军事顾问，在美国陆军之中积累了广泛的人脉和声望。1913 年干涉墨西哥革命的"韦拉克鲁斯之战"，更令其成为美国陆军新生代将帅中少数拥有过实战经历的佼佼者。因此当 1917 年美国决定投入第一次世界大战的旋涡之际，麦克阿瑟脱颖而出，成为美国陆军第 42 步兵师参谋长，并最终在一年多战事中晋升为该师师长。

1919 年回国后的麦克阿瑟成为西点军校最年轻的校长。但在一段失败的婚姻之后，他选择了重返菲律宾，接掌马尼拉军区司令。此后虽然麦克阿瑟几度因为仕途升迁，而离开了这片他父亲为美利坚撒下的热土，但最终却又每每上演王者归来，并最终成为这个岛国的无冕之王。其中除了随着日本的崛起，美国强化菲律宾防务的需要之外，更有麦克阿瑟视马尼拉为家族采邑，享受在当地自由施政的那份乐趣在作祟。

可惜，最终日本陆军的刺刀令他的幻梦归于破产。仓皇逃出巴丹要塞之时，高傲的麦克阿瑟几乎感觉自己失去了一切。如果不是罗斯福总统与其之间那份家族政治联盟间的香火之情在，如果不是美国强大的国力足以支撑麦克阿瑟在新几内亚的漫长拉锯，或许他早已以败军之将的身份在国内受尽冷落和白眼了。而也正

少年得志、不可一世的麦克阿瑟

是基于上述这些对麦克阿瑟而言宛如噩梦般的记忆和可能，令其格外渴望着有朝一日可以重新君临马尼拉。现在机会终于来了。

1944 年 12 月 11 日，通过美国众议院的授权，罗斯福总统向参谋长联席会议成员：总统军事顾问威廉·丹尼尔·莱希（William Daniel Leahy，1875—1959 年）、陆军参谋长乔治·卡特利特·马歇尔（George Catlett Marshall，1880—1959 年）、海军作战部长欧内斯特·约瑟夫·金（Ernest Joseph King，1878—1956 年）、陆军航空兵司令亨利·哈里·阿诺德（Henry Harley Arnold，1886—1950 年）以及战区负责人麦克阿瑟、尼米兹、艾森豪威尔授予五星上将的军衔。

有幸成为美国军队之中的首批五星上将，本是无上的殊荣，但对于眼高于顶的麦克阿瑟而言，其不仅耻于与出身贫寒、曾经担任过自己秘书的艾森豪威尔并列，更对尼米兹与自己同获晋升颇感不爽。据说在筹划吕宋岛战役之际，尼米兹又一次去莱特与麦克阿瑟会商作战问题。麦克阿瑟在宣布莱特日军的大规模抵抗已告结束时，一脸得意之色。但是他看到尼米兹已经佩戴五星领章而自己还未戴上时，脸色倏然一变。夜色降临之前他命令副官于次日晨为他准备好一副这样的领章。他们立即为之准备——把菲律宾的面值一角银币用刀锉成一副！这个出自尼米兹传记之中的故事虽然真实性待考，但却从一个侧面说明了麦克阿瑟的政治生命此刻已经与菲律宾紧密地联系在了一起。

在基本结束了莱特岛和民都洛岛的战斗之后，麦克阿瑟随即要求麾下的陆、海军部队转入对吕宋岛的进攻准备。按照麦克阿瑟的计划，美国陆军重返吕宋岛的行动将从本部的林加延湾展开。美国陆军第 6 集团军以第 1 军所属的第 6、第 43 步兵师为左翼，第 14 军所属之第 37、第 40 步兵师为右翼，一举投入 13 万人的作战部队，以期在成功登陆之后随即沿着宽阔的菲律宾中央平原杀向马尼拉。与此同时，美军还将在苏比克湾和马尼拉湾附近展开佯攻，以牵制日本陆军的兵力。

此时驻守吕宋岛的日本军队纸面上虽然仍有陆军 6 个步兵师团：第 8、第 10、第 19、第 23、第 103、第 105 师团；1 个战车师团：战车第 2 师团；两个独立混成旅团：独立混成第 58、第 61 旅团。加上其他陆军航空兵及海军地面部队，有近 30 万人的总兵力。但身为日本陆军第 14 方面军司令的山下奉文却深知这些部队之中所谓的精锐师团早已在

日本陆军战车第 2 师团的主要装备——改装了 47 毫米主炮的"九七改"中型坦克

不断的抽调之中沦为空壳，而后续组建的"百字号"师团和两个独立混成旅团的战斗力，和中国大陆的那些"治安师团"一样仅能承担一些维持地方的军事任务，根本无力与美军正面较量。

唯一能拿上台面的战车第 2 师团，事实上也谈不上齐装满员。因为在从中国东北抽调南下之前，已经抽调走了战车第 11 联队、师团直属侦察队和师团直属防空队，战斗力勉强来说也是被打了个七折。何况在完全失去了制空权和制海权的情况下，这样的重装兵团在反登陆作战中也不过是美军航空兵和舰队炮火下的活靶子。

基于现实的困境，山下奉文从一开始便打消了"阻敌于半渡""歼敌于滩头"之类不切实际的想法，有步骤地开始疏散吕宋岛地区的日本陆军后方机关和非战斗人员。而其中第一步便是将"南方军"司令部请出了马尼拉。有趣的是，由于"南方军"司令寺内寿一的风评不佳，因此后世许多日本学者都认定"南方军"司令部离开菲律宾是一种临阵退缩的怯战行径。但是根据日本陆军方面的有关资料，在"南方军"司令部撤离马尼拉的问题上，山下奉文即便不是始作俑者，也多少起到了推波助澜的作用。

1944 年 11 月 13 日，山下奉文在美军航空兵大举空袭马尼拉港之

太平洋战争全史

际，拜会"南方军"司令寺内寿一，提出："敌后续兵团可能一举突破菲律宾中部，在巴拉望岛登陆。倘如此，则 95000 名法属印支军将策应华南重庆军而背叛，总司令也恐无法迁往西贡。总司令肩负对西南方面诸多决策，请将菲律宾委交山下，急速迁往西贡。"

山下奉文这番话自然不乏独揽攻守大权、不愿吕宋岛战役出现叠屋架床的多头指挥的"小心机"，但言辞恳切，令本就急于逃离马尼拉的寺内寿一颇为感动。在又盘桓了 4 天之后，最终"南方军"司令部于 11 月 17 日正式迁往西贡。不过寺内寿一临走之前还是把自己的参谋总长饭村穰留在菲律宾"指导"防御工作。

饭村穰是日本陆军内部少有的"总体战"专家，早在太平洋战争爆发之前便通过纸上推演断定日本与美国开战会由于海上补给断绝而落败。此时以"南方军"参谋总长的身份留在马尼拉，倒是为山下奉文"独立作战、永久作战"的战略方针提供了不少助力。可惜 12 月 26 日饭村穰接替阿南惟几出任日本陆军第 2 方面军司令，第 14 方面军司令部由此成为吕宋岛防御作战的最高指挥机关。

从这个角度来看，第 14 方面军一些年轻参谋们所谓"南方军"司

和部下一起研究战术的山下奉文（中央半跪者）

令部撤走"等于讨人厌的婆婆离开了家"的说法并不全面。"南方军"司令部撤离的同时，日本海军也将驻守吕宋岛的舰艇全部驶离。对此第14方面军的年轻参谋们又是一阵狂欢，因为他们认为莱特岛作战就是受了海军所累，现在海军方面既然溜之大吉，以后自然也不会再搞什么协同作战了。

面对这些愣头青的乐观精神，第14方面军参谋长武藤章倒是颇为清醒。在他看来，以日本陆军目前的状态，在马尼拉周边的平原地带与美军决战，无异于以卵击石。由于昔日在吕宋岛上缴获的美军12000辆各型车辆之中仅有3000辆可用，且缺乏足够的油料。整个岛上仅有马尼拉到林加延一线有铁路可通，火车头可供使用的更不足15部，因此事实上也不存在机动作战的可能性。由于海运的断绝，日本陆军普通士兵的口粮已经被压缩到每天400克，马尼拉等地的菲律宾居民更日益期盼着美军的解放，因此固守城市的战略也不可取。

在几乎没有其他选项的情况下，在武藤章看来，在吕宋岛北部、南部等地的山区构筑所谓"自给自足"的据点，牵制美军的兵力，使其推迟对日本本土的进攻，是日本陆军第14方面军目前唯一的出路。按照武藤章的计划，山下奉文将第14方面军编组为3个战略集团。

其中驻守吕宋岛北部的"尚武集团"集中了日本陆军第10、第19、第23、第103师团，战车第2师团，独立混成第58、第61旅团等部队，由山下奉文亲自指挥，以马尼拉以北300千米的碧瑶市（Baguio）为中心展开。第8师团长横山静雄统率第8师团、第105师团组成"振武集团"，于马尼拉东部一线布防，扼守美军进入吕宋岛南部的交通要道。马尼拉西北的克拉克航空基地则交给塚田理喜智所指挥的日本陆军伞兵部队"第1挺进集团"驻守，称为"建武集团"。

从上述3个战略集团的兵力配备和战略部署不难看出，山下奉文和武藤章的计划是利用马尼拉为诱饵，诱使麦克阿瑟所部美军主力进入吕宋岛中央平原，随即陷入日本陆军来自北、东、南三方面的夹击之中。虽然以日本陆军第14方面军此时的战斗力，围攻马尼拉、聚歼美军重兵集团无疑是痴人说梦，但如能配合得当，或许也能打出多线拉扯、南北互动的局面，最终实现将美国陆军主力长期牵制在吕宋岛的目的。

为了支撑上述三大战略集团各自在吕宋岛一隅的长期独立作战，从 1944 年 12 月 17 日开始，日本陆军第 14 方面军开始有计划地从马尼拉等主要城市分散战略物资。按照武藤章草拟的"吕宋地区兵站紧急处理要领"，日本陆军计划在 1945 年 1 月 10 日之前，将合计 12760 吨各类物资运出马尼拉等中心城区。值得一提的是，这些从马尼拉紧急运出的物资之中，除了日本陆军的各类军用物资之外，还有长期在吕宋当地流通的 150 吨军票纸币和包括 25000 枚被称为"福丸"（マル福）金币的 50 吨硬币。而无论是山下奉文还是武藤章此刻或许都不会想到，正是这些他们眼中平常无奇的军用货币，日后会成为东南亚近代流传甚广的坊间传说——"山下宝藏"的源流。

尽管有关"山下宝藏"的传说，向来有着许多不同的版本，但整体内容却是大同小异，都直指山下奉文在美军大举登陆之前，将其从东南亚各国掠夺而来的大量金银珠宝秘密从马尼拉转移到北部山区藏匿。这个说法虽然存在诸多漏洞，但却挡不住好事者纷至沓来。最后菲律宾政府干脆将其作为一项旅游项目，公然向前往吕宋岛北部寻找"山下宝藏"的探险者出售许可证，并严厉打击无证探宝的行为。

事实上"福丸"金币作为日本在太平洋战争后期所铸造的贵金属货币，的确有其收藏和市场价值。2008 年左右，一枚"福丸"金币的市场价值在 20 万日元左右，因此有人测算出当地运送到吕宋岛的大约 25000 枚"福丸"金币今天的市场价大约在 20 亿日元，的确可以称得上是一笔"宝藏"。但在此后 8 个月的作战之中，这区区 775 千克黄金，

今天日本国内的"福丸"金币

在支撑日本陆军"尚武集团"十几万大军以及日本扶植之下的何塞·劳雷尔（José. P. Laurel）伪政权运作的过程中，最终被消耗殆尽。

客观地说，日本陆军所筹集的这点物资与美国军队动辄数十万吨级的战略物资调配相比，可谓是"小巫见大巫"。但是由于日本陆军第14方面军直属的卡车不过260辆，铁路一天只能开行4列火车，因此即便全力运作，每天也仅能从马尼拉运出400吨物资。而这个数字还摒除了美军空袭和菲律宾当地游击队的袭扰等因素。当然除了这些客观因素之外，日本军队内部也不乏对这种物资疏散的抵制。

作为吕宋乃至菲律宾最大的城市，马尼拉对于大多数出身农村的日本军人而言，各方面设施设备自然是颇为方便、完备。而凭借着占领军的淫威和挥洒无度的军票，日本陆、海军各级军官更是频繁出入各种声色场所。日本陆、海军航空兵部队，海军陆战队因为未进行过系统的野战训练，更视离开城市为绝路，因此不情愿放弃马尼拉。

面对各方面软磨硬顶，作为日本陆军第14方面军司令的山下奉文无权指挥陆、海军航空兵及海军陆战队等部队，只能在1945年元旦向东京皇居的方向遥拜之后，率先将第14方面军司令部迁往碧瑶。而随着山下奉文等上级领导的离去，马尼拉随即成为日本陆军第4航空军司令富永恭次的天下。

富永恭次拒绝撤离马尼拉的理由，据说是"还有那么多特攻战机，我是不会离开马尼拉的"。（すでに多くの特攻機を送り出している。マニラを離れるわけには行かない）随着1月3日，大批美国海军战舰通过莱特岛南段的苏里高海峡进入苏禄海，并沿着棉兰老岛西部海岸北上的消息传来，日本陆、海军航空兵大举出动。

1月4日，日本海军"神风特攻队"所属之"旭日队"出动"彗星"式俯冲轰炸机2架，陆军航空兵出动"一诚队"所属之"一式"战斗机2架、"进袭队"所属之"九九式"轻型轰炸机2架，对美国海军第7舰队展开自杀式的所谓"航空特攻"。

美国海军方面此时出动了40架F4F"野猫"型战斗机，配合美国陆军航空兵的20架战机展开拦截，并以各型水面舰艇组成了严密的防空火力网。但百密终究难免一疏，黄昏时分，一架日军战机还是成功地撞在美国海军护航航母"奥马内尔湾"号（USS Ommaney Bay, CVE-

79）的舰桥右侧。

除了剧烈撞击所引发的爆炸之外，这架日军战机上挂载的两枚炸弹也随即落在了"奥马内尔湾"号的飞行甲板之上，其中一枚更顺势通过升降平台滚入了这艘护航航母的机库之中，随即引发了舰载机、弹药库和航空燃料等的连锁爆炸。短短20分钟之后"奥马内尔湾"号便被炸成了一堆空壳。鉴于舰上残存的弹药和燃烧可能会引发新的爆炸，美国海军在疏散了舰上的人员之后，决定由驱逐舰"本斯"号（USS Burns，DD-588）发射鱼雷将其击沉。

虽然"奥马内尔湾"号最终毁于美国海军的自行"补刀"，但日本陆、海军方面还是各自将其引为自己的战功，并引发了日后的一番争论。日木海军方面宣称撞毁"奥马内尔湾"号的，是日本海军"旭日队"指挥官风间万年所驾驶的"彗星"式俯冲轰炸机。但日本陆军方面则认为风间万年早已在一天之前的另一次"航空特攻"中战死，因此真正重创"奥马内尔湾"号的是日本陆军的"九九式"轻型轰炸机。

无论如何，"奥马内尔湾"号的沉没都极大地鼓舞了日本陆、海军的士气，并随即于1月5日对美国海军第7舰队发动了更大规模的"航空特攻"。美国海军重型巡洋舰"路易斯维尔"号（USS Louisville，CA-28）、护航驱逐舰"斯塔福德"号（USS Stafford，DE-411），英国

被日军特攻战机重创之后的美国海军护航航母"奥马内尔湾"号

皇家海军重型巡洋舰"澳大利亚"号（HMAS Australia，D-84）先后被日军"特攻机"撞中。

当天17点50分左右，2架日本海军的"特攻机"再度分别撞中了美国海军护航航母"马尼拉湾"号（USS Manila Bay，CVE-61）舰桥右后方和飞行甲板。但"马尼拉湾"号的损管小组显然吸取了"奥马内尔湾"号此前的教训，迅速封锁了起火燃烧的机库，并分头控制了火源。最终这艘战舰在24小时之内便迅速恢复了战力。

1月9日，随着美国海军登陆部队陆续在林加延湾展开，秘密部署于当地的日本陆军"海上挺进队"第12战队，出动大批日本陆军自发研制的"四式肉搏攻击艇"展开"水上特攻"。"四式肉搏攻击艇"的设计理念与日本海军水上特攻兵器"震洋"相仿，都是在快艇头部安装烈性炸药，通过撞击来取得与敌舰玉石同焚的效果。1月9日夜间，日本陆军出动70艘"四式肉搏攻击艇"对美军登陆舰队展开袭扰，并自称取得了击沉敌20—30艘登陆舰艇的战果。但是从美军方面的资料来看，当天的夜袭事实上仅取得了击沉美国海军由步兵登陆艇改造的登陆支援艇"LCI（M）-974"号、"LCI（G）-365"号，造成美国海军3艘驱逐舰、3艘坦克登陆艇、1艘运输船受损而已。

总体来说，日本陆、海军在林加延湾所展开的"特攻作战"取得了

迅速扑灭大火的美国海军护航航母"马尼拉湾"号

一定的战果。但这些这点损失对于拥有 164 艘舰艇的美国海军第 7 舰队而言，远谈不上伤筋动骨。相反，日本方面所付出的代价却是无法弥补的。1 月 6 日之后，日本海军战机消耗殆尽，陆军方面也仅存富永恭次以联络为名留下的 4 架军用飞机。不过在日本宣传机构的放大之下，日本陆军第 14 方面军还是认定敌军在登陆之前遭遇了重创。山下奉文随即推翻了此前"把敌人放进来打"的宣言，向据守林加延湾一线的第 23 师团、独立混成第 58 旅团下达了反击的命令。

日本陆军第 23 师团曾是 1938 年日本关东军内部编组的一支摩托化程度较高的精锐部队，但是在 1939 年的诺门坎战役之中，第 23 师团却遭到苏联红军毁灭性的打击。此后虽然进行了重建，但战斗力始终没有得到恢复。1944 年 12 月开赴吕宋岛途中，其运输船队又多次遭遇美国海军的潜艇伏击，白白损失了大量的人员和装备，抵达吕宋岛的战斗兵员已经不足万人。以这样的疲弱之师对抗大举登陆的美军，其结果自然只能是以卵击石。

与第 23 师团相比，1944 年 6 月在日本弘前编成的独立混成第 58 旅团的情况反而稍好一些。除了 5 个独立步兵大队（每个大队约 900 人）和 1 个山炮大队（装备 15 门 75 毫米山炮）之外，还得到了 12 门 150 毫米至 300 毫米旧式大口径火炮的野战重炮兵第 12 联队的强化。

日本陆军独立混成第 58 旅团虽然强化了炮兵火力，但在美军强大

冲入林加延湾的美国海军战列舰编队

的舰炮火力和空中打击面前，还是很快便败下阵来。1月11日，美国陆军在林加延湾登陆完毕，开始向纵深挺进。鉴于美军已经逼近马尼拉和碧瑶之间的公路网络，为了掩护马尼拉方面剩余部队的撤离，也为了彰显日本陆军的战斗精神，山下奉文命令驻守林加延湾，对美军节节抵抗的日本陆军第23师团、独立混成第58旅团配合战车第2师团展开反攻。

作为被山下奉文寄予厚望的重装部队，日本陆军战车第2师团于1月16日夜，抽调60辆"九五式"轻型坦克、"九七式"中型坦克，组建以战车第3旅团长重见伊三雄为首的"重见支队"，与第23师团、独立混成第58旅团展开夜袭。但此时美军已经完全掌握战场的主动权，日本陆军的夜袭几乎没有取得什么像样的战果。

但山下奉文并没有就此放弃，1月18日武藤章代表第14方面军司令部前往林加延湾前线，向第23师团长西山福太郎下达了继续进攻的命令。但此时第23师团的战线已经被美军切割得支离破碎，虽然有心发动反击，但最终却只能是且战且退，据守林加延湾以东的圣曼努埃尔（San Manuel）一线构筑防线。

圣曼努埃尔虽然扼守着林加延湾通过吕宋岛北部山区的交通要道，但却无法阻止在林加延湾一线建立了稳固登陆场的美国陆军向南推进。在麦克阿瑟打下马尼拉后便加官晋爵、论功行赏的鼓励之下，美国陆军

向海岸线发起冲击的美国陆军登陆部队

第 6 集团军在以第 1 军所属之第 6、第 43 步兵师继续向圣曼努埃尔方向施加压力的同时，以第 14 军所属之第 37、第 40 步兵师转向马尼拉方向。

此时日本陆军主力已经撤出了马尼拉，挡在美国陆军第 14 军正面的，仅有以日本陆军伞兵部队"第 1 挺进集团"为主力组建的"建武集团"。作为一支旅团级别的伞兵部队，"第 1 挺进集团"曾被陆军方面寄予厚望。甚至在 1944 年将其配属到吕宋岛之际，日本陆军方面也仍怀有在决战中将其作为乾坤一掷、扭转战局的期望。

但残酷的现实却是，日本陆、海军航空兵此刻无法掌握制空权，根本不存在大规模空降作战的可能性。不幸沦为轻装步兵的"第 1 挺进集团"，还存在着严重缺编。而在美国海军潜艇加紧对日本海上封锁的情况之下，"第 1 挺进集团"所属的滑翔机步兵第 1 联队、空降通讯队、空降工兵队、第 103 地勤中队等部队先后因为所乘坐的运输船被击沉而损失惨重。眼见于此，日本陆军方面也就不再拿以装备"二式"轻型坦克的第 1 空降战车联队去冒险了，因此在吕宋岛上仅有滑翔机步兵第 2 联队、空降机炮队以及一些辅助部队。

鉴于手中的兵力严重不足，作为日本陆军内部少数空降兵专家之一的塚田理喜智在向山下奉文讨来了战车第 2 师团所属之机械化步兵第 2 联队之后，只能拉着陆军航空兵 9 个机场大队和海军第 26 航空战队所

日本陆军的"二式"轻型坦克

属的地面部队，拼凑出一支近 3 万人的乌合之众，于马尼拉西北的克拉克航空基地拼死抵抗南下的美国陆军第 14 军。

塚田理喜智手中的纸面兵力看似雄厚，但除了不足 3000 人的伞兵和机械化步兵之外，其余均为毫无野战能力的机场警戒部队，更几乎没有像样的重型武器。因此其所修筑的 3 道防线很快便被美军突破，到 1 月 30 日美军已经完全控制了克拉克航空基地的 13 个机场。塚田理喜智只能带着"建武集团"的残兵败将，退入附近的皮纳图博火山地带。

在麦克阿瑟看来，美国陆军第 6 集团军夺取了克拉克航空基地，事实上已经获得了通向马尼拉的入场券。但为了尽快收复这座记录着自己成长经历的城市，麦克阿瑟还是选择了将作为战略预备队保留在手中的美国陆军第 1 骑兵师、第 32 步兵师也投入战场，归属第 6 集团军的指挥。与此同时，于 1 月 29 日命驻守莱特岛的美国陆军第 8 集团军以第 11 军所属的第 38 步兵师及第 24 步兵师一个团，在苏比克湾的西北海岸圣安东尼奥登陆，并于 1 月 30 日攻占了马尼拉以南的奥隆阿波和圣马塞利机场。1 月 31 日，美国陆军第 11 空降师以 2 个团的兵力在纳苏阿布地区展开空降，于 2 月 4 日占领了马尼拉南郊的伊穆斯镇。自此美国陆军对马尼拉完成了战略合围。

此时马尼拉城内，曾经高唱不忍放弃机场的日本陆军第 4 航空军司令富永恭次，早已乘坐着其以联络之用保留下的 4 架战机，以前往中国台湾地区重组航空兵力的名义溜之大吉了。对此，目睹了整个过程，并亲自驾机送走富永恭次的日本陆军第 75 飞行战队指挥官土井勤，记录下了撤退时的一些细节：

富永（恭次）司令对放弃马尼拉表示坚决反对，装腔作势地下令在航空军司令部周边挖反坦克壕，部署机枪掩体，弄来几百名不专业的后勤人员说要"抵抗到底"。但就在这乱糟糟的氛围中，却暗中命航空军参谋与土井勤参谋商定以马里基纳机场作为战队后撤回台湾的基地，事前联络在中国台湾的航空补给厂，随时准备提供给第 75 战队使用。

为了安置这些要为自己搏命的飞行员，富永恭次选择了马尼拉当地著名的料理亭"广松"为其临时宿舍。"广松"料理亭原是第 4 航空军司令部"专用"，有不少从日本来此赚钱的艺妓、女招待，过去是夜夜笙歌，日本本土都喝不到的高级清酒在此店内横流，富永司令及高级参谋在这里都有"相好的"。因为富永一直在叫嚣"马尼拉决战"，这些料亭里的女人们便得不到尽早撤离的机会。土井勤来到广松门前时正看到二三十个女人各自带着很少的行李，哭哭啼啼往两辆卡车上爬。这些生活在精美和服、佳肴美酒、达官贵人之间的女人，其后将面对的是深山老林、无数美机轰炸、游击队的攻击、饥饿与死亡。土井勤默默目送一路号哭的卡车离去后，走入空无一人的广松店内，坐在舒适的高级榻榻米上，不禁感慨万千：真是天下没有不散的宴席。

1月7日凌晨时分，借助弦月的微弱月光，土井勤率领麾下精锐飞行员从马里基纳机场起飞，早晨飞抵中国台湾南端屏东机场。在与航空补给厂交涉后获得4架"九九式"轻型轰炸机和1架运输机，8日开始往返运输战队人员与必要物资。1月16日，富永恭次在宣布第4航空军地面部队专属第14方面军指挥之后，本打算乘坐1架"百式"侦察机逃命，结果那架侦察机在滑行过程中发生故障，富永恭次只能挤在轰炸机里逃往了中国台湾。

富永恭次的临阵脱逃，随即引发了日本舆论的一致谴责。不过富永恭次在陆军内部摸爬滚打多年，不仅是"东条英机的裤腰带"，与杉山元等大佬亦有联系。因此在躲进了陆军医院"治疗胃溃疡"的同时，上下运动，不仅没有被送上军事法庭，竟然还谋到了关东军所属之第139师团长的职务。而陆军方面之所以没有将其转为预备役，据说是出于"贪生怕死的人竟然可以通过转为预备役来逃避战争，岂不是滑天下之大稽?"（死ぬのが怖くて逃げてきた人間を予備役にして戦争から解放するのはおかしいのではないか）但问题是贪生怕死的人还能出任师团长，不是一样很滑稽吗? 最终在中国东北的战场之上，富永恭次选择了向苏联红军投降。虽然吃了几年牢饭，但最终还是保全了性命，于1955年回国并在5年后寿终正寝。当时日本国内便有人写诗讥讽道："惜命如富永，飞将趋台湾。神国敌机临，藏身弹舱里。"（命惜しさに 富永が 台湾に逃げた その後にゃ 今日も飛ぶ飛ぶ ロッキード でっかい爆弾に 身が縮む）

但是富永恭次的离去并不意味着马尼拉便将如山下奉文计划的那样，成为一座"不设防的城市"。相反随着更加决绝的日本海军陆战队第31根据地队司令岩渊第三次接掌了指挥权，一场更为惨烈的城市攻防战随即展开。

（五）碧瑶山下——大视野下的吕宋战役（下）

岩渊三次曾是日本海军之中首屈一指的炮术专家，并由此步步高升，最终于 1942 年 4 月升任战列舰"雾岛"的舰长。由于脱胎于英制战列巡洋舰"金刚"，因此"雾岛"在日本海军眼中属于适用于突击作战的"高速战列舰"。岩渊三次到任后不久便指挥战舰，连续在瓜达尔卡纳尔岛附近海域参与了"第二次所罗门海战""南太平洋海战"，并在"第三次所罗门海战"时，于黑夜之中与美国海军新锐战列舰"南达科他"号（USS South Dakota，BB-57）、"华盛顿"号（USS Washington，BB-56）展开恶斗。

可惜日本海军夸耀于世的夜战能力，最终抵不过美国人先进的火控雷达。岩渊三次虽然指挥着"雾岛"重创了"南达科他"号，但最终还是被"华盛顿"号猛烈的炮火击沉。岩渊三次虽然侥幸保全了性命，但是却不得不滞留在瓜岛和陆军兄弟一起挨饿。寄人篱下的艰辛生活加上未能与舰同沉的愧疚，令岩渊三次的精神状况极不稳定，以至于在返回国内出任舞鹤镇守府人事部长后，一度在海军部长岛田繁太郎前来视察时，大发牢骚、举状若狂。此事之后岩渊三次的仕途算是彻底终结了。1944 年 11 月 17 日，被任命为日本海军陆战队第 31 根据地队指挥

日本海军战列舰"雾岛"

官的岩渊三次，被送往已经沦
为孤岛的吕宋，等待着美军的
进攻。

　　作为日本海军在菲律宾
的主要后方据点，马尼拉城内
除了保卫基地的日本海军陆战
队之外，还云集着日本海军诸
多后勤机关。加上莱特湾海战
中沉没的战列舰"武藏"、重
型巡洋舰"最上""那智"，支
援莱特岛过程中损失的重型
巡洋舰"熊野"，轻型巡洋舰
"鬼怒"，驱逐舰"若叶""早
霜"以及在 1944 年 11 月 13
日"马尼拉湾大空袭"中被
美军炸毁的轻型巡洋舰"木
曾""曙""初春""冲波""秋
霜"，燃料补给舰"隐户"等
舰艇之上幸存的数千水兵[①]，因
此岩渊三次手中事实上握有近
2 万人马。

　　面对着这些和自己昔日一
样侥幸从沉没的战舰上逃出生
天的海军官兵，岩渊三次认为
如果按照山下奉文的安排，跟
随日本陆军撤出马尼拉。那么
对于缺乏野战训练的他们而

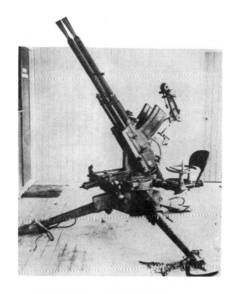

日本陆军的"十三式"高射机枪

日本陆军"八八式"野战高射炮

_____

① 马尼拉城内的日本海军幸存水兵，不完全统计："武藏"1000 人左右，"最上"595 人，
　"那智"220 人，"熊野"490 人，"木曾""曙""初春""冲波""秋霜"合计 715 人，
　其中"秋霜"110 人左右。

言，接下来的各种颠沛流离将无疑是一场地狱般的浩劫。那么与其苟延残喘，不如放手一搏。在将从事弹药生产、船舶维修的 6000 余名基地后勤人员疏散到马尼拉东部的山区之后，岩渊三次将手中的日本海军士兵重新编组为 7 个海军陆战队大队，并鼓动日本陆军方面维持马尼拉秩序的野口胜三所部 3 个陆军大队一同与美国人拼个鱼死网破。

如此一来，岩渊三次手中握有 10 个大队的兵力，仅从兵力来看不弱于日本陆军的一个满编师团。同时由于马尼拉曾是日本陆、海军重点防御的核心城市，城内部署着 43 门高射炮及 250 门以上的高射机枪。由于日本陆、海军的防空武器普遍比较笨重，因此并未跟随日本陆军主力转移，自然也就成为岩渊三次守备马尼拉的火力支柱。此外马尼拉城内的日本陆军部队还有 46 门迫击炮和步兵炮，海军方面还有临时改装的 6 门可以发射舰炮炮弹的火箭炮。

根据马尼拉周边的地形环境，岩渊三次在城外仅于马尼拉东南的贝湖（Laguna de Bay）、尼克尔斯机场（Nichols Field）以及前日本陆军驻菲律宾司令部的所谓"樱兵营"各部署了 1 个大队的兵力。剩余的 7 个大队全部龟缩于马尼拉市区，准备与来犯的美军展开巷战。

被日本方面俘获的美国海军炮艇"吕宋"号

2月4日，美国陆军第1骑兵师先头部队突入马尼拉北部郊区，岩渊三次一边以沿街建筑为堡垒进行抵抗，一边炸毁连接市内各街区的桥梁以遏制美军装甲部队的推进。为了尽可能减少伤亡，美国陆军在以炮火开道，夷平日军士兵驻守的各种建筑的同时，不断武装菲律宾当地的抗日武装，由这些对日本占领军怀有刻骨仇恨且熟悉地形的当地人迂回包抄日军的背后。

在双方的激烈交火之中，马尼拉的多个街区变成了一片焦土。但日本军队也并非一味死打硬拼。2月7日马尼拉港内最后的7艘小型军用舰艇运送着伤员逃离不过其中并不包括曾经的美国海军中国长江舰队旗舰"吕宋"号（USS Luzon，PG-47），2月5日日本海军将这艘改名为"唐津"的炮艇自行炸沉了。

除了从海上突围之外，驻守吕宋岛南部的日本陆军"振武集团"也积极向马尼拉靠拢，派出步兵第31联队为主的6个大队的兵力，试图打开一条走廊，掩护城内的部队撤离。但鉴于马尼拉地区的战局，2月11日麦克阿瑟命令美国陆军第11空降师对马尼拉城内的尼克尔斯机场一线展开空降突袭。在当地菲律宾游击队的支援之下，不仅驻守当地的日军部队迅速被歼灭，连"振武集团"派往马尼拉的步兵第31联队先头部队第3大队也遭到重创。

眼见马尼拉陷入了美军的南北夹击之中，岩渊三次彻底放弃了突围的打算。2月14日，在公开的电报中发表了一通"随便放弃阵地的指挥官是无能之辈，陆军主力还不如临时拼凑起来的乌合之众"（勝手に阵地を放弃する指挥官が多い事、寄せ集めの即席部队はゲリラにも劣る乌合の衆な

美国陆军第11空降师在菲律宾当地抗日武装的支援下夺取尼克尔斯机场

どであった）的牢骚之后，岩渊三次将残余部队集中于马尼拉城南的老城区英特拉莫罗斯（Intramoros）。

依托着环绕英特拉莫罗斯街区周围的水道和西班牙人留下的城墙，岩渊三次又坚持了10天之久。对于这段时间的鏖战，美国方面竭力渲染麦克阿瑟在攻坚战中投鼠忌器的矛盾心理，宣称麦克阿瑟不仅拒绝出动航空兵对马尼拉展开轰炸，甚至在是否动用重炮方面也是犹豫不决。直到前线的伤亡数字不断攀升，才最终决定将负隅顽抗的日军和那些富有地中海建筑风格的西班牙古建筑以及昔日美国人营造的各类市政建筑一起化为齑粉。

但这些春秋笔法无法改变马尼拉的巷战对这座城市所造成的毁灭性破坏和巨大的平民伤亡。为此战后美国通过远东军事法庭宣布日本军队在马尼拉战役期间对平民进行了大规模的屠杀，并将负有战争罪行的山下奉文等人送上了绞刑架。对此日本史学界虽然有"李代桃僵"揶揄，但平心而论，山下奉文虽然一再表示要将马尼拉化为"不设防城市"，但暗中却始终在纵容甚至鼓励岩渊三次等人将城市化为战场。因此马尼拉巷战中超过10万人的平民伤亡，虽然不一定都是日本军队造成的，但的确应该由其负责。而在岩渊三次于2月26日命令部队分头突围后自戕的情况下，山下奉文的确应该为这场战争惨剧负责。

战后化为一片焦土的马尼拉

星条旗再度于一片焦土的马尼拉升起，对于不断制造自己身先士卒形象的麦克阿瑟而言，固然是一场王者归来的华丽演出，但并不代表着吕宋战役的结束。除了山下奉文所指挥的日本陆军"尚武集团"，依旧盘踞在以碧瑶为中心的北部山区之外，马尼拉周边的巴丹半岛、科雷希多岛等要塞也依旧在日本陆、海军的掌握之中。因此麦克阿瑟在马尼拉战役尚未结束之时，便马不停蹄地命令部队继续扫荡日军残余据点，并营救关押在各地的美军战俘。

位于马尼拉湾和苏比克湾之间的巴丹半岛，地形复杂、易守难攻。当年麦克阿瑟率领士气低落的美菲联军放弃马尼拉之后，便依托当地与科雷希多岛的掎角之势，与日本陆军拉锯了数月之久。因此麦克阿瑟早在马尼拉战役开始之前，便将夺取上述两地的任务交给了隶属第8集团军的美国陆军第11军。

第11军方面估计日本陆军在巴丹半岛及科雷希多岛的守军在2个师团以上，因此在战役开始之初，极为谨慎小心。但很快他们便发现守备巴丹半岛的不过是日本陆军步兵第39联队的2个大队，不过3500人，随即便大胆展开多路进攻。除了从北段稳扎稳打地向南推进之外，还在巴丹半岛的西侧和南段发起两栖突袭，最终于2月21日结束了当地的战斗。

可能是受到了在巴丹半岛势如破竹的影响，美国陆军对夺取科雷希

1983 年拍摄的德拉姆堡炮台遗址，远处为美国海军战列舰"新泽西"号

多岛充满了信心，采取了第 24 步兵师从海上发起两栖突击，独立第 503 伞兵团空降岛屿中部的立体进攻手段。但出乎美国军队预料的是，日本陆、海军在面积不大的科雷希多岛却囤积了近 5000 人马，更部署了大量刚刚投入战场的"震洋"特攻艇。好在美军在发起进攻之前进行了长达半个月的轰炸和舰炮轰击，作为特攻艇基地的洞窟连同上百艘"震洋"被摧毁。残存的 36 艘"震洋"仍在 2 月 15 日大举出击，仅撞沉了 2 艘美国陆军的登陆艇。

在美国陆军的猛攻之下，2 月 26 日科雷希多岛上日本军队有组织的抵抗被粉碎。但残余的日军士兵仍通过游击战的模式不断对岛上的美军展开袭扰。值得一提的是，昔日美国政府投入巨资，以马尼拉湾入口处的埃尔弗赖莱岛（El Fraile）改造而成的"水泥战列舰"——德拉姆堡炮台（Fort Drum），虽然其上 4 门 356 毫米主炮在 1942 年日军来袭之前便已被摧毁，但驻守其上的 65 名原战列舰"武藏"上的日本水兵藏身其中，不断利用手中迫击炮等轻武器抗击着美军的登陆，直到 4 月 14 日才被美军用 600 千克炸药和大量的汽油彻底消灭。据说在剧烈的爆炸之后，美军靠近这座"水泥战列舰"时，唯一的幸存者还在用步枪射击着美军的登陆艇。

结束了马尼拉周边地区的战斗，麦克阿瑟自然将目光转向了在吕宋岛南、北两线集结的日本陆军"振武集团"和"尚武集团"。按照麦克阿瑟最初的计划，美国陆军第 6 集团军以第 14 军南下在夺取马尼拉的同时，应以第 1 军彻底切断山下奉文亲率的"尚武集团"与马尼拉的联系。为此在圣曼努埃尔一线，日美两军爆发了太平洋战争中最后一场大规模的坦克战。

客观地说，此时换装了 47 毫米坦克炮的日本陆军"九七式"中型坦克，拥有在近距离内击穿美国陆军 M4"谢尔曼"型坦克正面装甲的能力。但是由于自身装甲防护能力的孱弱，加上油料的短缺，令据守圣曼努埃尔一线的日本陆军战车第 2 师团所属之"重见支队"不得不将坦克埋入战壕里，充当固定的反坦克火力点。

这种做法可以抵御美国坦克的炮击，但却牺牲了坦克的机动性，令其沦为美国陆军 M7"牧师"型自行火炮的固定靶子。在一番交火之后，"重见支队"全军覆没，连指挥官重见伊三雄也死在了美军的炮火之下。

但是在突破了圣曼努埃尔地区的日本陆军防线之后，美国陆军还是遭到了日本陆军步兵的节节抵抗。有鉴于此，麦克阿瑟决心暂缓对"尚武集团"的进攻，将第6集团军所属之第1军调往南线以打击"振武集团"，在菲律宾北部则以第33、第37步兵师保持对峙之余，采取封锁配合空中打击的消耗战略。

麦克阿瑟的战略很快便展现出了效果，在美国陆军航空兵连续不断的轰炸之下，日本陆军所建立的秘密仓库被不断摧毁。起初日本陆军还能向附近山地的伊戈罗特族购买蔬菜、肉类，但随着炸弹的巨响，伊戈罗特族人便不再下山了。除了储备的不足，运输更成为"尚武集团"的巨大隐患。山下奉文把司令部转移到碧瑶后，曾为了从巴云邦获得补给，下令修筑了碧瑶—阿利达奥（巴云邦南方）约100千米的公路。但在资材、劳力都严重缺乏的情况下，工程始终没有进展。虽然曾经试验用水牛运米，结果一天连1吨米也运不到。第一线官兵的给养，被减少到每人每天200克的最低限度。

起初山下奉文还拟定了第14方面军兵器部制造代用汽油的松节油，改造烧木炭的汽车，制造代用手榴弹；军医部采集草药；兽医部研究食用野菜及饲养食用动物等计划。并命令各部队也开垦了自己的园田，尽量设法自立生活。但这些努力在美国陆军航空兵的轰炸和菲律宾当地游击队的袭扰之下几乎均无从开展。

眼见集结于碧瑶一线的"尚武集团"正快速步入自我毁灭的末路，山下奉文只能做出了继续向北转进的决定。3月21日，日本扶植的菲律宾伪政府总统劳雷尔夫妇一家七口偕同阁僚四人乘汽车从碧瑶启程北上，搭乘土格加劳秘密飞机场的日本海军飞机逃往中国台湾。作为日本人的政治傀儡，劳雷尔在战争结束后虽然遭到了美国军方的逮捕，但最终还是以所谓"接受菲律宾前总统奎松的委托，忍辱负重与日军合作"的名义得以无

日本在菲律宾扶植的政治傀儡劳雷尔

罪释放,甚至还参与了菲律宾战后的总统大选,虽然因为名声太臭而落败,但仍以议员的身份活跃于政坛,直到 1957 年宣告退休,于 1959 年病逝。

劳雷尔逃离碧瑶之时,美国陆军已经基本结束了南线对"振武集团"的第一轮打击,彻底将其分割包围于吕宋岛南部的战区之中。加之受到了尼米兹在太平洋中部战场先后发动了硫磺岛战役和冲绳战役的刺激,麦克阿瑟决定对碧瑶一线发起总攻。4 月 16 日夜,山下奉文被迫放弃碧瑶向北转移,而此时美国陆军的坦克已经冲入了群山环抱的碧瑶市区。为了掩护第 14 方面军司令的撤退,日本陆军战车第 2 师团只能在残存的 2 辆坦克掩护下,发动所谓的"战车特攻"。用冲撞的方式,将美国陆军的坦克挡在了山下奉文的司令部门外。

而就在山下奉文放弃碧瑶的 3 天之后,据守莱特湾的日本陆军第 35 军司令铃木宗作在率部从海上突围的过程中死于美军的空中打击。而此时美军在宿务、棉兰老岛、三宝颜等地的进攻也正如火如荼地展开。日本陆军在整个菲律宾群岛的抵抗已经呈现出分崩离析的态势。

5 月 8 日山下奉文向全军公布了以下训示:"敌自吕宋登陆以来,经四个月激战,予敌以重大打击,但尚未使之丧失战斗意志。今碧瑶失陷,撒拉苦撒苦、巴来太之要冲亦告急,战况实为严重。各级指挥官更应切实做好指挥……士兵亦应机智敏捷,先发制人,不屈不挠……上下一体,紧密团结,在胜败关头,发扬尽忠之大义,以期誓奏凯歌。"这番看似依旧信心满满的讲话背后实际上是宣告了第 14 方面军的解体。等待那些残兵败将以及跟随其后的日本侨民的,只能是在饥饿和疟疾等热带疾病困扰之下的自生自灭。

纵观吕宋岛战役的整个进程,山下奉文起初的分兵决策正确与否或许见仁见智。但在美军于林加延湾登陆之后,山下奉文便失去了对全军的指挥能力,只是被动地在碧瑶坐视麦克阿瑟将马尼拉守军和吕宋岛上的 3 个日本陆军重兵集团各个击破。在这个过程之中,山下奉文表现出的暮气沉沉和无所作为,一定程度上加速了日本陆军第 14 方面军的瓦解。

第二章　负隅顽抗

（一）大厦将倾——所谓"日、满、华孤立化"和 1945 年关东军战备情况

根据 1944 年 8 月 19 日所谓"御前会议"制度的《今后应采取的战争指导大纲》，日本政府将危如累卵的战局，寄希望于孤注一掷的莱特决战。按照日本方面的期许："这次决战如能取胜，或有可能在军事上挽回过去的颓势，在外交上取得打破僵局的余地，从而在更有利的条件下，抓住得以结束战争的时机。"言下之意，便是小矶国昭所鼓吹的"一击媾和"论，在战场打疼美国人之后，再与对方展开和谈。

但这一枕黄粱梦却最终被无情的现实击碎，1944 年 12 月 8 日，日本大本营被迫宣布结束莱特湾决战，随后又将菲律宾方面的作战转变为持久战。但诚如日本陆军参谋本部所说：

战线已经扩大到吕宋岛，军队虽仍继续顽强作战，但战局的大势已定，已经没有挫敌制胜的希望了……由于在莱特决战中未能达到预期目的，对日本说来，其必然结果是，陆、海军航空战斗力的主力受到沉重打击，海军的水面舰艇实际上丧失了作战机能。航空兵战斗力虽然还有恢复到某种程度的可能性，但海军水面舰艇在战争期间已没有重建的希望了。诚然，在整个作战过程中，曾给予敌陆海空军战斗力以沉重打击，莱特战场上的主动权有时似乎还掌握在我方手中，敌我双方都曾拼死命争夺胜利，这些都是事实。然而最后的结果是，我方的牺牲远远超过了敌方的损失……

随着时间的推移，我方残存在菲律宾的战斗力，逐渐趋于软弱无力；以菲律宾为中心的制海权和制空权，完全落入敌人手中；日本想夺回太平洋方面作战主动权的希望完全破灭了。敌方试图以莱特决战为一个转折点，进入追击扩大战果的阶段；而日本方面则与此相反，继续进行现代战争的支柱——南北两个国防圈地区的联系将被切断。敌方由于将海、空军基地推进到了菲律宾的周围，赢得了此后可以任意调动兵力的机动能力；而日本方面则与此相反，在尚未做好充分准备的情况下，日、满、华国防核心区域将受到日益加重的直接威胁。

日本陆军参谋本部口中的"日、满、华国防核心区域"指的是日本本土、中国东北地区及其在山海关以南所控制的中国领土。上述区域早在1940年11月便在日本政府操控之下，他们发表了所谓的《日满华共同宣言》，将其视为日本帝国的"核心领土"，更在太平洋战争中始终源源不断地以人力和物资支撑着日本帝国战争机器的运转，可以说是日本发动战争的物资基础。

1945年初，"鉴于敌方今后将迅速地直接加重对日、满、华核心地区的军事压力，南方各地区及太平洋上残存的据点将完全陷于孤立"，日本方面判断其自身能够有组织地进行战争的时间，即使竭尽所有势力，大概也只能以昭和二十年（1945）中期为限，此后作战方式及战争指导恐将不得不迅速转为游击战。国内形势只要仍按现状发展下去，必将暴露出战争指导上的各种缺陷。

而在欧洲战场方面，从日本的角度看来：估计德国能继续维持的时间，即便在最有利的情况下，大概也只能以昭和二十年中期为限。但是，即使德国崩溃，敌方投入东亚的兵力，恐怕也不会很快有重大的变化。估计苏联肯定将废除日苏中立条约，但在对德作战结束（1945年中期左右）之前，绝不至于参加对日作战或向美国提供基地。指望美、英、苏、重庆在目前的战争合作中发生裂痕，这在当前看来是不可能的。

正是基于上述看似悲观，但与事实相比还是过于乐观的判断，日军大本营方面做出了"为了保证使大东亚各国、各民族协助日本作战，终归将需要用武力加以控制"的决定。而在这些看似中性的字样背后，其实便是赤裸裸地宣告，日本陆、海军不会主动放弃在所有占领区的权益，不仅要采取各种手段逼迫当地的无辜民众为日本帝国所发动的不义战争陪葬，而且要以武力坚决镇压任何敢于公开动摇的异己分子。而在所有占领区之中，中国东北地区及山海关以南的中国中东部地区又无疑是重中之重。

因为在日本方面看来只有加强并保持以"日、满、华"为基地的综合态势，才能勉强寻求维护日本本土的可能性。"通过把满、华的资源同日本本土的生产力结合起来，才能取得虽不充裕但还能应付显著缩小了的战局所需现代战争的活动力量。如果大陆和本土之间的交通被切断，日本就将失去进行现代战争的希望，陷于无法继续进行战争的命运"。而这一点事实上也是日本军国主义分子发动战争的主要理由和长期以来孜孜以求的目标。

日本方面曾这样辩白自己对中国的侵略："建立以日、满为主要基地的高度国防体制，正是'满洲事变'（指'九一八'事变）以来日本的国策和愿望。然而，在实现这一理想的过程中，不幸遇到了'中国事变'（指'七七'卢沟桥事变），进而又进入了'大东亚战争'（指中日战争和太平洋战争），这就使满、华主要承担向日本提供原料的任务，日、满、华的综合态势，一直无可奈何地听任其处于不健全的状态。"言下之意，似乎是中国军民的顽强抵抗引发了战争。

而之所以强调"满、华"对日本本土提供原料处于"不健全状态"，主要是指日本未能从中国掠夺到足够的石油。"以日、满、华为基地的自给自足的战备体制，存在许多缺陷，其中最大的弱点是液体燃料问题"。有趣的是，在中华人民共和国成立之后，于中国东北的大庆等地发现大规模油田的消息传来，一些日本人在震惊之余，更是捶胸顿足地表示："如果当年日本发现了大庆油田，太平洋战争或许便不会发生了。"

当然，日、美围绕太平洋霸权所产生的矛盾，早已非一朝一夕。罗斯福对日本所宣布的"石油禁运"，只是压垮骆驼的最后一根稻草而已。而在中国东北地区几乎竭泽而渔的经济掠夺过程中，基于对石油的渴望，日本政府也在东北各地组织了大规模的石油探勘。而当时国内奉行的是以日本东北帝国大学高桥纯一为首的学者所倡导的"海相生油理论"，即海中大量浮游生物死去，其尸

日本控制之下的抚顺露天煤矿

体与植物和淤泥等混合在一起，成为沉积物，这些动植物腐烂，沉积物就会生出油气。因此将勘探的重点放在了中国辽宁省南部的沿海地区。

从今天的角度来看，日本曾经集中勘探的阜新地区，就是后来属于辽河油田的边缘构造带上。辽河油田1995年的生产量是1500万吨，也是日本当时需要量的5倍。但辽河油田的高流动性原油埋藏在地下6000米处，而当时日本的技术只能下探到2000米。所以后来日本人听说辽河油田被发现后感叹说："当时即便站在油田正中央，也找不到石油。"

与之相对应，中国学者李四光的"地质力学"理论和黄汲清的"大地构造理论"和"陆相生油论"却不为日本方面所重视，甚至当时驻扎哈尔滨的日本陆军航空兵，在训练过程中发现了草甸子的水面上黑色的油膜状漂浮物，向"满铁调查部"通报此事后，得到的回答也是"这个地方不存在生成石油的条件"。正是这种理论上的缺失和短视，最终令日本与大庆油田失之交臂。

虽然没有成功勘探到原油，但日本方面还是吸取纳粹德国大力发展合成燃油的经验，在中国东北大力发展煤炭液化石油和页岩油等人工石油。虽然不能完全满足日本军队的需要，但至少也是一种有益的补充。特别是在日本所控制的印度尼西亚地区的苏门答腊、婆罗洲等地的油田

油田是一个国家的工业命脉，大庆油田的发现不仅为中国摘取了贫油国的帽子，更助推了新中国的工业发展

逐渐陷入了美军航空兵的攻击范围，且海上运输日益困难的情况之下，中国东北便成为日本眼下最为稳定的石油生产基地。

除了石油之外，来自肥沃的黑土地上的大米、高粱、豆类等粮食作物以及棉花等经济作物对于日本而言也是维持国民生存不可或缺的物资。而抚顺的煤炭、鞍山的钢铁更成为支持日本孱弱工业体系最后的支柱之一。正是鉴于东北的重要性，驻守当地的日本陆军"关东军"自然也就被寄予了镇压当地抗日武装、抵御苏联入侵的重要使命。

从"九一八"事变之后到太平洋战争的全面爆发，日本陆军在东北地区始终摆出一副咄咄逼人的进攻姿态。并拟定了一个从满洲里方向出击，切断苏联远东铁路枢纽，然后三面围攻、夺取苏联滨海省的战略计划。因此这一时期日本陆军"关东军"的编制装备、部队配置、阵地设施、兵站方面的各项准备乃至机场、铁路、公路、通信网的建设整备、教育训练等，都是从这一用兵方针的要求出发的，并每年都展开针对性的训练和演习。

随着太平洋战争的爆发，"关东军"虽然仍保持着 13 个师团的重兵集团，但为了避免两线作战，大本营还是指示"关东军"方面，在对苏关系上务必"确保静谧"，以便集中力量向太平洋地区发动进攻。尽管在 1942 年初战局颇为得利的情况下，日军大本营于 1942 年 3 月 13 日以"为了确立长期不败之态势，应及时调整战略部署，增编新部队及指挥机关，加强对北方苏联的战备，以确保战略上的主动"，暗示德国在东线的进展，准备对苏联展开进攻。

为达成这一目标，在东南亚战事告一段落之后，日本陆军将一部分原属关东军的炮兵、坦克兵、航空兵、工兵等部队调回中国东北。并责令"关东军"方面组建新的步兵、战车、航空兵师团，强化炮兵、工兵各联队，完善方面军、军一级指挥机构，加紧对部队进行有针对性的战备训练。

日军大本营对关东军的优待，使其不仅在部队上恢复到"关东军特别演习"时的同等水平，装甲兵等技术兵种更得到了空前的增强。此时日本陆军航空兵，在东南亚保有战机约为 420 架；在中国关内战场保有战机约为 170 架；在日本本土部署量也不过 210 架。在中国东北地区，为增强对苏联的战备，"关东军"所拥有战机竟达 750 架，占其陆军航空兵所有战机总量的近半数。

不料纳粹德国在东线所发动的进攻，最终重挫于斯大林格勒城下。日本陆军也在所罗门群岛及新几内亚连连失利，且情况日益严重，日军大本营被迫将预定的一系列对苏、对华作战计划进行修改或中止，并开始从其国内及"关东军""中国派遣军""朝鲜军"相继抽调部队至上述地区，试图阻止美军的进攻。"关东军"作为日本陆军之中的精锐、所谓的"皇军之花"，自然成为抽调的重点对象。

附表1：1943年关东军调出与新成立的地面和航空部队

（一）调至新几内亚、南太平洋方面：

7月17日，第12野战防空司令部；

9月28日，第54、57野战高炮队；

10月30日，第2方面军司令部；

10月30日，第2军司令部。

11月5日，宪兵1队。

11月16日，野战高炮第49、53大队，野战探照灯第4大队。

（二）调至马来亚方面：

9月13日，战车第15联队；

9月13日，独立野战高炮第1大队；

10月6日，迫击炮第11大队。

（三）调至菲律宾方面：

9月20日，独立工兵第22联队；

独立工兵第51、57大队。

（四）调回日本本土：

11月12日，独立工兵第24联队；

独立工兵第52、55、56、58大队；

11月15日，战车第16联队；

11月16日，海上独立第1机动旅团；南洋第2、第3支队。

航空部队。

（一）调至中国派遣军：

1月30日，航空情报第15联队；

6月7日，战斗机第85战队；航空活动修理厂；

11月29日，第12飞行团；

12月10日，空中运输中队。

（二）调新几内亚与东南太平洋方面；

2月19日，关东军空中摄影队；

3月12日，第14飞行团司令部，战斗机第68战队；战斗机第78战队；

6月13日，第15通讯联队；

6月9日，轻型轰炸机第26战队。

（三）调马来亚方面：

1月30日，第8飞行团司令部；重型轰炸机第60战队；重型轰炸机第70战队；第8航空地区司令部；

10月9日，战斗机第77战队；教导（战斗机）第204战队；

11月16日，战斗机第87战队；

12月4日，空中运输一中队。

（四）调回日本本土：

11月16日，战斗机第1战队。

由外地调入关东军的有：

4月，侦察机第2飞行战队，由日本本土调入关东军；

6月17日，第27师团由天津调入关东军，驻锦州。

关东军新成立之部队，有：

7月27日，独立工兵第58、59、60、61大队，第12、13野战输送司令部；

10月30日，第3方面军司令部；

5月20日，航空通讯第8联队；

8月4日，航空第2通讯团司令部；第2航测联队；

10月5日，第15飞行团司令部；强击机第30战队；

11月16日，战斗机第48战队；第3航空情报队；

12月10日，空中运输两个中队。

关东军之撤销单位：

10月30日，机甲（坦克）军司令部。

有趣的是，明明是"关东军"有心偷袭苏联，最终因为其他战线的失利而功败垂成。但日本陆军方面将这段历史描述为："开战时的关东军司令官梅津美治郎大将秉承中央意旨，训诫全军万无一失地保卫北面边界。关东军将士一面关注着友军在南方战线英勇战斗的消息，一面不声不响、专心致志地努力充实战备，加紧训练。昭和十七年（1942年）、昭和十八年（1943年）时的关东军各兵团确实达到了人所公认的精锐程度，成为保卫北面边界的磐石……"

到1944年夏，从"关东军"陆续抽调走的兵力，已达其总兵力的二分之一。与此同时，"关东军"方面也利用补充的新兵，组建了6个师团、3个旅团及其他技术兵种部队：

6月13日，由阿尔山驻屯队、独立步兵第7联队为基干组建第107师团；将原本用于渗透苏联境内执行特种作战任务的机动第2联队扩编为机动第1旅团，增设"富锦驻屯队"驻守富锦东部的卧虎山要塞①。于凤翔（今黑龙江省鹤岗市萝北县）筑垒地域一线组建第14国境守备队，同时以汉、蒙、朝鲜族伪军组建第2游击队（由陆军中野特务学校毕业之军官控制）。6月26日组建13个独立速射炮中队（第17、第18、第21至第32中队）。

8月5日，以驻守绥阳的独立第9守备队为核心组建了第108、第111、第112师团。10月11日又以海拉尔第8国境守备队和原驻海拉尔已被调往菲律宾北部吕宋岛的第23师团留守人员为骨干编成了第119师团，由原驻孙吴县但已被调往菲律宾中部宿务岛的第1师团留守人员为骨干编成独立混成第73旅团，由原驻勃利县已被调往菲律宾吕宋岛的战车第2师团留守人员为骨干编成独立战车第1旅团，同一时期又组建了独立野炮兵第13、14大队，独立重迫击炮第23大队，迫击炮第17大队。1944年11月24日，又以转调中国台湾地区的第12师团的留守人员组建了第120师团。

---

① 富锦卧虎山要塞：其与东宁要塞同时期修建，日军撤退时炸掉了洞口。时隔60年后日本老兵旧地重游曾来现场，未能找到入口。据悉，南京大学地质部门进行过勘探，但仍未能找到遗址入口。

从战局前景来看，预计还将从关东军抽出、调用更多的兵力和军需品，日本陆军方面又用"卖萌"的笔触写道："关东军一方面欣然为太平洋的正面战场决战献出自己的兵力，但另一方面为其本身兵力锐减、无法实现对苏作战设想而苦恼……放弃过去13年来和日本形同一体走过来的满洲国；抛弃多年来根据用兵的基本设想、孜孜不倦积累起来的战斗准备而仓促地去搞新的战备工作，这是可以轻易办到的吗？还有，又怎么能只顾关东军本身的安全和继续生存，而不顾日本本土遭受敌军的蹂躏和空袭呢！"

针对关东军的困境，1944年9月18日，日军大本营向关东军下达了"关东军司令官在负责防卫'满洲国'和关东州的同时，为使目前的战争顺利进行，并根据北面形势的变化，对苏联要进行必要的作战准备。关于执行此项任务，应遵循另册《帝国陆军对苏作战计划要领》"。而这里提到的《帝国陆军对苏作战计划要领》事实上就是推翻了过去对苏联攻势布防的所有计划，改为基于"持久作战"的纵深防御。

根据大本营的决心，"关东军"着手研究持久作战计划，但要这群骄兵悍将认清形势显然并不容易。根据日本陆军参谋本部的描述：关东军将有关高级司令部的参谋人员召集在一起，就持久战的各方面要领，通过图上作战演习，进行具体研究，以便制定计划，并使所属兵团的首脑了解新的设想，转变认识。直到1945年1月上旬，才基本完成了新的作战计划。

主要内容如下：根本方针是，利用地形和设施，尽力将入侵之敌消灭于国境地带（指从北朝鲜东部山脉—牡丹江西侧山脉—小兴安岭—大兴安岭—齐齐哈尔、四平铁路线外侧的广阔地带）；然后利用满洲（中国东北）、朝鲜的广阔地区和地形，击退、阻止或妨碍敌军的入侵，作持久打算；至不得已时，也应牢固地确保自南满至朝鲜北部的山岳地带，抗战到底，以利于全面战争的指导。

为此，应预先将兵力、物资器材配置在整个满洲和北朝鲜，并在所有的作战地区设置必要的设施；但兵力的重点应放在国境地带，以在国境地带进行强有力的持久战。各军应在其作战地区内作战到底；鉴于我方航空力量处于劣势等情况，应避免双重使用兵力和指望补送补给品；各部队应在其负责地区内最大限度地发挥其全部能力，以达持久作战的目的。此外，应特别注重挺进作战和游击战。

这个作战计划表面上看起来似乎颇有进退，但事实上所谓"尽力将入侵之敌消灭于国境地带"的提法，不过是忽悠自己的空炮。关东军真正的打算不过是放弃外线的辽阔地带，退守南满至朝鲜北部的山岳地带而已。而鉴于关东军原有精锐部队仍需进一步抽调，日本陆军关东军方面于 1945 年 2 月 26 日又组建了 8 个师团和 4 个混成旅团：

第 121 师团：以调往宫古岛的第 28 师团留守人员、骑兵第 3 旅团之骑炮兵第 3 联队、旅团辎重队为基础组建。

第 122 师团：以调往四国岛第 11 师团留守人员及第 4 国境守备队为基础组建。

第 123 师团：以独立混成第 73 旅团为基础组建。

第 124 师团：以第 1、第 2、第 11 国境守备队冗余人员和转往朝鲜半岛的第 111 师团留守人员为基础组建。

第 125 师团：以转往日本本土的第 57 师团留守人员及第 13 国境守备队冗余人员为基础组建。

第 126 师团：以第 3、第 11、第 12 国境守备队，第 25 师团，骑兵第 3 旅团冗余人员为基础组建。

第 127 师团：以第 9 国境守备队为基础组建。

第 128 师团：以转往朝鲜半岛的第 120 师团留守人员，第 1、第 2、第 11 国境守备队冗余人员为基础组建。

独立混成第 77 旅团：以骑兵第 3 旅团为基础组建。

独立混成第 78 旅团：以调往马里亚纳群岛的第 71 师团留守人员为基础组建。

独立混成第 79 旅团：以安东地区的日本陆军部驻军为基础组建。

独立混成第 80 旅团：以调往菲律宾方面的第 23 师团留守人员为基础组建。

这些新组建的部队基本均以"关东军"原有师团的残山剩水，及由日本本土、中国东北和朝鲜等地招募的新兵糅合而成。其战斗力相较原有的精锐师团可谓孱弱。仅以第 124 师团为例，其组建之初并未设立炮兵联队，仅有1个小规模的师团炮兵队。直到1945年7月才完成了炮兵的配置，但总计12门火炮之中却混杂着1911年开始生产的"四一式"山炮、1935年设计定型的"九〇式"野战炮以及来路不明的150毫米重型榴弹炮。

师团火力中坚的炮兵联队尚且如此，各步兵联队中的步兵炮中队更只有编制的半数："四一式"山炮、"九四式"37毫米反坦克炮各2门。至于步兵手中的枪械和弹药更是严重不足。15000人中有超过4000人为紧急招募的朝鲜族士兵。即便按照日本陆军方面的评估，第124师团的战斗力也仅有一线师团的35%。

正是由于新组建部队不堪重用，到3月末为止，"关东军"已然开始将后方机关后撤：第3军司令部从掖河（牡丹江市东侧）转移到延吉（间岛）；第5军司令部从东安移驻掖河。同时，第3军和第5军的防卫分工地区界线向南方移动。还有，牡丹江市的第1方面军司令部决定战时转移到敦化，已在秘密进行准备，于5月中旬将第3方面军司令部从齐齐哈尔移到奉天，将关东防卫军司令部从奉天移到辽源（郑家屯），将第4军司令部从孙吴移到齐齐哈尔。

1945年5月前日本"关东军"的悄然南撤

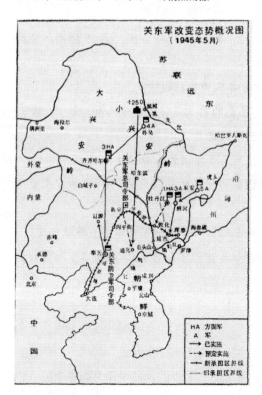

考虑到政治因素，这些大踏步的后撤自然不能公开进行。而新设各种设施，特别是通信中心等，并不是简单办得到的。因此，"关东军"方面最终决定其总司令部仍驻在新京（长春），准备在开战之后，根据战况的变化，再向

后方转移；当前只是秘密地在二道防线中心地区的通化，为设置战斗指挥所做准备。而除了将第 125 师团从黑河附近移至通化附近之外，其他各师团的布防情况也基本没有改变。

（二）狂妄一击——"中国派遣军"的人事调整和战略转型

就在日本陆、海军于太平洋各条战线节节败退的同时，中国大陆战场上，以畑俊六为首的日本陆军"中国派遣军"却成功地发动了所谓的"一号作战"，打通贯穿南北的"大陆交通线"。尽管"中国派遣军"的胜利有着诸多侥幸的因素，但在日本陆军方面看来，这支此时仍能保持不败战绩的精锐之师，自然成为必须紧紧抓住的救命稻草。于是就在"一号作战"尚未最终完结的 1944 年 11 月 20 日，"中国派遣军"方面迎来了集体的加官晋爵。"中国派遣军"总司令畑俊六被授予元帅军衔，调任日本陆军教育总监，其职务由驻守汉口的第 6 方面军司令冈村宁次接任。其他各方面军、各军司令也皆有升迁。

"中国派遣军"的这番人事调整，固然算是对此前"辉煌胜利"的论功行赏，但同时也是为了厘清"中国派遣军"内部复杂的上下级关系。畑俊六在任期间，虽然贵为中国关内战场的最高指挥官，但却时常在战略方针、兵力使用、战术见解等方面与第 13 军司令官下村定、第 11 军司令官横山勇、华北方面军司令官冈村宁次等发生争执。下村定与横山勇对兵力使用、战术等问题，常与畑俊六的司令部通过文字、电话、电报等方式，提出不同的看法。尤其是横山勇在不讲理时犹如蛮牛，畑俊六在气极时，甚至当别人的面大骂横山勇是浑蛋。

而时任华北方面军司令的冈村宁次，则视南京的"中国派遣军"总司令部是个低能、缺乏远见的军事指挥机关，只能应付日常事务和解决一些战术性问题，而对长时间日、中两军处于相持僵局这一战略性问题，拿不出办法，致使日军大部队长期在华而无功，时长日久，财政因此而枯竭，人心因此而涣散。由于他认为畑俊六及其司令部的能力平平，所以不愿与其发生正面争执。

此番冈村宁次正式接掌"中国派遣军"，对其个人而言可算是一举摆脱了畑俊六这个无能的领导，可以放开手脚大干一场了。而站在"中国派遣军"的角度来看，经过"一号作战"的打击，中国重庆国民政府在战场上遭受了巨大的损失，多级指挥系统崩溃，已然元气大伤。此时应利用这一时机继续进攻，以彻底消灭其有生力量，毁坏其积存的战略物资，控制其主要交通线，占领其衣、食之源的广大农产区，逼迫美国方面为支持重庆国民政府在中国东部沿海登陆。

由于并未与美国军队展开过正面较量，"中国派遣军"内部充斥着一种盲目乐观的情绪，在其一干骄兵悍将看来美军一旦在中国登陆，由于地域广大，地形复杂，无法如太平洋战场那般于狭小的岛屿上集中优势的海军、航空兵火力，日本陆军大可以与美军展开大规模的陆上作战，以牵制美国军队，避免其直接进攻日本本土。

"中国派遣军"方面的如意算盘得到日军大本营方面的肯定和支持，而新近上任的冈村宁次等人也急于捞取更多的政治资本。因此从1945年1月开始，日本陆军"中国派遣军"在战场上主动出击，发动所谓"粤汉铁路南段作战"的同时，拟定了一个所谓"东守西攻"的宏大战略。

所谓"粤汉铁路南段"，其实指的是中国湖南南部、江西南部及广东北部的辽阔地区。日本陆军发动"一号作战"打通"大陆交通线"之后，这一区域事实上便被日本陆军切断了与重庆方面的联系。而日本陆军方面判断这一地区集结着"在湘桂战役（指'一号作战'南段作战）中被击败的敌第9战区部队主力约40个师，正在耒阳东南部地区谋求恢复战斗力，警戒来自耒阳方面的我军的攻势。据判断，其阵地虽很脆弱，但山地险峻，不便行动，此外，吉安方面还有敌军数个师，但广东省内第7战区的部队，战斗意志并不旺盛"。

正是因为判断战场态势有利于己方，因此早在1944年11月冈村宁次仍任第6方面军司令时，便已制定出攻占粤汉路南段及摧毁江西省内中国军队所构筑的军用机场群的作战计划，而在"一号作战"最后阶段的"桂（林）、柳（州）战役"结束之后，日本陆军仅休整了半个月的时间，便随即发动了新的攻势。

冈村宁次调集驻守衡阳的第20军所属之第27、第40师团以及第68师团所属之第57旅团，驻守广州的第23军所属之第104师团，独立步兵第 8 旅团，以总计 3 个师团又 2 个旅团的兵力，首先打通湖南省耒阳至广东省清远县源潭车站的铁路，使在湖南与广东的日军连成一气，结束数年来日本陆军第 23 军孤立于广东及东南沿海之状态；随后再攻击粤汉铁路以东遂川、赣州、新城、南雄等地的中国空军机场。

此时中国军队驻守粤汉铁路南段湘南、赣西一线的薛岳所指挥的第 9 战区所属之第 27 集团军的 6 个军（暂编第 2、第 4、第 37、第 44、第 58、第 99 军）。赣南一线则为余汉谋所指挥的第 7 战区所属之第 12 集团军的 2 个军（第 63、第 65 军）和一个独立旅（独立第 20 旅）。但这些部队均在此前日本陆军所发动的"一号作战"中遭遇重创，因此虽然对冈村宁次上任伊始所发动的这轮攻势早有预期，但却只能采取被动防御的措施，寄希望于在空中支援下的节节抵抗来消耗对手。

由于此时战场制空权已经完全由中国军队所掌握，日本陆军在发动进攻之前，在第 40 师团之中以精锐步兵编组为 4 个"挺进队"展开了秘密渗透。这些"挺进队"仅携带重机枪两挺、轻机枪 4 挺及掷弹筒。为了轻装上阵，士兵携带步枪子弹 60 发、手榴弹 2 个、轻机枪子弹 1000 发，其余弹药用箩筐挑、抬。

为了隐蔽、保密，不被发现，日本陆军方面还做出了如下规定："各挺进队均须化装，用本地人的便服套穿于军服外面。至铁路沿线，即按国际法规定脱去便衣，着军服进行战斗。行军方式全为徒步，不携带马匹、车辆，选择行军路线时，避开村庄和大道；采用夜间行军，昼间在山林和谷底宿营，并向四外的高地派出警戒和瞭望哨；带路人员只准有本地人一名，并须严加看管，以防逃脱泄密；为防止夜间行军的响声，挺进部队一律穿上胶鞋；行军速度每日平均为 20 千米。

"无线电使用：宿营时进行收听，定时发报的时间不得超过 30 秒。发报内容，仅发到达地点预先规定的代号；只有在发生战斗后，才可正常使用无线电。途中尽量避免与守军发生战斗，以防提前暴露企图。"

"伤员处理：不得寻找民夫抬担架，以防泄密。轻伤应随队行动，重伤应自杀。为此每人携带手榴弹两枚，一枚炸接近的中国军队，一枚炸自己。"

"攻击要领：为了做到突然，不被守军发现，各中队按规定的目标，以夜间全上刺刀向目标接近。对桥梁，首先由两头进行肉搏攻占。对隧道，应从入口处迅速以肉搏攻击到另一头，并予以占领。占领后，以小队为单位，于附近高地构筑工事进行守备。"

这些规定和要求显然与1942年5月"华北方面军"组织渗透我敌后抗日根据地的"益子挺进队"如出一辙。可见冈村宁次是有意将自身在"扫荡作战"中所取得的经验推广到整个"中国派遣军"。而重庆国民政府领导下的中国军队早已习惯了与日本陆军的正面搏杀，对于这种渗透战术显得很不适应，最终导致这些"挺进队"成功夺取多处关键性的桥梁和涵洞，为后续大部队的开进提供了便利。

1945年2月9日，随着日本陆军第40师团与第27师团在新城一线会师，"中国派遣军"在粤汉铁路南段攻占莲花、永新、遂川、赣州、南雄及附近军用机场的目标基本全部达成。冈村宁次随即紧锣密鼓地又开始筹措下一轮的攻势，这一次他同样将目标锁定在了日方所谓"大陆交通线"附近的以老河口为中心的豫西、襄樊一线。

老河口位于汉水的东岸，抗战时期是鄂北、豫西、陕南地区的陆上交通要道。由该地向东北方向经邓县、南阳、驻马店（或许昌、郾城）可直达豫东、皖北、苏北、鲁南的敌后，抗战时期国民党军队在豫东、皖北、鲁南、苏北一带的部队调动、人员来往，武器、弹药、物资的领

日本陆军在华北组织的"益子挺进队"

取，主要是利用这一条交通线。

由老河口向西北经内乡、西峡、商南、丹凤、商县、蓝田的公路，则可到达西安；由老河口过汉水向西经草店、十堰、黄龙、鲍家、白河、竹溪、平利、安康的公路，则可到达陕南的汉中；由老河口向东南经仙人渡、太平、襄阳的公路，则可到达枣阳。另外沿汉水的船舶运输也极为便利。正是因为交通便利，武汉失守之后，原在徐州的李宗仁第5战区长官部，迁来该地，并在老河口城东与马头山之间建成了一处土跑道的飞机场，与陕西、川北各基地，构成机场网。

冈村宁次发动"老河口战役"的目标，同样是剑指中国军队所控制的军用机场。因为日本陆军虽然打通了"大陆交通线"，但沿线的铁路运输却在中美混成航空团的袭扰和打击下时断时续。特别是从印度东部阿萨姆邦的雷多镇，经由缅甸北部进入我国云南的公路和输油管修通之后，中美混成航空团所需的燃料、零部件得以源源不断地获得补给，大大地增强了其攻击频率。

此时中美空军主要是从平汉路、粤汉路以西各机场起飞，集中攻击、轰炸日军赖以作军事运输之平汉铁路、津浦铁路、粤汉铁路、同蒲

老河口战役简图

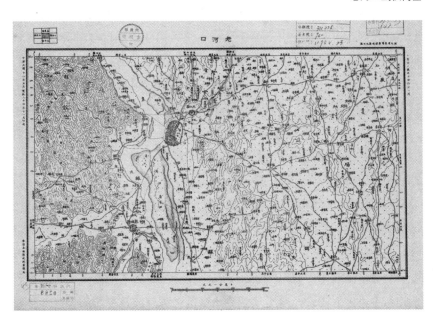

路南段以及长江、湘江、汉水、西江之水上运输。由于郑州以北之黄河大铁桥遭中美空军连续数次强行攻击，桥面被炸断，北平、汉口不能直接通车；长江和湘江、汉水除阴天外，日军昼间不敢进行军事运输，有时夜间中美空军亦对长江进行空中封锁，用空投照明弹的方法进行攻击、轰炸。

1945 年之后，中美航空部队即对日军进行体系性的轰炸，一为物资、弹药；一为铁路交通。2 月，汉口、运城日军的弹药库遭到轰炸，142 个火车头被击破或炸毁，37 座铁路桥梁被炸断。石家庄、安阳、新乡的铁路工厂也遭到了轰炸。在平汉路、粤汉路沿线地带的日本陆军，因距中、美空军基地较近，在其驻地亦不敢暴露目标，以防遭到空袭。当时，在这一带如天气晴朗，从日出至日落，终日都有中美空军的活动，重点是攻击轰炸铁路、桥梁及运输车辆。

此时日本陆军航空兵在中国关内战场，驻守着以下山琢磨中将为司令官、桥本信秀少将为参谋长的第 5 航空军。但这支仅有 100 多架老式作战飞机的航空部队，显然无力与中、美空军所装备之性能优越、火力强大的新机种相抗衡。正是由于自身空中力量太弱，日军大本营才最终确定采取陆军进行长途远征的战术，以破坏中国后方的空军基地。

按照 1 月 29 日 "中国派遣军" 在南京召开的军以上司令官会议的决定，突袭老河口的任务由驻守郑州的第 12 军方面承担。不过鉴于此时第 12 军麾下虽然有战车第 3 师团、骑兵第 4 旅团这样的突击力量，但步兵单位仅有第 110 师团一支独苗，兵力相对单薄，"中国派遣军" 方面还特意将在关内新组建的 4 个治安师团（第 114、第 115、第 116、第 117 师团）中的 2 个（第 115、第 117 师团）归入第 12 军的指挥序列之下。尽管这两个师团仅有 4 个步兵大队，缺乏重型武器，但在中美混成航空团的高强度空中火力压制之下，却无形中较寸步难行的战车第 3 师团更能发挥步兵灵活机动的作战模式。

日本陆军第 12 军于 3 月 22 日发起向豫西进攻之后，战车第 3 师团虽然选择在白昼将坦克分散于民房、草堆、河坎、树林等附近，以作隐蔽，结果还是被空中发现，不少坦克被投下的 10 千克集束反坦克弹炸中。此后日本陆军虽然以野战高炮在坦克分散隐蔽的附近进入阵地，不断向空中集火射击，打落了几架飞机，但中美混成航空团却一直未中断过行动。夜间中美空军则连续空投照明弹，并多以12.7毫米的大口径机枪和密集的小型反坦克弹进行攻击，造成战车第3师团昼夜都无法行动，其中空中攻击时大量使用曳光弹，使日军不仅遭到较大的伤亡，而且精神上也产生了很大的恐慌。

夜间战车第3师团的司令部被空中发现，遭到低飞的中美空军射击和轰炸，结果司令部的行军队伍，人员伤亡不少，译电员班所乘的卡车，被集束的小炸弹炸中，有几名译电员被炸死炸伤，其电报的密码本（"绝对暗号书"）被炸得到处乱飞。此时，所有坦克、炮兵都在路上停止，人员向两侧的田地中分散。师团长山路秀男及其参谋们，第一次体会到机械化部队若无空中有力的支援、掩护，不仅作战困难、被动，连昼夜行军都无自由。

日本陆军曾计划研制过自行走对空高炮，但在国力的限制之下，最终只能停留在实验室中

好在其他部队大致都按预定时间继续攻击前进，特别是本应已经被历史所淘汰的骑兵第4旅团，由于战前进行了充分的准备：不仅调集足够一个骑兵中队使用的中国马备乘，更收罗约一个中队的中国军队所穿的棉衣、棉帽以及大刀和手枪武器，组成"特别挺进斩辻①队"准备突袭中国军队第5战区司令刘峙的长官部。

正是缘于事先的周密准备，日本陆军骑兵第4旅团推进迅速，于3月21日占领了老河口机场。接着对老河口城镇发动进攻，虽然一度没有得手，但却彻底打乱了中国军队的防御体系。随着日本陆军的后续部队陆续抵达，特别是4月7日

---

① 斩辻，日文，意为决死突击。

从南阳调来的机动炮兵第三联队和野战重炮第六联队的重炮陆续到位，驻守老河口的中国军队最终败下阵来。

"老河口战役"可谓是1945年中国战场"天将亮时更黑暗"的最佳写照。中国军队在几乎完全掌握制空权且地面兵力也处于优势的情况下，最终仍丢失了兼具交通枢纽和后方基地职能的重要城镇。虽然部署于老河口机场的中美混成航空团战机全部转场至汉中机场，但战前计划以B-25型轰炸机从老河口起飞轰炸平津的计划最终化为泡影。

"粤汉铁路南段作战"和"老河口战役"的成功，进一步刺激了冈村宁次的胃口，令其再度规划起于1944年末被日军大本营责令暂停的"四川作战计划"。1944年11月22日出任"中国派遣军"总司令时，冈村宁次便认定重庆政府麾下的中国军队战斗力不强，以致日军在天气不良、交通不便、缺乏空中掩护、供应线相当遥远和不完备的情况下，亦能完成相当艰难的预定任务，且击溃中国参战正规军50%—60%的兵力。因此他认定只要日本陆军保持目前的攻势，重庆国民政府在战略上就只有继续撤退这一条路。

因此1944年12月15日，当"中国派遣军"参谋长松井太久郎从东京返回，带回了大本营希望"中国派遣军"加强东南沿海对美军作战准备的"兵备计划概案"时，冈村宁次偏偏反其道而行之，向其全体参谋提出了明年（1945年）派遣军的作战任务为攻占四川、昆明，摧毁该地区的中、美空军基地；建立大陆要塞，随后再在华中、华南沿海进行对美军的作战准备。

根据冈村宁次的相关要求，"中国派遣军"司令部的参谋人员开始正式拟定进攻四川、云南和华东、华南沿海的防御作战计划。由于参谋长松井太久郎将于1945年1月3日回国参加军事会议，因此1944年12月31日"中国派遣军"方面所有参谋加班加点，最终于1945年元旦上午完成了"派遣军关于今后作战指导之意见"的正式文本。

按照这个指导意见中的设想，"中国派遣军"计划于1945年上半年在"南方军"的配合下，兵分两路攻入中国四川腹地，一举攻占重庆、成都等中方战略重点，彻底终结大陆战场的拉锯。具体计划是：从3月下旬开始用1个月的时间，以在衡阳的第20军所属第40、第47、第116师团，由宝庆攻向芷江。5月中旬用1个半月的时间从芷江沿川、鄂省境地带攻向涪陵，渡过长江攻占重庆；同时从 3 月下旬开始，用 1 个月的时间以在桂林的第 11 军所属第 3、13、58 师团，由宜山攻向贵阳。在该地得到 20 军第 40 师团的加强后，除留第 13 师团在贵阳以西的安顺作战役警戒外，其他 3 个师团于 5 月中旬用 1 个半月的时间，由贵阳攻向泸州附近，渡过长江后，继续北进攻占成都。

当然冈村宁次也深知重庆国民政府绝不会轻易屈服，"一号作战"期间重庆国民政府便启动了形势不利时进一步迁都西康的应急方案。因此作战方案中规划作战第二阶段，在第 20 军攻占重庆、第 11 军攻占成都地区后，即派出部队向四川以东、以西地区扫荡，以巩固占领地区；在武汉的第 34 军，届时以驻宜昌的第 39 师团攻向万县，以策应第 20 军进攻重庆和协同该军打通长江水路；同时随着本作战的开始，展开政治攻势，策划同重庆政权或反将派的联合，实现全面和平。

1945 年 1 月 5 日，"中国派遣军"参谋长松井太久郎带着相关计划，抵达东京面见参谋总长梅津美治郎，力陈下列几点情况：1. 在"一号作战"中，受到严重打击的中国军队约 50 个师，不到今年后期难以恢复战斗力；2. 在华的美国陆军航空兵，约有飞机 1350 架，其中 B-29 型战略轰炸机约有 350 架；3. 中国陆军，至 6 月完全美械化约达 10 个师，至 8 月、9 月，完全美械化约达 30 个师；4. 中国军队的兵力分布：在四川约 50%，在贵州约 20%，在云南约 15%；其他地区约 15%；5. 美

日本陆军"中国派遣军"参谋长松井太久郎（图中央戴钢盔者）

军在中国东南沿海的登陆，是企图获得制空权、制海权及空军基地，获得政略、战略基地及设立补给线。

松井太久郎这番报告的潜台词，无非是想说明当前正是向四川进攻的好机会，到下半年以后，情况就会发生较大的变化，中国军队的陆军全美械化师的数量大为增加，因此为了防止在大陆遭到中、美军的两面夹击，应利用目前日本陆军到达广西、贵州南部的有利时机，继续击溃中国军队目前尚存为数已不多的主力，占领其赖以作为抗战中心的四川，使其在相当时间内难以恢复；当中国军队在四川处于危急状态时，美军则可能从东南沿海登陆予以支援，此时中国派遣军则调动主力，与其在大陆战场上展开大规模的野战，如此则可牵制、消耗美军兵力，使其不能进攻日本本土。

可惜松井太久郎的这番说辞并未打动梅津美治郎，因为在日军大本营看来目前太平洋的战局已处于极为不利的境地，"中国派遣军"向四川方面进攻，势必进一步扩大占领区而分散兵力。不过考虑到一线部队的士气和冈村宁次的面子，梅津美治郎不便于立即予以否决。

直到拟定以本土决战为基础的"帝国陆、海军作战计划大纲"后，才于1月22日向中国派遣军下达了相关的命令：1. 大本营企图击溃进攻之敌，尤其是主要敌人美军，确保以日本本土为核心之国防要域，以摧毁敌之战意。2. "中国派遣军"总司令官，务必击溃向中国大陆进攻之主要敌人美军，粉碎其企图，确保大陆重要地区，促使中央军势力之消亡。

为完成上述任务，须根据如下之纲要行动：

1. 迅速强化中国大陆的战略势态，击败东、西两正面进攻之敌，特别是击溃美军，粉碎其企图，确保以本土为核心之大陆国防资源。为此，要保持华中和华南，作为强化战备的重点，特别是长江的下游要域。

2. 对重庆势力，要予以强力压制，击溃其战斗力，并结合施行政治谋略以促使其衰亡。另对在华之美空军势力，要努力予以歼灭。

3. 为确立派遣军之作战根据地，并易于取得重要国防资源，对占领区域特别是华北及长江下游要域，应迅速使之安定。

4. 大致在西苏尼特王府、百灵庙、安北沿黄河至山西省西南端、老河口、宜昌、秀山（贵州省东部）、黎明关（广西省环江县与贵州省荔波县交界处）、平马（广西省南宁西北右江北岸田东县）连线以西，实施地面作战时，以小部队进行奇袭、挺进。除此之外，须依据另外的命令。

5. 对中国台湾、琉球群岛方面之作战、航空作战等方面，应尽力予以协助。

6. 与南方要域须尽力保持联系，并协助海军保护海上交通。

7. 关于以上各项作战，根据需要，与关东军司令官、南方军司令官、第 10 方面军（驻中国台湾）司令官及中国方面舰队司令长官协同，并相互协议，可将一部分部队派遣至其他军作战地区并受其指挥。

言下之意，自然是暗示冈村宁次不要"折腾"，好好看守住中国长江中下游地区和东南沿海即可。对于上级领导的指示，冈村宁次自然要深刻领会。因此随即于 1 月 29 日在南京召开了各方面军、各军司令官参加的作战会议。在会议上冈村宁次虽然高唱"太平洋上之险恶狂澜，已逐渐向帝国本土及中国大陆袭来……处此战局危急、皇国兴废之重要时刻，拥有百万大军之中国派遣军，全凭在座的 12 位军以上司令官（军司令官 9、方面军司令官 2、派遣军司令官 1）的全智全能，更始一新，竭尽全力，善谋勇战，奋起迈进，以打开危局……"的论调，但却仍制定"老河口战役"以及第 20 军进攻芷江的相关计划，显然对攻占四川的战略计划并未完全死心。

此时的日本陆军第 20 军也正加紧进行着发动进攻前最后的准备。1945 年 1 月 18 日，原属该军而驻于湘潭的第 1 野战补充队和驻于浏阳的第 2 野战补充队，被改编为独立混成第 81、第 82 旅团。另外，还从第 64 师团、第 116 师团等单位抽出部分人员和其国内刚征来的 17 岁少年兵，编成了独立混成第 86、第 87 旅团和第 2 独立警备队。这些新编成的部队，武器不足，全部使用战场上缴获的中国产"七九式"步枪与轻、重机枪和迫击炮，因此可以称为"中械部队"。

而随着"粤汉铁路南段作战"和"老河口战役"相继结束，冈村宁次要求第 20 军统一指挥第 116 师团、第 47 师团、第 64 师团之 69 旅团、第 68 师团之 58 旅团、第 34 师团（属驻柳州上月良夫的第 11 军）之第 217 联队、独立山炮兵第 2 联队等部队于 4 月 15 日向芷江一线发动进攻。

为了鼓舞一线部队的士气，冈村宁次在 2 月视察华北之后，于 3 月 29 日上午 9 时 30 分从南京飞到汉口王家墩机场。本来准备当晚再飞至岳阳对岸的白螺矶，但接岳阳驻军报告称，中、美空军的少数战斗机仍在附近做空中游猎活动。经冈部直三郎和派遣军副总参谋长佐藤贤了中将的劝说，改为第二天早晨起飞。3 月 30 日，冈村宁次乘坐的飞机和另两架于 7 时 30 分由汉口起飞，8 点 30 分到达衡阳，接着乘车到衡阳第 20 军司令部驻地。

第 20 军司令官坂西一良中将报告了总的情况。参谋长川目太郎少将报告粤汉铁路打通作战的经过、此次芷江作战的计划。驻防于衡阳的第 68 师团长堤三树男中将和铁道作业队长报告在耒阳以南的沿铁路作战及该路现状。晚间，冈村宁次与 20 军的 20 多名干部进行了座谈，听取了各方面的情况并作了激励性的训话。31 日由川目太郎陪同至机场，于 7 时起飞返回汉口。

冈村宁次回到武汉后，市内警报齐鸣，中、美空军的战斗机、轰炸机盘旋于武汉市上空，所以第 6 方面军司令官冈部直三郎、参谋长唐川安夫、副参谋长福富伴藏向冈村宁次的汇报是在防空洞内进行。4 月 1 日驻武汉的第 34 军司令官栉渊锱一又向冈村报告了关于第 39 师团策应老河口作战的现况。冈村宁次于 4 月 2 日飞回了南京。

冈村宁次这次到武汉、衡阳，使他深刻感到战局已经到了严重危急的程度。1938 年秋，他任第 11 军司令官，指挥 5 个师团沿长江北岸及江南迂回进攻，并于 10 月 26 日由其所属第 6 师团攻占武汉。那时的部队由士兵到高级指挥官，对"征服中国"皆充满信心。占领武汉时，日本国内的东京、大阪、京都等大城市都举行了"庆祝会""提灯会"，还组成了各界慰问团至前方进行慰问。而今无论在太平洋战场、中国战场还是历遭无情轰炸的本土，已使日本帝国陷入了全面的悲境。而他在视察听取汇报中，发现那些并不了解整个局势已极严重的士兵们仍将作无希望之悲壮作战，不觉心神黯然。

冈村宁次在听完这些报告后，大有不胜今昔之感。目前他对时局已失去信心，所以他在南京通常是上午办公，下午除阴雨之外，都去南京兵工厂的水池钓鱼。晚间则下围棋，以消磨时光。同时在其司令部内，与重庆的蒋介石建立了无线电联系，并指定其司令部内之第二课（情报）的谋略、宣传参谋延原逸郎中佐具体负责，同课的特情参谋神谷正司少佐予以协助。从电台联系及人员交往中，冈村宁次已向重庆表示：作为讲和的条件，日本政府愿意将部队在一年内全部撤至山海关以东。从这个角度来看，所谓的"芷江之战"与其说是为了冲入四川，不如说是冈村宁次为了向蒋介石表明日本陆军仍有一战之力。

可惜此时的日本在和谈问题上，不仅在外交上已经没有了任何筹码，军事上同样处于劣势。此时的重庆国民政府正以"一寸山河一寸血，十万青年十万兵"的动员口号，加速组建年轻力壮且富有爱国情怀的"青年军"，更将大批美国援助的武器，优先装备给了何应钦所指挥的 21 个机动军中的 12 个军，即第 2 军、第 5 军、第 6 军、第 8 军、第

湘西会战（日本方面称"芷江作战"）简图

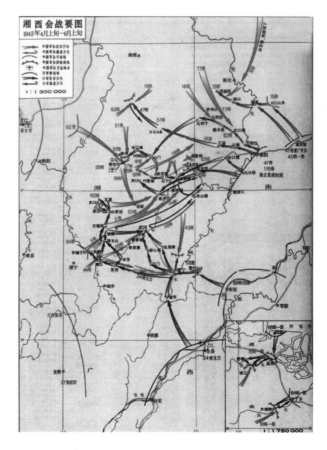

13 军、第 18 军、第 53 军、第 54 军、第 71 军、第 73 军、第 74 军、第 94 军，共 35 个师以增强正面战场抗战力量。此消彼长之下，日本陆军"中国派遣军"所发动的"芷江战役"最终只能因与中国军队反复于雪峰山拉锯，损兵折将、无所进展而被迫于 5 月 9 日宣布中止。

（三）风雨飘摇——日本强化国内防御的努力和败局

日军大本营方面之所以反复向"中国派遣军"方面强调，要重视中国大陆东南沿海的防御除了缘于对长江下游等中国经济命脉的控制之外，还基于其对整个战略的悲观预期。从 1944 年末开始，日军大本营方面便对战局的演变形势进行了系统研究，最终形成了一个美军对日作战意图的大致判断。

在日本方面看来，美军的作战意图总的方针是早日结束对日战争，推进包括整个太平洋地区全面的空战与海战，使日本本土陷于瘫痪，然后相机在日本本土登陆。为此其基本战略是：首先完全切断日本本土同大陆和南方地区的联系（其目的已大半达到）；随后使日本本土的生产来源陷于枯竭，摧毁国民的士气（通过空袭本土，已开始执行这一战略）；摧毁日本陆、海军及航空兵的骨干兵力（由于莱特作战，已成功地摧毁了空军和海军的骨干兵力）；最终将日本本土的核心部分纳入美军陆基战斗机的打击范围之内。

在日本方面看来，美国方面为了实现空袭日本本土的目标，势必向前推进其航空基地。而其窥伺的主要目标是小笠原群岛、中国台湾、西南诸岛，其次可能是中国长江下游地区。此外美国军队也有可能在千岛方面发动登陆作战，以获取前进基地或展开牵制。

根据上述判断和战场态势，日本陆军认为美军在 1945 年作战的主线将以菲律宾为基地，指向东中国海方面。2 月将进攻小笠原群岛，特别是硫磺岛；3 月、4 月将进攻中国台湾岛北部；5 月、6 月将进攻西南诸岛，特别是冲绳。不过日本海军方面则认为美军跳过中国台湾，于 3 月、4 月直接进攻西南诸岛的可能性也很大。

而除了这一路线之外，日本方面判断美军还有一种可能是在 2 月、

3月前后，首先于中国华南沿岸和海南岛登陆，建立航空基地。在日本方面看来，美军在这一区域登陆所遭遇的抵抗将远小于小笠原群岛方向的硫磺岛、中国台湾或者西南群岛方向的冲绳岛。而一旦美军在中国华南地区站稳脚跟，便可以与其在菲律宾、马里亚纳群岛的航空基地连成一片，提前完成大规模空袭日本本土的准备工作。如此一来最快到1945年8月、9月间，美国便有可能通过空袭摧毁日本本土的日本陆军骨干力量，随后展开登陆作战。

除了美军方面的行动令日本方面颇感忧虑之外，日军大本营还密切关注着东亚大陆方面，苏联和重庆国民政府的行动。随着纳粹德国在寄予厚望的阿登反击战中落败，苏联红军也于1945年1月在东线发动了大规模的攻势，兵锋直指柏林。而在德国战败已成定局的情况下，苏联方面已悄然开始对远东增兵。因此日本方面判断苏联很有可能将在美军完成其进攻日本本土的准备工作时，即本年秋季以后，参加对日作战。

届时苏联红军将以优势的空军和装甲兵为主导，大举突入中国东北、华北、朝鲜半岛和库页岛地区。另外，重庆国民政府也将策应美军

在日本看来中国海南岛将会成为美军的下一个登陆地点

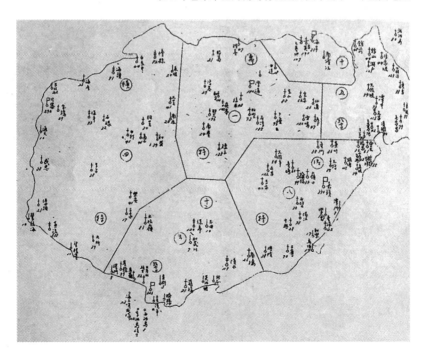

在中国东南沿岸的登陆作战（称为"大陆靠岸作战"），在湖南、广西等方面于 1945 年 7 月、8 月发动攻势。其兵力可能是以美式装备改编的约 9 个精锐军为骨干的部队，达 24—25 个师。

面对四面八方步步进逼的敌人，日本方面试图于 1945 年初强化其所谓"本土"的防御能力（包括日本列岛和朝鲜半岛、西南诸岛、中国台湾、小笠原群岛等在内的地区）。但在日本方面看来，这一区域防御能力此刻远达不到理想的状态。特别是本州、四国、九州及朝鲜半岛方面的防卫态势，几乎处于令人寒心的状态。

塞班岛失守以后，虽然日本政府内部认真地提出了加强本土防卫问题，但由于小矶国昭内阁决议在菲律宾地区发动"捷一作战"，最终导致日本陆、海军大批精锐被消耗在莱特岛和吕宋岛方向。除此之外，诸如国民的权利同义务的关系；与生产粮食问题相关联的大军的动员、集结困难；或者随着一般行政组织和军事组织的并存带来的复杂的法规、手续等法理问题，也令日本在强化本土防卫方面进展迟缓。不过此时现实的困境却令日本方面不得不全力着手将其世代居住的列岛化为要塞和战场。

担任陆上（镇守府、警备府所在地除外）防卫的陆军，在大本营直接管辖下，由防卫总司令官东久迩宫稔彦大将担任本州、四国、九州、伊豆诸岛的防卫；由第 5 方面军司令官樋口季一郎中将担任北海道、千岛、库页岛的防卫；由小笠原兵团长栗林忠道中将担任小笠原群岛的防卫；由第 32 军（属第 10 方面军）司令官牛岛满中将担任冲绳诸岛的防卫；由第 10 方面军司令官安藤利吉大将、朝鲜军司令官板垣征四郎大将分别担任中国台湾、朝鲜的防卫。

防卫总司令官驻在东京，统率东部军（关东以北的本州、伊豆诸岛）、中部军（本州中部、四国）、西部军（本州西部、九州）和第 36 军（由 3 个师团组成，作为大本营的总预备队，配置在关东方面）四个地面军，和第 1（负责整个本州）、第 6（主要是关东地区）两个航空军，以及第 10（本州东部）、第 11（本州中部）、第 12（本州西部）3 个飞行师团（均为防空师团）。但是，地面师团数仅 8 个（九州地区 1 个、近畿地区 2 个、关东地区 5 个）；高射炮师团 4 个（关东、东海、近畿、九州各 1 个）；留守师团 14 个。另外，在伊豆诸岛配备了 3 个

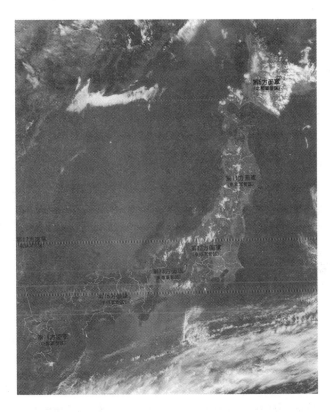

日本陆军在本土的防御态势

独立混成旅团。但是第 6 航空军的可出动兵力只有飞机 50 架左右，第 1 航空军是教育部队，因此根本没有战斗力可言。

海岸防备地区的重点放在九州南部和关东、丰桥、八户平原。不过，海岸阵地的构筑迟迟不进，就连重点地区，也只是大致完成了部分主要阵地，其他地区只是停留在计划阶段。朝鲜军的兵力由于 1943 年以后陆续调出 4 个师团转用于南方，因此仅有 3 个留守师团。朝鲜南部、济州岛方面海岸，近于毫无防备的状态。1944 年以后，以济州岛、木浦、群山附近为重点，着手设置沿岸防御工事和沿岸舟艇基地，但仍停留在计划阶段。

第 5 方面军的主要兵力，由 4 个地面师团、6 个各种旅团和 1 个航空师团组成。地面兵力的主力配备在千岛，北海道有两个师团担任守备。但航空实际兵力，即便加上当时由第 5 方面军司令官指挥的第 12 航空舰队（司令官为宇垣莞尔中将），实际可以出动的飞机也只有 36

架。此外由 8 个师团、7 个独立混成旅团和 1 个航空师团组成的第 10 方面军之中，3 个师团和 5 个独立混成旅团，被配置于西南诸岛。

海军在本土防卫的职责方面，则由联合舰队司令长官丰田副武大将统一指挥第 2 舰队（司令长官为伊藤整一中将）、第 6 舰队（司令长官为三轮茂义中将）、第 3 航空舰队（司令长官为寺冈谨平中将）、第 1 航空舰队（司令长官为大西泷治郎中将）和第 11 航空战斗队；此外从 1945 年 1 月 1 日开始，又授予联合舰队司令长官在有关本土防卫作战方面指挥各镇守府、警备府长官的权限。之所以做出这样的安排，无非是因为此时的日本陆军虽然捉襟见肘，但至少还能支撑起一个覆盖本土的防御体系，但严重失血的日本海军，其仅存的残山剩水顶多也只能拼凑出一支近海舰队了。

莱特湾海战之后，伤筋动骨的日本海军联合舰队，虽然在撤回本土的过程中又损失了战列舰"金刚"。但在日本海军方面高层眼中，似乎还存在着一丝翻盘的可能性。毕竟此时日本海军于 1941 年启动的"〇急"战时紧急建造计划中的"云龙"级舰队航母中已有"云龙""天城""葛城" 3 艘陆续下水，而中途改造为航母的"大和"级战列舰的 3 号舰"信浓"已接近完工，再加上残存的改装航母"隼鹰"和"龙凤"，仅从航母数量上来看，日本海军似乎还能与对手进行一场"马里亚纳海战"那样的航母战斗群之间的正面对决。

海试中的日本海军航母"信浓"

太平洋战争全史

但事实上日本海军的舰载航空兵系统早已崩溃。早在此前的莱特湾海战之中，小泽治三郎已经千方百计地将日本海军舰载机部队所有残存部分收集起来。这个过程在伊藤正德的眼中便"仿佛一位住在简陋茅屋里的贫穷主妇，为了某件喜庆之事，好不容易拼凑了一桌饭菜似的"。而此时再无舰载部队可供抽调的航母战斗群，更成为"开有一个小门的单间房。然而，进家门一看，却令人大吃一惊，原来它有名无实，一副倾家荡产的样子。""航空母舰上没有一架像样的飞机，就好像是一个又一个空空荡荡的衣柜，简直寒碜到了极点"。

　　但即便如此，日本海军仍将希望寄托于航母与"航空特攻"相结合所可能产生的奇效上。1944 年 11 月 15 日，日本海军解散了第 1 机动舰队和第 3 舰队的编制，将残存的 2 艘改装航母"龙凤""隼鹰"编入于 1944 年 10 月 1 日重新组建的第 1 航空战队之中。

　　第 1 航空战队曾经是日本海军最早的航母战斗群。尽管此时这支部队在航母数量上达到了前所未有的极致，但此时日本海军却早已没有足够的专业人士来驾驭这些战舰了，甚至连战队指挥官都只能选派从未指挥过航空母舰的古村启藏。当然日本海军的这一人事安排也并非全无道理，毕竟正在抓紧时间进行调试的"信浓"，也将于 11 月 19 日编入第 1 航空战队，届时曾经指挥过战列舰"武藏"的古村启藏对这艘日本海军有史以来最大吨位的航母，可能会比其他人更为熟悉一些。

　　可惜美国人并没有给古村启藏登上"信浓"的机会。1944 年 11 月中旬，鉴于美国陆军航空兵的 B-29 重型轰炸机已经开始空袭日本本土，横须贺海军工厂所在的东京湾附近势必成为美军重点的轰炸目标，因此在"信浓"下水仅 8 天的情况下，日本海军命令其搭载海军官兵和造船厂工人总计 2500 多人立即开往吴港的造船厂躲避美军的轰炸，同时完成舾装等收尾和舰员训练的任务。

　　根据日本海军方面一些当事人的回忆，在这次"处女航行"之中，"信浓"还秘密运载了 50 架"樱花"人操滑翔炸弹、3 架舰载轰炸机和数量不明的"震洋"水上特攻艇。尽管日本海军的当事人也同时强调"此时的'信浓'还不具备执行特攻作战的能力"（信濃の出撃が特攻にならなければいいが）。这些"樱花"和"震洋"不过是准备结束在吴港的舾装之后，运往中国台湾地区的。

可以想象，"信浓"虽然在东京湾内的海试中便进行了"零式"战斗机、"天山"舰载轰炸机、"彩云"舰载侦察机甚至最新型的"紫电改"型截击机的起降试验，但以日本海军当时的舰载机部队战斗力，显然无力与美军正面抗衡。"信浓"即便正式投入作战，也不过是利用其强大的运载能力和装甲，作为海上各种特攻兵器的进攻基地而已。

正是对"信浓"有着一举扭转战局的期许，因此虽然只是完成一次在日本近海航行，日本海军方面仍派出了第17驱逐舰队的"滨风""矶风"和"雪风"这3艘"阳炎"级驱逐舰进行护航。但此时的日本海军驱逐舰部队早已师老兵疲，"滨风""矶风"在莱特湾海战中均遭遇美国海军航空兵的重创，第17驱逐舰队司令谷井保也在此前护卫战列舰"金刚"的行动中与旗舰"浦风"一同沉入了海底，尚未指派继任者，因此整个舰队仍处于一盘散沙的状态。

11月25日，第17驱逐舰队的3艘驱逐舰护卫在莱特湾海战中负伤的战列舰"长门"抵达横须贺，随后与"信浓"会合准备前往吴港。此时"信浓"的舰长为刚刚从轻型巡洋舰"大淀"上转来的阿部俊雄。阿部俊雄长期担任联合舰队旗舰的舰长，兄长又是海军中将阿部弘毅，自然有些眼高于顶，因此对于第17驱逐舰队方面提出的白昼、近海航行以规避敌潜艇攻击的计划嗤之以鼻，坚持采取夜间远洋航行的策略。

被日本陆、海军寄予厚望的"紫电"截击机

11月28日下午1点左右，航空母舰"信浓"在驱逐舰"滨风"前导、"雪风"护卫右舷、"矶风"护卫左舷的情况下离开了横须贺港。由于动力舱尚未完工，因此"信浓"只能维持20节左右的航速。下午7点，驱逐舰"矶风"首先监听到了美国海军的潜艇信号，整个舰队随即进入了对潜警戒状态。随后"信浓"上的雷达系统又在右舷方向发现了目标。阿部弘毅随即命"雪风"前往查探，但不久后"雪风"便回复说，雷达所发现的不过是一艘渔船而已。对此有日本学者结合日美双方资料，认为当时"信浓"雷达所发现的就是正处于水面航行状态的美国海军"射水鱼"号潜艇（USS Archer-fish, SS-311）。但驱逐舰"雪风"上的官兵玩忽职守，最终导致了悲剧的发生。

1943年9月4日下水、同年11月29日才通过巴拿马运河归入太平洋舰队的"射水鱼"号，无疑是美国海军潜艇部队的一名新兵。1944年这艘潜艇执行过几次海上巡航、猎杀任务，也发现了一些日本海军的运输船队，但最终还是一无所获。因此1944年11月14日从塞班岛出发时，"射水鱼"号所领受的任务已不是猎杀日本海军舰艇，而是配合11月24日美国陆军航空兵对中岛飞机工厂的轰炸。

11月27日，美国陆军航空兵对东京为期48小时的轰炸全面展开。"射水鱼"号也开始在东京湾内展开游弋，以便搜索和营救因战机被击落而被迫在海上伞降的美军飞行员。

由于这项任务的特殊性，"射水鱼"号长时间保持在水面航行，舰上的官兵也大多处于相对放松的状态，甚至在其发现"信浓"及3艘驱逐舰所组成的编队时，"射水鱼"号也一度没有潜入水下，而是保持在"信浓"编队的右侧航行了一段时间。这个过程中，"射水鱼"号的约瑟夫·F.恩赖特中校起初将其误认为是一座岛屿。这一场景被向来对大型物体有着莫名崇拜的日本人在各类著作中反复引用，以表现"信浓"的巨大无朋。但事实上这一误判不过是恩赖特中校缺乏实战经验的表现而已。

很快"射水鱼"号上的舰员便发现眼前的巨大阴影不是岛屿，尽管有一些资料宣称"射水鱼"号误认"信浓"为油轮，但事实上"射水鱼"号的舰员再缺乏经验，手头也还是有美国海军印发的战舰外形识别指南的，因此很快便确认他们遭遇的是一艘航母。但经过比对之后，他

水面状态航行的美国海军潜艇"射水鱼"号

们发现这既不是"飞鹰"型改装航母，也不是一艘所谓的"大凤改"型（美国海军对"云龙"级航母的称呼）。怀着好奇的心理，"射水鱼"号以水面 19 节的航速，在距离"信浓"不过 3000 米的距离内对其展开了长时间的观测。在这个过程中"信浓"多次打出红色的信号弹，召唤护航舰艇展开反潜攻击，但第 17 驱逐舰队所属的 3 艘舰艇却始终没有太大的动作。

晚上 11 点 30 分，在玩了几个小时的猫鼠游戏之后，"射水鱼"号终于想起来向美国太平洋舰队司令部发送电报，报告发现了一艘日本海军的大型航空母舰正在 3 艘驱逐舰的护卫之下航行。"射水鱼"号的本意是想让太平洋舰队司令部指挥附近的其他潜艇前来参与围猎，不料太平洋舰队司令部仅回复了"继续追踪、攻击，并祝成功"。无奈之下，"射水鱼"号只能独自发起了攻击。

11 月 29 日凌晨 3 点 13 分，经过长时间的追击，"射水鱼"号终于占据了"信浓"右舷仅 1280 米的发射阵位，并在潜望镜深度内向目标发射了 6 枚定深为 3 米的鱼雷。4 分钟之后，"信浓"的右舷舰体上便闪现出 4 团巨大的火光。尽管在后世的很多资料中，"信浓"舰长阿部俊雄都以历史罪人的形象出现。许多史学家都宣称这位曾经指挥过战列舰"武藏"的舰长,认为4条鱼雷对于以"大和"级战列舰为基础改造的"信浓"来说不算什么,加上担心继续遭到潜艇攻击,于是航速未减,给损管造成很大不便。但事实上任何战舰在连续被命中4枚鱼雷之后都不可能毫发无伤,而从日本海军方面的一些记录来看,阿部俊雄其实在第一时间便采取对"信浓"左舷注水以修正倾斜的手段,但由于战舰受损过于严重,最终还是无力回天。

11月29日上午10点,阿部俊雄下令弃舰,此时毫无目的、装模作样地投掷了14枚深水炸弹,但却连美国海军的潜艇在哪里都不知道。日本海军第17驱逐舰队的3艘驱逐舰倒是颇为积极地开始转移"信浓"上的舰员。30分钟后,"信浓"最终沉入了海底,舰上2515名船员只有1080名被救,包括舰长阿部俊雄在内的1435人命丧当场。

日本海军方面对"信浓"的沉没自然格外惋惜,但却没有追究在整个过程中始终表现懒散和不作为的第17驱逐舰队的责任。所有的问题都被归咎于"信浓"未能完工便仓促起航和舰长阿部俊雄的应对失当上。而意外损失了这艘顶梁柱的第1航空战队,此刻随即迎来了其新的指挥官。1944年12月10日,曾任第1机动舰队参谋长的大林正雄接替古村启藏执掌这支日本海军最后的航母战斗群。2天之后战列舰"长门"的舰长近藤保平接掌航空母舰"云龙"。而与如此频繁的人事调动相对应的是,第1航空战队中舰况最佳的2艘"云龙"和"天城"的机库被进行了一番全新的改造,以便运载"樱花"型人操滑翔炸弹。

完工状态后的"信浓"想象图

此时日本海军联合舰队已经将"樱花"型人操滑翔炸弹列入实战型决战兵器的序列。1944 年 10 月 1 日，日本海军编组的第 721 航空队，正式于茨城百里原机场组建。这支以"一式"陆基攻击机挂载"樱花"人操滑翔炸弹，在"零式"战斗机的掩护下对敌发起进攻的部队，被其指挥官冈村基春称为"神雷部队"。此后航空本部长户塚道太郎、永野修身及川古志郎纷至沓来，视察之余更留下了诸多宛如催命符一般的所谓"赞辞"和"绝句"。12 月 1 日，联合舰队司令丰田副武出现在了百里原机场，并赠予"神雷部队"的飞行员们以所谓"神雷钵卷"的短刀。12 月 3 日海军大臣米内光政抵达百里原机场，更展开了一场盛大的阅兵活动。

　　日本海军方面对"神雷部队"的殷切期待，无疑是冲着"樱花"人操滑翔炸弹去的。尽管挂载这种武器的"一式"陆基轰炸机尚无在航母上起降的记录，但既然美国陆军航空兵的杜立特中校（James Harold Doolittle，1896—1993 年）曾将 B-25B 型陆基轰炸机送上航母，并用其轰炸东京，日本海军方面似乎也有心考虑尝试如何将"云龙"级航母与"樱花"人操滑翔炸弹进行有效的结合。

　　可惜日本海军最先想到的方案，似乎还只是运输而已。1944 年 11 月改装航母"隼鹰"首先出发，在第 41 驱逐舰队的"秋月"型驱逐舰

美国海军曾尝试从航母上起飞陆基轰炸机，并取得了成功

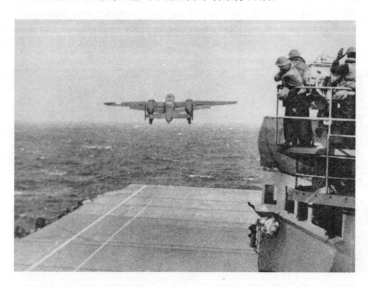

　　　　　　　　　　　　　　　　　　　　　　　太平洋战争全史

"冬月""凉月","松"型驱逐舰"槙"的护航下,驶往中国台湾。在澎湖列岛的马公港会合了此前在当地触礁重创的战列舰"榛名"之后,整个舰队于12月6日返回日本本土。但就在行驶到日本九州岛东北部的男女群岛和五岛群岛之间时,"隼鹰"及驱逐舰"槙"分别遭到了美国海军潜艇"红鱼"(USS Redfish, SS-395)、"扁鲨"(USS Sea Devil, SS-400)、"鲽鱼"(USS Plaice, SS-390)的攻击。"隼鹰"的舰首和右舷中部分别被一枚鱼雷命中,一度大量进水,倾斜达18度。驱逐舰"槙"则被削去了舰首。但幸运的是此刻这两艘战舰距离九州岛的海岸线都并不遥远,因此在进行了一番损管之后,最终蹒跚着驶入了佐世保港。

但"隼鹰"的遇袭并没有引起日本海军方面的警觉。12月17日,日本海军以第21驱逐舰队所属的驱逐舰"时雨"、第52驱逐舰队所属的驱逐舰"桧""枞"掩护舰队航母"云龙"从吴港出发,再度运载着"樱花"人操滑翔炸弹以及50艘"震洋"特攻艇前往中国台湾。12月19日,曾经重创过"隼鹰"的美国海军潜艇"红鱼"号再度出手,在距离"云龙"5400米的攻击阵位上向其发射4枚鱼雷。"云龙"成功规避了其中的3枚。但剩下的1枚还是命中了其右舷中部的舰桥下方。

应该说1枚鱼雷不足以令"云龙"这样的巨舰沉没,但是就在"云龙"的舰员忙于灭火之际,顶着日本海军驱逐舰胡乱投掷的深水炸弹,"红鱼"号再度向"云龙"发射5枚鱼雷。尴尬的是,在整个过程中事实上"云龙"的舰员已经发现了"红鱼"号伸出水面的潜望镜,只是苦于之前被鱼雷击中后燃起的大火导致全舰电力供应中断,无法使用舰炮去攻击这近在咫尺的敌舰。

面对"红鱼"号的第二轮齐射,已经基本失去动力的"云龙"毫无还手之力,再度被两枚鱼雷命中了右舷后侧。而这一次爆炸的鱼雷不仅再度击穿了"云龙"水下的装甲带,爆裂的碎片更在战舰下层的机库中飞舞,诱爆存放在机库内的20架"樱花"人操滑翔炸弹,最终令这艘战舰迅速沉没。而除了舰上水兵之外,还有相当数量搭乘这艘战舰前往中国台湾的日本陆军伞兵命丧当场。

"云龙"沉没之后,日本海军于12月30日又组织了此前护航"信浓"的第17驱逐舰队的"雪风""滨风""矶风"以及护航"云龙"的

日本海军航空母舰"云龙"

驱逐舰"时雨",护送改装航母"龙凤",运载58枚"樱花"人操滑翔炸弹,再次前往中国台湾。这一次运输船队终于成功抵达目的地,但无力护送这些尚未经历过实战检测的所谓"决战兵器",日本海军则付出了2艘舰队航母沉没、1艘改装航母重创的代价。

此后囊括了日本海军剩余3艘战列舰("大和""长门""榛名")、4艘航空母舰("天城""葛城""隼鹰""龙凤")、1艘轻型巡洋舰"矢矧"及10艘驱逐舰的第2舰队,只能龟缩于濑户内海之内,名义上进行着修理、整备和训练,但实际上这支貌似强大的舰队缺乏足够的舰载机为掩护,再加上燃料的缺乏,因此联合舰队按日本陆军方面的说法"只不过是一支半身不遂的残存部队"而已。

而正是由于主力陷入"半身不遂"的无力作战状态,1945年初日本海军不得不要求其停泊于中国大陆和东南亚各港口的残存舰队和征用商船,采取所谓"特攻精神"下的"特攻运输"。其中以中国方面舰队所属之第2遣华舰队(护卫舰队约4艘)、海南警备府部队(护卫舰队约2艘)、上海根据地队(护卫舰队约7艘),配合陆军航空兵支援下发动的小规模船队运输,被称为"南号作战"。而将东南亚方向残存的第4航空战队等部队撤回日本本土的行动,则相对应地被称为"北号作战"。

或许由于"北"在汉语之中又有败北之意,为了讨个口彩,第4航空战队司令松田千秋将自己所统帅的舰队取名为"完部队"。不过这里的"完"不是"完蛋"的意思,而是取义"任务完遂"。"完部队"除了第4航空战队原有的航空战列舰"伊势""日向",轻型巡洋舰"大淀"之外,还有第2水雷战队残存的驱逐舰"霞""朝霜""初霜",途

　　　　　　　　　　　　　　　　　　太平洋战争全史

中还将在中国海南岛、福州附近海域会合第 1 驱逐舰的"野风""神风""汐风"。

尽管"完部队"看似兵强马壮，但他们的前路却是荆棘密布。由于美国海军第 3 舰队于 1944 年 12 月 18 日在中国台湾附近海域遭受了台风的侵袭，加上此前在莱特湾海战中部署上的"失误"，第 3 舰队司令哈尔西的指挥能力备受质疑。尼米兹不得不再度做出"换将"的决定，由斯普鲁恩斯再度执掌美国海军主力，舰队番号自然也要改回"第 5 舰队"。被迫受命回国"休养"的哈尔西决定将满腔的不爽全部宣泄在日本人的身上。

1945 年 1 月 9 日夜，拥有 8 艘舰队航母，5 艘轻型航母，6 艘新锐战列舰，13 艘重型、轻型巡洋舰，54 艘驱逐舰的第 38 特混舰队，在 8 艘汕船、4 艘护航航母、10 艘驱逐舰组成的补给队的伴随下，突破巴林塘海峡进入以往美国海军只有潜艇才敢于进入的南中国海，兵锋直指日本海军在当地最后的重要军港——金兰湾。

1 月 12 日美国海军第 3 舰队出动了 1500 架次的舰载机空袭金兰湾，但并未发现日本海军的主力舰艇。失去了主目标的哈尔西愤然四处出击，击沉了附近的日本船舶 44 艘，包括 12 艘油船和由原来训练巡洋舰改装的反潜巡洋舰"香椎"号，同时击毁 100 余架飞机，而且，连停泊

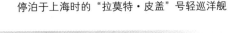

停泊于上海时的"拉莫特·皮盖"号轻巡洋舰

在西贡的法国远东舰队旗舰"拉莫特·皮盖"（Lamotte-Picquet）号轻巡洋舰也成了哈尔西的出气筒。

面对这样的拦路虎，"完部队"自然是九死一生。因此在出击之前，调任新组建的第10方面舰队司令的福留繁对松田千秋等人道出了"想来再也不能与君相见了吧"（二度と諸君らに相見えることは無いだろう）的诀别之词。不过尽管如此，鉴于日本本土极缺各类战略物资，"伊势""日向"两舰还是卸下了一部分机关炮，机库里满满地塞进了汽油桶、橡胶、锡锭、钨、水银、锌和砂糖等各种物资2800吨，其他舰艇也一样减少了粮食、小艇，尽可能地装运更多的物资。

2月10日"完部队"离开新加坡。由于大量搭载油罐，舰艇连火炮的回转都显得困难，而且机动力明显下降。当时如果没有装甲的机库被击中，引火爆炸几乎就是不可避免的结果。舰队一出港就被美国潜艇发现，潜艇召唤来的岸基航空队发起了空袭，所幸当时低空密布乌云而躲过一劫。空中的劫难刚过，水下的危险又临，潜艇"北美河豚"号（USS Blower, SS-325）、"玫瑰鱼"号（USS Bergall, SS-320）发起了两次雷击，但射来的鱼雷都被规避，甚至被高射炮击毁。不久，又一艘潜艇"驷鱼"（USS Bashaw, SS-241）也准备进入对"日向"号的攻击阵位，当相距约12海里时，反被其用14英寸火炮击退。

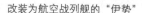

改装为航空战列舰的"伊势"

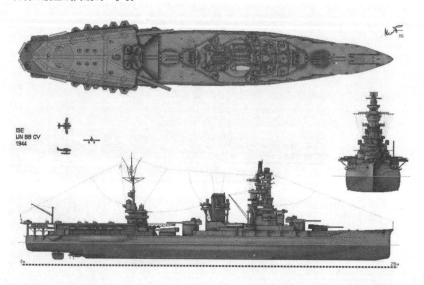

　　　　　　　　　　　　　　　　　　　　　　　太平洋战争全史

2月14日，舰队又一次遭到空袭，不过也有惊无险。15日舰队过了台湾海峡以后，采用迂回航线，贴近中国海岸，绕过黄海到朝鲜半岛南岸，再通过狭窄的关门海峡进入濑户内海，终于在2月19日回到吴港，为日本带来了最后的补给品。"北号作战"算是取得了成功。但是返回吴港以后，舰队剩余的燃油全部调用给了"大和"，没有了燃料的"伊势""日向"和"长门""榛名"一样被当作防空炮台，停泊在吴港之内。

（四）烈火焚城——美军对日本本土的大规模轰炸

尽管日本海军选择了龟缩不出，但美国人却不愿意就此放过他们。而随着美国陆军航空兵对日本本土的轰炸日益深入，日本海军重点设防的吴港也随即被列入了目标清单之中。

按照日本方面的标准，早在1938年2月23日，得到苏联志愿航空队支援的中国空军便曾空袭过当时仍处于日本统治之下的中国台湾松山航空基地。3个月之后的5月20日，中国空军的美制B-10"马丁"型轰炸机也曾飞临日本九州岛的上空。但由于航程和载重量的限制，这些

日本海军航空兵轰炸重庆

从重庆起飞的中国空军战机并未携带炸弹，仅仅是在日本领空投下了印有反战口号的纸片。而这次"纸片轰炸"也被视为盟军对日本本土的首度空袭，并成为日本方面出动海军航空兵远程轰击重庆等中国后方城市的借口。

1942年4月18日，美国陆军航空兵以从"大黄蜂"号和"企业"号2艘航母上起飞的16架B-25重型轰炸机对日本本土的东京、川崎、名古屋、四日市、神户等地展开空袭。不过这一次日本人没有能力将炸弹投向华盛顿，只能以潜艇"伊25"搭载"零式"小型水上侦察机，对美国西海岸俄勒冈州的森林地带展开炮击和轰炸，以示报复。

在此后一年多的时间里，日、美双方都将兵力集中于太平洋战场上，暂时均无力攻击对方本土。直到1943年11月25日，中美混成航空团从中国遂川机场起飞的14架B-25重型轰炸机在7架P-51型、8架P-38型战斗机的掩护下对中国台湾地区的日本海军新竹基地展开空袭。这次空袭不仅给日本海军造成了13架战机在地面被摧毁、4架战机被击落的损失，更令日本方面再次感受到美军航空兵对本土的威胁。

为了防止美国陆军航空兵利用中国大陆方面的机场空袭日本本土，日本陆军在该地区接连发动了"一号作战""粤汉铁路南线作战""老河口战役"和"芷江战役"。通过陆军方面的短促突击和渗透战术，暂时解除了来自这一方向的威胁。但是对于太平洋方向美国陆、海军的高歌猛进，日本方面却没有太好的反制措施，只能任由对手陆基航空兵的打击半径逐渐逼近日本本土。

战后日本收集了诸多美国方面公开或半公开的史料，以证明早在日本海军"偷袭珍珠港"之前，美国方面便处心积虑地想要对日本本土展开大规模空袭。比如1941年11月美国陆军总参谋部便曾向华盛顿的媒体透露过：一旦美日开战，美国方面将用新型燃烧弹空袭日本城市。而美国陆军航空兵不断让波音等美国军工巨头分发研制和生产新型远程轰炸机，并秘密开发M69型凝固汽油燃烧弹的情况，在日本方面看来更是铁证如山。

但这些所谓的"证据"，其实与美国方面孜孜以求的证明日本海军"偷袭珍珠港"是一场策划了几年乃至十几年的阴谋一样，除了本身就存在倒因为果的主观认定之外，还忽视了任何战争手段本身都是政治和外交手段的一种延伸。在美国军队看来，对日本本土展开空袭，可以最大限度地削弱其战争潜力和国民意志。

1943年2月，美国作战分析委员会（COA）对空袭日本列岛的行动，进行了如下的目标排序：第一目标序列为日本航空工业，第二目标序列为东京等地的城市工业带，第三目标序列则为在日本列岛的周边航道，通过空投水雷以扼杀日本列岛的粮食、工业原料的输入能力。但碍于当时的战场环境，这一计划几乎无从实施。但各方面的准备工作却几乎一刻不停在进行着。

1943年美国国家防卫调查委员会委托标准石油公司方面所研制的新型集束凝固汽油燃烧弹经过一系列测试，正式进入批量生产阶段。凝固汽油弹（napalm）是几种战争用可燃液体的总称，大多以胶状汽油为主成分，制造成炸弹弹体。准确地说，"napalm"一词字面上指的是凝固汽油弹中用来与汽油混合以产生胶质燃剂的黏稠剂成分。此词是由它的研发团队——路易·菲塞领导的哈佛大学的一群化学家研制出来的，是naphthene（环烷烃）铝盐与palmitic acid（棕榈酸）的混成词，制造凝固汽油弹时会将这两种成分加入可燃物质使其胶质化。装有凝固汽油的炸弹爆炸时能产生高温火焰，并在向四周溅射时，能粘在其他物体上长时间燃烧。

早期的流质燃剂有个重大问题，这种物质容易喷溅又难以附着，很难达到集中杀伤的目的。美国科研人员发现改用胶状汽油（gasoline gel）可以提升喷火器的射程与效用，但是胶状汽油要使用需求量大又昂贵的天然橡胶，很难制造。然而，廉价许多的凝固汽油弹黏稠剂发明以后，就解决了原本需要橡胶燃剂的问题。美国与其他同盟国军队使用凝固汽油弹黏稠剂，用来改善喷火器与炸弹的可燃液体成分。他们进一步提出此黏稠剂与汽油的混合比例公式，让混合物能遵循指定的速率燃烧并附着在物体上。凝固汽油弹另外一个实用但危险的效果，是它会"急速消耗附近空气中的氧气"并产生大量的一氧化碳而造成生物窒息。

由于可以大量生产，且具有极强的杀伤力，美国军工系统研制出了500磅（230公斤）的E-46型集束炸弹。这种子母弹可以一次释放出38枚为空袭日本所量身定做的M69型燃烧弹。当由B-29型轰炸机高空投放之后，这种炸弹将在610—760米的高度分散抛撒。由于每颗

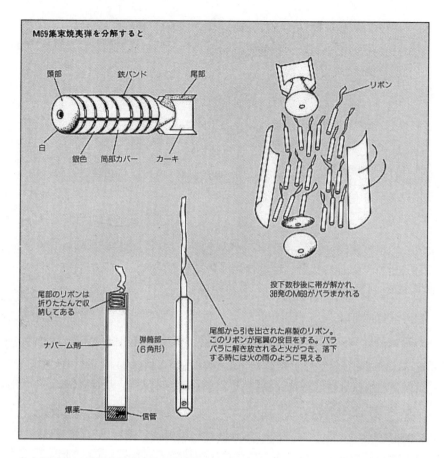

日本方面对 M69 燃烧弹的功效和作战模式分析

M69 有一条能稳定方向的长带子，保证炸弹能头朝下落在建筑物上，将全部的凝固汽油等燃烧物倾注其上。

　　正是基于这种新型武器的投入使用，1944 年 10 月美国作战分析委员会方面便修正了对日空袭的相关计划，将向日本本州境内的所谓"六大都市"：东京、名古屋、大阪、神户、京都、横滨投放燃烧弹提升为第二目标序列。当然在此之前，美国政界和军方对此举可能造成的平民伤亡和人道主义风险曾有所争议。但最终美国战略情报局局长威廉·约瑟夫·多诺万（William Joseph Donovan，1883—1959 年）以"唯有让日本国内的民众见识到地狱，他们才会停止抵抗"的心理战概念，对这一方案起到了一锤定音的作用。

　　1944 年 6 月 15 日，美国陆军航空兵首次尝试从中国成都地区起飞

美国战略情报局掌门人威廉·约瑟夫·多诺万

B-29 重型轰炸机群，直趋日本本土的攻击模式。虽然由于航程的限制，此轮轰炸仅能波及日本九州岛北部的八幡、小仓、户畑、门司、若松，且对日本方面造成的实际损害非常有效。但通过这次行动，美国陆军航空兵证明了直接对日本本土展开空袭不但可行，且损失并非不能接受。

从 1944 年 6 月到 1945 年 3 月间，部署在中国西南地区的美国陆军航空兵第 20 轰炸机总队，对日本本土展开了 49 轮空袭。而随着 1944 年 10 月美国陆军航空兵第 21 轰炸机总队在马里亚纳群岛一线的机场展开部署，日本本土随即陷入了美国陆军航空兵的东、西夹击之下。但是部署在中国境内的 B-29 重型轰炸机群无法得到充分的油料和配件保障，且群山环抱之下的机场远离日本本土。因此在 1945 年初美国陆军航空兵方面决定将第 20 轰炸机总队也转场至马里亚纳群岛一线，并由曾在欧洲战场有过丰富战略轰炸经验的柯蒂斯·爱默生·李梅（Curtis Emerson LeMay，1906—1990 年）率领。

曾有人这样形容李梅在美国陆军航空兵中的崛起：1941 年时，他的军衔还只是少校。但 1944 年，他 37 岁时就晋升少将，成为美国陆军（当时航空兵隶属于陆军）中最年轻的少将。是什么使他官运亨通？是出身吗？不是。他并不是西点军校的毕业生，而只是一名俄亥俄州立大学的普通毕业生，后备役军官训练大队学员。是超凡的个人魅力吗？也不是。他待人冷若冰霜，难以接近。在与飞行员们一起吃饭时，向来不发一言。

李梅急速晋升的原因是：他是将作战飞机变成杀人机器的天才。在同伴们闲聊取乐时，他的脑海里却想着硝烟弥漫的战场，考虑着眼前的危险，分析着行动的步骤，估量着面临的挑战。李梅渴望战死沙场。每次执行轰炸任务时，他都要亲自带队。每当飞机起飞时，他的胃就会像被刀割似的痛。但他总是用牙咬着雪茄，尽力装出生气而不是疼痛的样子。最后，他的上司不得不命令他停飞，因为他对美军而言太重要了，不值得以身涉险。李梅最害怕的不是死亡而是失败。因此，他无情地训练着他的飞行员们，对其飞行要求极为严格。

这段描写看似酷炫，但却有违人性。事实上李梅的成功更多的是建立在其对美国陆军航空兵轰炸机飞行的把握，以及将基于统计学等数学模型引入了战略轰炸理念。针对此前美国陆军航空兵第 20 轰炸机总队从成都机场出击，从 8500 米至 9500 米高空投掷重型炸弹效果不佳等情况，李梅提倡将 B-29 重型轰炸机的飞行高度降低至 1500 米至 3000 米，并改以燃烧弹为主要攻击手段。

李梅的这一设想优点显而易见，但缺点也同样明显。由于降低了攻

欧洲战场的李梅（图中最右侧）

　　　　　　　　　　　　　　　　　　　　太平洋战争全史

击高度，B-29 重型轰炸机将必须面对日本陆、海军航空兵战机的围追堵截，大口径的高射炮也将对其造成威胁。但李梅的应对之道却是命人拆卸掉 B-29 重型轰炸机上所有机炮及其配弹，并减少油箱存油以便可以装载更多的燃烧弹。

1944 年 12 月 17 日，李梅指挥美国陆军航空兵第 20 轰炸机总队对中国武汉日租界展开空袭。如地毯般席卷和覆盖而来的 M69 型燃烧弹，成功地夷平了武汉的大半面积。而驻守当地的日本陆军第 8 飞行团，虽然出动了 18 架"四式"战斗机和 20 架"一式"战斗机展开拦截，但最终却似乎没有取得像样的战果。看着沿着长江绵延数千米的燃烧带，李梅更坚定了其采用燃烧弹低空轰炸日本本土的计划。

1945 年 1 月，美国陆军航空兵首先对京都等地实行小规模的燃烧弹攻击，在取得不错的战果之后，再逐渐加大空袭力度。1945 年 2 月 23 日至 24 日首次对东京采取大规模燃烧弹攻势，当晚 174 架 B-29 轰炸机在东京抛下大量凝固汽油弹，把东京约 2.56 平方千米的地方焚毁。

1945 年 3 月 9 日夜间，334 架 B-29 从关岛直扑东京，实行轮番地

空袭后几乎被夷为平地的东京市区

毯式轰炸，投下 2000 余吨燃烧弹。大量燃烧弹所产生的高温，令被空袭地区出现"火灾旋风"的现象（Firestorm，大火造成的灼热气浪与冷空气形成强劲对流风），令东京近 41 平方千米的地方被焚毁，相当于整座城市四分之一被夷为平地，其中 18% 是工业区，63% 是商业区，其余是住宅区。计划中的 22 个工业目标全部摧毁，26.7 万多幢建筑物付之一炬，上百万人无家可归，83793 人被烧死，10 万人被烧伤或呛伤。而在整个空袭过程中，美国陆军航空兵仅有 9 架 B-29 被击落，5 架负重伤并在海面迫降，其余 42 架受伤的战机全部安全返回了基地。

　　1945 年 3 月 9 日的轰炸可能是人类历史上最具破坏性的非核武空袭，而其所产生的巨大破坏力更可以和后来的原子弹爆炸相比。大火之后日本政府花了 25 天的时间才将烧焦的尸体清理完毕。而在空袭东京后不到 30 小时，317 架 B-29 轰炸机又飞抵名古屋的上空，使该市的飞机制造中心化成一团火焰。3 月 13 日，日本第二大城市大阪也遭到了 300 架 B-29 的轰炸，在 1700 吨燃烧弹的攻击下，约 20.7 平方千米的市区在 3 小时内焚毁。3 月 16 日，美军又轰炸神户，使其造船中心被摧毁。

　　在美国陆军航空兵轰炸的过程中，便有许多东京市民逃离出城。李梅更每每派出战机投下传单，通知下一步轰炸的目标，加深了日本民众的恐惧心理。仅东京就有上百万人逃往农村，工厂工人的出勤率不到从前的一半。轰炸东京及其他城市使日本战时经济陷入瘫痪。而面对美国人的狂轰滥炸，日本政府也没有很好的办法。

　　此时整个日本列岛除北海道外，日本陆、海军所拥有的防空战斗机约为 870 架，各型高射炮约 1200 门。光从数量上看似乎颇为可观，但实际的情况却是，日本陆、海军均缺乏有效的防空预警和侦察手段。由于没有足够的防空雷达，即便美国陆军航空兵以数百架规模的大机群来袭，日本方面也往往会出现严重的战略误判。

　　如 3 月 9 日美国陆军航空兵对东京展开大规模空袭的当天夜间，日本陆军部署在隶属于小笠原群岛的八丈岛上的短波雷达站曾一度侦测到美军的机群，并对东京方面发出了防空警报。但由于没有形成完整的雷达监控网络，最终竟做出了美军机群从房总半岛方面掠过东京外围撤走的错误判断，并做出了解除防空警报的决定。

由于日本陆、海军防空能力低下，日本民众只能到处挖掘被称为"防空壕"的简易防空洞自保

除了防空雷达数量较少且性能不佳之外，日本陆、海军航空兵部署在本土的战斗机之中，仅有海军方面的少数"月光"夜间拦截机和陆军方面的二式"屠龙"型昼夜两用型战斗机具备在黑夜之中拦截美军 B-29 重型轰炸机的能力。而日本陆、海军所装备的小口径地面防空炮火更是很难撼动那些体形硕大的钢铁鲲鹏。为此日本陆、海军一方面拿着已经分崩离析的纳粹德国方面的一系列图纸，研制出德国空军 Me163 "彗星"型截击机的日本山寨版"秋水"、Me262 "家燕"型战斗机的日本山寨"火龙"，甚至还试图研制出地对空导弹。另一方面则土法上马，想要单纯依靠扩大高射炮口径来提高其有效射程和杀伤力，研制出所谓"五式" 150 毫米重型高射炮。

比起武器方面的各种"不给力"，日本陆、海军各级防空部队在部署和指挥权限上的分配，也令防空作战的组织陷入多龙治水、难以合力的尴尬之中：此时本土（北海道以北除外）的防空作战任务，由防卫总司令官担任，东部、中部、西部各军司令官分别担任其防卫地区的防空任务。有关防空作战方面，各自受该地区的军司令官的指挥。高射炮师

日本海军"月光"夜间拦截机

团也在其隶属之下。但镇守府、警备府地区的局部防空工作，则与地面、海上的防卫工作一起，都是该地海军司令官的任务。也就是说不仅整个日本列岛的防空力量被人为地切割成多个独立的区域，其中还有明确的陆、海军之分。

　　具有讽刺意味的是，在日本面对美军的连番空袭全无招架之功的同时，一场异想天开的反击计划却悄然出笼。1942年4月，杜立特轰炸东京后不久，日本国内便出现了用航空或其他手段攻击美国本土的设想，并由此出现了研制超远程轰炸机"富岳"的疯狂设想。但且不说日本方面是否拥有研制、生产这种安装6台发动机、巡航2万千米以上的重型轰炸机的能力，即便"富岳"重型轰炸机真的研制成功，以日本军工系统的生产能力，其最终能够装备部队的数量可能也仅是为数不多的几架而已。

　　随着日本陆、海军在太平洋战场上的损兵折将，日本方面终于不得不忍痛中止"富岳"重型轰炸机的研制计划。但攻击美国本土的愚妄设想却不会就此终结。在无力研发远程轰炸机的情况下，日本军队选择用廉价的气球挂载炸弹去攻击美国本土。

　　日本陆军对"气球炸弹"可谓情有独钟，早在1933年日本关东军为了对抗远东地区的苏联红军，便曾设想过在中苏边境地带部署挂载有炸弹的小型气球，一旦日本与苏联方面兵戎相见，便利用风力投放这些炸弹对苏联国土纵深进行攻击。在这种设想下，已秘密地进行了技术上的研究。1943年，在东条英机的心腹佐藤贤了的推动之下，更进一步设想将伞兵部队利用气球空投到敌人阵地的后方进行侵袭。

由于苏联与日本方面始终处于僵持状态，因此这种"气球炸弹"的设想始终未能变成现实。而面对美军的狂轰滥炸，日本陆军方面不得不将这一设想转向了美国方面。不过关东军方面所研究的气球炸弹，最大攻击距离不过100千米，而要越过太平洋到达美国本土，必须有10000千米以上的飞翔能力。同时为了达到有稳定西风带的同温层，这些气球炸弹还必须拥有上升到10000米高空的能力。不过这些技术瓶颈在急于向美国人"复仇"的日本陆军看来，总比研制"富岳"重型轰炸机要简单一些。

最终在向来以各种堪比科幻小说的奇葩武器研究为主导的"登户研究所"（日本陆军"第9技术研究所"）和陆军中央气象部的通力合作下，日本陆军以雁皮纸和以鬼芋作原料的糨糊为主体，制成了高10米、直径5米的巨型气球，利用从每年11月到3月的冬季恒风，发动代号为"富（ふ）号作战"的军事行动，向美国本土投放"气球炸弹"。

日本陆军最初的设想是在每一枚挂载炸弹或燃烧弹的气球上安装高度调节装置，并每隔若干个夹杂一个装有无线电的气球，接收由此发出的电波，以测定气球的航行踪迹，尽力确认其到达情况。但是由于时间紧、任务重，最终"富号作战"沦为一场国民运动。东京都内的国技馆、日本剧场、东宝剧场、国际剧场等大建筑物都成为制造"气球炸弹"的兵工厂，并动员了裱糊匠、女学生甚至歌舞伎等参加工作。在这样的情况下，加装各种电子设备的设想自然也只能作罢了。

1944年9月25日，大本营下令，临时组建放气球的气球联队，由参谋总长直接领导，目的在于扰乱美国内部。主力部署在大津、勿来附近，另一部分在一宫、岩治、茂原、古间木附近的太

日本陆军方面研制的"气球炸弹"

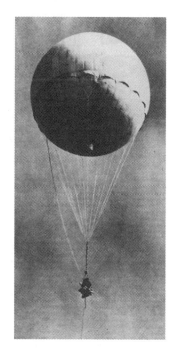

平洋沿岸展开；须在 10 月底以前完成对美国本土进行攻击的准备；同时命令陆军中央气象部与之密切配合。

1944 年 11 月至 1945 年 4 月间，日本陆军总计投放了约 9300 个"气球炸弹"。这些气球被释放后，能飞到 1 万米以上的高空，在风力的帮助下，最高飞行速度能达到每小时 193 千米。随着氢气慢慢泄漏，气球不断降低飞行高度，最终坠落。由于完全没有跟踪和控制装置，因此最终其中仅有 1000 个左右最终成功抵达目的地。尽管有些气球甚至最远抵达了堪萨斯州和得克萨斯州，甚至飘到了墨西哥和加拿大，但是其给美国方面造成的伤亡却非常有限。据说仅有 1 名家庭妇女和 5 个孩子在野餐中不幸被炸身亡。

尽管"气球炸弹"本身的杀伤力非常有限，但还是引起了美国方面的高度警惕，担心日本陆军会将这一攻击手段与其在中国东北秘密研制的生化武器相结合，因此一方面封锁着相关消息，另一方面则加紧了对日本本土的攻势。而日本大本营陆军部用尽了通过无线谍报和其他一切可以探知战果的手段，结果根据 12 月上旬收到的一两份情报判断，部分气球确实到达了美国本土，但后来却杳无反响，其战果不得而知。

（五）染血之旗——空前惨烈的硫磺岛战役

为了进一步加大空袭力度，摧毁日本本土的战争潜力，美国陆军航空兵渴望在塞班岛以东再获得一个更贴近日本列岛的前进基地，而美国海军太平洋舰队司令部也急切地需要从麦克阿瑟主导的菲律宾战场抽身而出，按照此前美国陆、海军在夏威夷会议中所约定的计划，跳过日本方面所控制的中国台湾、直趋冲绳。而在此之前即将重新接掌舰队的斯普鲁恩斯也倾向于先解除侧翼的威胁，攻占小笠原群岛。

1945 年 1 月 26 日，随着哈尔西向其麾下的舰队发出"我们已经把敌人撵出海面，赶回它的内防线，干得好极了"的通电，美国海军第 3 舰队在完成了支援菲律宾群岛登陆作战的行动之后，再度回到了乌利希环礁进行休整。虽然在过去的 3 个月时间里，哈尔西指挥舰队击沉日本陆、海军舰艇的吨位数，创造了美国海军历史上的最好成绩，但是由于在莱特湾海战中部署失当和此后在台风侵袭中的损失，哈尔西还是不得不将指挥权转交给斯普鲁恩斯，美国海军最大的航母战斗群也由此改回了"第5舰队"的番号。

对于此番前线指挥官的瓜代，尼米兹表面上虽然没有发表太多的意见，但在哈尔西和斯普鲁恩斯完成指挥权交割的同时，尼米兹将司令部由珍珠港搬迁到关岛的举动，却足以说明这位美国海军太平洋舰队司令此刻更希望能够尽快脱离那种官场的文牍气氛，尽可能在战胜日本的过程中扮演前线总指挥的角色。而从掌握舰队的角度出发，曾为尼米兹麾下参谋长的斯普鲁恩斯，显然要比哈尔西听话得多。

尼米兹将自己的司令部从夏威夷搬到了关岛，除了便于就近指挥美国海军主力舰队之外，另一个重要因素在于进一步强化美国海军与陆军航空兵之间的配合。在1943年到1944年的美国参谋长联席会议的历次决策之中，美国陆军航空兵都始终站在了美国海军这一边，力挺其从太平洋中部突入的战略计划。而美国海军作战部长欧内斯特·金赖以说服

相较于美国陆军航空兵重型轰炸机的巨大威力，美国海军舰载机部队的轰炸对日本城市的破坏力非常有限

美国陆军航空兵参谋长阿诺德的理由便是，如果美国海军控制了马里亚纳等太平洋中部岛屿，美国陆军航空兵便能够以之为基地，通过战略轰炸来摧毁日本方面的抵抗。而对于尼米兹来说，要以美国海军为主导迅速结束战争，自然不能缺少此刻以塞班、关岛等地为基地的美国陆军航空兵的支持。

对于以尼米兹为首的美国海军太平洋舰队司令部的入驻，美国陆军航空兵方面给予了热烈的欢迎，并随即提出一个现实的问题：此时美国陆军航空兵方面虽然已经启动了对日本本土的全面空袭，但其机群在小笠原群岛上空却每每遭到日本海军战斗机的拦截。尽管此举造成的实际损失不大，但却往往会破坏其轰炸机群所组成的严密队形。

因此在美国陆军航空兵看来，美国海军应该尽快消除硫磺岛当地的日本海军陆基战斗机群对自身的威胁。同时李梅等人也希望尽快将硫磺岛开辟为美国陆军航空兵的前进基地，以便其轰炸机在飞往日本途中受了损失可以在此紧急降落。1945 年 1 月 28 日，当美国海军第 5 舰队旗舰——"印第安纳波利斯"号重型巡洋舰（USS Indianapolis，CA-35）停靠塞班岛时，李梅等人在舰上向斯普鲁恩斯表示了"没有硫磺岛，我

斯普鲁恩斯的旗舰"印第安纳波利斯"号

太平洋战争全史

们不能有效地轰炸日本"的意见。

事实上对于美国军队可能会攻取硫磺岛的可能性，日本大本营方面也早已有所警觉。在日本方面看来硫磺岛虽然是一个东西长不过 8 千米，南北宽不过 4 千米，地表不断喷出硫黄瓦斯、地热很高（洞窟温度达 48 度）、严重缺水的窄小孤岛，但因为其距离东京和塞班岛直线距离各为 1200 千米，是小笠原群岛的核心岛屿。岛屿中部与南部建有机场，是连接已落入美军之手的马里亚纳群岛和日本首都之间的绝佳战略中继基地。美国军队一旦攻占该岛，便可以将东京及日本东部的重要地区悉数囊括进其攻击范围，同时美国陆军航空兵的轰炸机群可以有效得到战斗机的护航。

鉴于硫磺岛的战略性地位，日本方面预判美国海军将战线指向中国台湾或冲绳之前，必然将首先进攻此岛。尤其是在美国海军对该岛的攻击频率日益激化的情况下：从 1944 年 7 月塞班岛失守到 1945 年 1 月，美国海军舰载机部队对硫磺岛展开了 12 次大规模轰炸，出动战机 1269 架次。美国陆、海军陆基战机更曾空袭该岛 69 次，出动战机 1479 架次。此外更出动水面舰艇 64 艘次，对硫磺岛展开了 8 次炮击。基于上述情况，日本大本营方面认为美国方面最早可能在 1945 年 2 月便会发动对硫磺岛的攻击，必须尽早做好准备。

在 1944 年夏天所制订的"捷号作战"计划中，日本大本营方面曾将守备硫磺岛作为确保"绝对国防圈"中的重要一环，一度设想在美军来犯时，集中部署在日本东部的陆军教导航空军和海军的第 3 航空舰队对美国海军展开猛攻，在重创对手水面舰艇之余，再由陆军方面担任地面防御的所谓"小笠原兵团"击溃登陆美国海军陆战队，死守小笠原群岛，尽量拖长钳制敌军攻占硫磺岛机场，以利于日本陆、海军所谓"航空决战"。

日本陆军口中的"小笠原兵团"，指的是 1944 年 5 月以小笠原群岛"父岛要塞""母岛要塞"守备队为基础编组的第 109 师团及其后归入其指挥序列的海军硫磺警备队、第 204 设营大队、第 27 航空战队和南方诸岛海军航空队。作为日本陆军从日俄战争之后便苦心经营的海外据点，"父岛要塞""母岛要塞"可以追溯到 1921 年。不过在相关炮台工事启动后不久，"华盛顿会议"便全面限制了日本在本土之外修筑军事

日本陆军在父岛和母岛构筑的防御工事群

设施，"父岛""母岛"的要塞化工程也由此一拖再拖，直到1934年日本全面退出《华盛顿—伦敦条约》，才得以重新启动。但此时军事科技的发展，已经令"父岛""母岛"上基于传统对海防御的岸防炮台显得过时和简陋了。

太平洋战争爆发之后，原先被作为与美国太平洋舰队决战地域的小笠原群岛，一度不再受大本营方面的关注。部署于"父岛""母岛"上的守备队更长期处于无所事事的状态。直到1943年末美国海军在中部太平洋方面连续发动大规模攻势，日本海军方面才不得不重新评估小笠原群岛方向的防御能力。而直到此时日本陆、海军才发现其原先投入了无数人力、物力构筑的"父岛要塞"和"母岛要塞"，在强调"航空决胜"的时代全无用处。受到地形的限制，"父岛"和"母岛"均不具备建设大型机场的条件。要强化小笠原群岛的防御，只能在地形相对开阔的硫磺岛上做文章。

首批日本陆军所谓的"伊部队"（4883人）和海军方面的"硫磺岛守备队"（1362人）于1944年初进驻硫磺岛，并在这座岛屿的中部和西北部开始建设名为"千鸟"和"元山"的大型机场。1944年5月22日，日本陆军方面将"父岛要塞""母岛要塞"及硫磺岛上现有部队编组为第109师团，并委任赋闲已久的栗林忠道为师团长。

由于在硫磺岛战役中的表现，美国军方对栗林忠道赞许有加，更由于某些翻译方面的错漏，认为其"曾经是（日本）皇家警卫队的首脑"。但仔细研究栗林忠道的简历却不难发现此公在日本陆军之中仕途坎坷，被安排去硫磺岛与其说是看重"忠君体国"的"优良品质"，不如说是鉴于硫磺岛已成绝地的"拉人填坑"。

青年时代的栗林忠道

栗林忠道出身于一个武士家庭，据说自幼便品学兼优。1923 年于陆军大学第 35 期毕业时，成绩更位列全年级第二（第一名为 1942 年病逝的日本陆军总体战研究室技术部主任藤室良辅），因此获得了御赐军刀的殊荣。但是毕业之后加入骑兵部队的选择，以及 1927 年、1931 年先后出任日本驻美国、驻加拿大武官后以"知美派"自居，动辄便发表日本对美开战必败无疑的言论，都令其在日本陆军内部逐渐沦为"少数派"。

太平洋战争爆发后，栗林忠道虽然一度以第 23 军参谋长的身份参与了"香港战役"，但此战之后却并未受到进一步的任用，反而被派往国内，出任了"留守近卫第 2 师团"的指挥官。而正是因为有了这段经历，在美国人眼中栗林忠道成了所谓"皇家警卫队"的首脑。但事实上"留守近卫第 2 师团"不过是一支预备役部队，何况栗林忠道上任短短半年便因为师团厨房的一起意外失火而被迫辞职，转任毫无实权的"东部军司令部附"去了。

正是因为常年以来的投闲置散，栗林忠道格外珍惜这次前往硫磺岛的机会。他首先推翻将司令部设置于拥有完备防御工事的"父岛"或"母岛"，而是选择了直接置身于最有可能遭受美军攻击的硫磺岛，现场指挥战斗。当然栗林忠道这种身先士卒的做派多少也有几分无奈，毕竟第 109 师团的基干部队：第 1 混成旅团的前身是"父岛要塞守备队"，混成第 1 联队则由"母岛要塞守备队"改编而成。栗林忠道不将指挥部设在硫磺岛，自然就更难要求其他人上岛坚守了。

随着栗林忠道抵达硫磺岛，日本陆军第 109 师团的防御重点自然也向该方向转移。父岛要塞指挥官大须贺应首先带领第 2 混成旅团所部 5000 余名官兵紧跟栗林忠道的脚步，随后在鹿儿岛方向组建的步兵第 145 联队所部 2700 余人陆续也转运上岛。加上岛上原有的日本陆军"伊部队"及其他海军部队，狭小的岛屿上一时汇集了日本陆、海军两万余兵力。

除了不断调集兵力之外，日本陆军还不遗余力地向岛上调集重型武器。除了"父岛要塞""母岛要塞"原有的重型火炮之外，日本陆军还将曾计划用于中苏边境要塞守备的"九八式"重型迫击炮、新研制的"四式"200 毫米火箭炮和"四式"400 毫米火箭炮，也纷纷送上了硫磺岛。一时间硫磺岛上云集的火炮数量远远超出日本陆军现役师团的应有规模：

附表　硫磺岛日本陆、海军火力配备：

320 毫米重型迫击炮（九八式重型迫击炮）12 门

400 毫米火箭炮（四式四十厘喷进炮）、200 毫米火箭炮（四式二十厘喷进炮 1 型）70 门

150 毫米迫击炮（九六式中迫击炮、九七式中迫击炮）、81 毫米迫击炮（轻九七式曲射步兵炮）65 门

75 毫米野战炮（机动九〇式野炮）8 门

47 毫米反坦克炮、37 毫米反坦克炮 69 门

75 毫米以上的高射炮（八八式 75 毫米野战高射炮、八九式 127 毫米高射炮）94 门

20 毫米高射机枪（九八式高射机枪）、25 毫米高射机枪（九六式高射机枪）200 门以上

80 毫米以上的海岸炮 33 门

除了火炮之外，日本陆军还从关东军方面调集了装备有"九七式"中型坦克、"九五式"轻型坦克总计 28 辆战车的第 26 联队赶赴硫磺岛。

日本陆军研制的"四式"200毫米火箭炮

虽然中途运输船队遭遇美国海军潜艇"军曹鱼"号（USS Cobia, SS-245）的攻击而有所损失，但最终抵达硫磺岛的坦克总数仍有23辆。而这支部队的指挥官更是大有来头。战车第26联队长西竹一不仅贵为男爵，更是1932年美国洛杉矶夏季奥运会马术项目的金牌获得者。

日本陆军方面之所以如此重视硫磺岛，除了其在军事上的重要性之外，还有一个外人看来不可思议，但在凡事讲究形式主义的日本人看来格外重要的原因，那就是在很长一段时间里小笠原群岛的行政关系都隶属于东京都管辖，也就是说虽然硫磺岛距离日本本土千里之遥，但却是首都东京的一部分，那么"保卫硫磺岛"自然也就等同于"保卫东京"。

不过，无论是西竹一的贵族身份还是日本陆军战车第26联队的坦克，在孤立无援的硫磺岛上，都对大局于事无补。针对美军所拥的有海军和航空兵优势，栗林忠道认为如果在水际滩头建立防线，势必沦为对手的活靶子，因此硫磺岛的防御应以南部的折钵山为中心。在美军登陆之际，先利用折钵山的山体工事和连通全岛各地的坑道躲避美军方面的舰队炮击和战机轰炸。等待敌海军陆战队大举登陆之后，再以己方的炮火和坦克掩护步兵发动逆袭。

客观地说，栗林忠道的这一计划与山下奉文在吕宋岛对付麦克阿瑟的设想如出一辙。无非是在失去制空权和制海权的情况下，采取暂避敌美军远程火力之锋芒，乞灵于双方战斗距离拉近之后可以通过近战、夜战、游击战的模式灵活打击对手的想当然而已。不过栗林忠道的设想不仅因遭到了海军方面的反对，而不得不在以千鸟机场为中心的硫磺岛中部地区构筑防御工事，同时由于岛上到处是含有一氧化碳和硫黄的地表蒸汽，日军在修筑坑道作业时必须戴防毒面具，整体工程进度缓慢。到美军大举来袭之前，硫磺岛上以南部折钵山和北部元山为中心的陆军防御工事体系中计划构筑的 28 千米坑道阵地，仅完成了不足 70%。

1 月下旬，日本海军便通过无线电侦测，发现马里亚纳、乌利希岛礁方向的美国海军第 5 舰队的活动极为频繁。接着于 2 月 5 日，中部太平洋方面美国海军开始变更无线电呼号。这一不寻常的变化，被日本方面解读为一场规模空前的进攻正徐徐拉开帷幕。但事实上仅是因为美国海军方面完成第 3 舰队和第 5 舰队的番号转换而已。不过在向来行事谨慎的美国海军第 5 舰队司令斯普鲁恩斯看来，硫磺岛战役作为自己重返太平洋战场的美国海军一线指挥官行列的首秀，自然也力求完美。

按照斯普鲁恩斯的设想，硫磺岛登陆战继续由美国海军第 5 两栖军的凯利·特纳和霍兰·史密斯共同策划和指挥。克利夫顿·B.凯茨指挥

硫磺岛的海平面，左侧即为折钵山

美国海军陆战队第 4 师，凯勒·罗基指挥美国海军陆战队第 5 师，而美国海军陆战队第 3 师作为预备队。

战役发动之前，美国海军陆战队各部队的指挥员把准确的任务事先简略地告诉士兵，并且给他们看该岛的泡沫乳胶模型，模型上标明从空中拍摄的照片中看得见的日本方面的碉堡和炮位。并同时提醒所有士兵在模型之下，硫磺岛上还有无法侦察到的大规模的地下战壕和地下隧道网，美国人预计有这些东西遍布全岛，使硫磺岛等于现代的中古城堡。

美国人同样认为硫磺岛上最为坚固的"要塞"是岛屿南部的折钵山，并通过一系列的空中侦察基本确定了日本方面在折钵山一线修筑了 200 多个炮位和 21 个碉堡保卫着腹地，其火力覆盖该岛南部海岸唯一的登陆海滩上的黑色火山沙地。鉴于此，霍兰·史密斯将军相信要占领硫磺岛是十分艰难的，他希望美国海军舰队可以接连不断地进行 10 天的火力准备，以消灭日军的炮兵阵地。但由于尼米兹未能从麦克阿瑟手中

美国海军陆战队在硫磺岛的登陆计划

要来第 7 舰队的 6 艘老式战列舰，而美国海军第 5 舰队庞大的舰载机部队则要忙于对日本本土发动空袭，以阻止可能出现的"神风特攻队"的攻击，因此美国海军第 5 舰队对硫磺岛的打击力度远远达不到霍兰·史密斯这个"老疯子"的要求。关键时刻柯蒂斯·李梅勉为其难地受命把他的 B-29 重型轰炸机和 B-24 型轰炸机混编，从空中打击硫磺岛。

尽管美国海军方面对进攻硫磺岛的火力准备颇有微词，但在日本方面看来却已是灭顶之灾了。2 月 13 日，日本海军侦察机报告：由 170 艘舰船组成的美军舰队正在从塞班岛西方 80 海里的洋面向西北方向驶进。小笠原兵团立即下令准备作战。2 月 16 日，美国海军航母战斗群以千余架次的飞机袭击关东地方；另外，从这一天凌晨起，开始对硫磺岛进行猛烈的舰炮射击。

2 月 18 日，为了破坏沿岸阵地和机场，美国海军进行了大规模的舰炮射击。2 月 19 日上午 8 点，美国海军陆战队在 3 艘战列舰、9 艘巡洋舰、30 艘驱逐舰的舰炮射击和 5 艘航母舰裁机的轰炸掩护下，以 120 艘登陆艇展开庞大的编队，向硫磺岛东南部地区发动抢滩登陆作战。

按照日本方面的说法，美军为了准备登陆，用舰炮对沿岸阵地发射了约 8000 发"巨型炮弹"。上午 11 点左右，登陆兵力已达 1 万人，坦

美国海军陆战队庞大的登陆集群

太平洋战争全史

克 200 辆以上。面对美国海军陆战队的大举登陆，日本陆军几乎毫无还手之力。但还是妙笔生花，塑造了不少英雄形象：

"我守备队冒着这批敌人的猛烈炮击与轰炸，以岸边阵地的部队和炮兵火力，果敢地加以反击。其中特别是第 8 独立速射炮大队小队长中村少尉与第 12 独立速射炮大队长早内大尉奋勇亲自操炮射击；中村少尉击毁敌坦克 20 余辆，早内大尉击毁敌坦克数辆。早内大尉还抱着炸药逼近坦克进行肉搏战，最后都壮烈牺牲。"

不过这些洒狗血的桥段，并不能改变对日本方面不利的战局。尽管在日本陆军各型速射炮、平射的高射炮的火力之下，美国海军陆战队在硫磺岛的滩头阵地损失了 28 辆 M4 "谢尔曼" 中型坦克，伤亡超过 2000 人，但还是建立起了稳固的滩头阵地，并于 2 月 20 日攻占日本海军驻守的 "千鸟" 机场，将硫磺岛拦腰截断。残余的日本陆军被迫退守南段的折钵山和北线的元山机场一线。

2 月 21 日，日本海军从千叶县香取基地出动 "彗星" 俯冲轰炸机 12 架、"天山" 鱼雷攻击机 8 架，在 12 架 "零式" 战斗机的掩护下，以 "神风特攻队" 第 2 "御楯队" 的名义向美国海军发动自杀式撞击作战。而此轮攻击不仅被日本方面视为 "本土特攻" 的滥觞，更因为在攻击之前，驻守木更津的日本海军第 752 航空队出动 2 架 "一式" 陆基攻击机在美国海军舰队上方抛洒大量的锡箔，成功地干扰了对方的雷达系统。

"神风特攻队" 趁乱突入，一举取得了击沉美国海军护航航母 "俾斯麦海" 号（USS Bismarck Sea，CVE-95）、重创舰队航母 "萨拉托加" 号（USS Saratoga，CV-3）、护航航母 "隆加角" 号（USS Lunga Point，CVE-94）的辉煌战果。但即便是这样的损失，对于斯普鲁恩斯麾下的美国海军第 5 舰队而言也谈不上伤筋动骨，相反坚定了其更快拿下硫磺岛的决心。

针对折钵山方面日本陆军守备队始终对美军滩头阵地构成威胁，美国海军以陆战队第 5 师所属第 28 团为主力对这座孤立的要塞展开围攻，在倾泄了无数的炮弹和炸弹之后，折钵山方面的日本陆军的重型火力被悉数摧毁。但残余的守军依旧龟缩于坑道之中，试图负隅顽抗。美国海军陆战队在占领折钵山顶之后，通过向日军设置的通风口投入黄磷发烟弹或直接用火焰喷射器焚烧等手段瓦解了日本陆军的抵抗。

美国海军陆战队以 37 毫米反坦克炮平射折钵山

　　2 月 23 日上午 10 点 15 分，美国海军陆战队第 5 师在折钵山顶竖起了代表美国的星条旗。此时硫磺岛上的战斗虽然还在继续，但由于折钵山的特殊地理位置，这一举动还是成功地提升了参战的所有美军官兵的士气。随军记者乔·罗森塔尔（Joe Rosenthal，1911—2006 年）敏锐地捕捉到了这一历史的瞬间，创作了日后脍炙人口的摄影作品《国旗插上硫磺岛》。

　　夺取折钵山之后，美国海军陆战队随即向硫磺岛北部发起了总攻。从 2 月 23 日至 3 月 3 日，硫磺岛中央地带日、美两军反复进行了寸土必争的殊死攻防。2 月 26 日前后，由于主阵地一带被美军蚕食，田原坂、城山等阵地失守，日本陆军被迫收缩阵地，退到玉名山、东山地区、北部落、漂流木附近的独立据点，采取持久战的方针。美国海军陆战队则调整部署，以第 3 师和第 4 师为第一线，将陆战队第 5 师作为预备队，继续发动猛攻。

　　3 月 2 日，经过 2 天的激战之后，日本陆军大部分火炮和坦克均被破坏，各级军官死伤达 65%，兵员减为 3500 人，已经很难再进行有组织的战斗了。3 月 5 日，栗林忠道将残存兵力之主力集结于北面的第二

今天《国旗插上硫磺岛》的造型不仅成为美国精神的象征，更成为一种军旅文化的符号

道防线，准备进行最后的战斗。但随着 3 月 13 日美国海军陆战队步步进逼，栗林忠道无奈之下决定烧毁军旗。并于 3 月 17 日打电报给大本营，发出所谓"诀别之辞与辞世之歌"：

战局终于面临最后关头。卑职定于 17 日午夜，亲赴前线，祈求皇国必胜与安泰，率全军断然进行悲壮的总攻。敌军进攻以来，以其难以想象的物质优势，由空、海、陆向我军进攻；对此，我军不断进行拼死战斗，这是卑职聊堪自慰的，部下将士的奋战足以感天地而泣鬼神。然而，在顽敌猛攻面前，将士相继战死，卒至辜负对我的期望，把这些重要地区被迫委诸敌手，实不胜惶恐之至，深致谢罪之忱。尤思不夺还本岛，则皇土永无宁日；为此，纵化为鬼魂，亦誓率皇军卷土重来。当此弹尽粮绝、生存的全部将士拟作最后的战斗时，痛感皇恩浩荡，虽粉身碎骨，亦在所不悔。兹告永别。

一般认为，栗林忠道在 3 月 17 日夜战死于对美军发动的自杀式冲锋之中，但西竹一等残存的日本陆军军官却仍继续战斗到 3 月 22 日左右。据说西竹一还拼凑出了一个车组，驾驶着缴获来的一辆 M4 "谢尔曼"中型坦克在岛上到处伏击落单的美军士兵，直到最后被数辆美军坦

美国海军陆战队士兵在检查硫磺岛俘获的日本陆军"九五式"轻型坦克

克合围，才最终战死在了被击毁的坦克之内。但这一说法没有得到任何美方史料的证实。

栗林忠道的诀别电报写得虽然感人，但日本陆军并无心为其悲伤。在硫磺岛战斗结束之后，日本陆军一方面宣布此后对小笠原群岛的守备，由父岛守备队长立花芳夫中将负责指挥。另一方面密切关注着美国海军的下一步动向，因为可以断定，美军下一步的进攻将把矛头指向中国台湾或者冲绳方面。

第三章　战冲绳

（一）帝国门户——冲绳的地理位置及日本陆军的布防计划

　　连接在台湾和九州岛之间的琉球群岛绵延 1000 多千米，由奄美群岛、冲绳群岛、庆良间列岛、宫古群岛、八重山群岛的大大小小 55 个岛屿组成，冲绳为第一大岛，面积约有 1204 平方千米。若从地理位置来看，冲绳是日本防卫本土的重要环节，在马里亚纳群岛和小笠原群岛皆陷落的情况下，冲绳更是被看成了日本的"国门"。若是国门不守，让美军攻占冲绳，那么其航空部队打击范围不但覆盖中国台湾、中国沿海，还将对日本本土构成致命威胁。最为重要的是，赖以维持生存的通往南洋的海上交通线将会被彻底切断。而若从地形而言，冲绳岛的确很

卫星镜头下的冲绳本岛

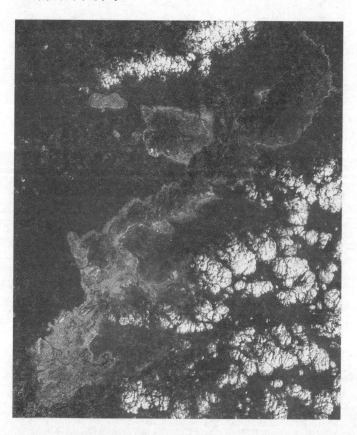

太平洋战争全史

利于部署防御——全岛地形崎岖，不利于机械化运动，加之到处都是密布的石灰岩洞穴，极为便于藏兵。

然而太平洋战争刚刚开始时，日本陆军并没有在冲绳岛实施部署，直至 1944 年，在战火已经烧近了本土、大本营开始"绝对国防圈"决战准备的情况下，冲绳才开始了防御准备。当年 2 月，日本陆军第 32 军成立，渡边正夫出任军司令官。但这个时候，第 32 军的主要任务是进行机场修筑以及岛屿警备。当年 4 月，海军设置了冲绳方面根据地队，司令官兼任第 4 海上护卫队司令官，负责九州、冲绳之间的航线护航任务。到了 7 月，塞班岛陷落，日军开始重点加强冲绳岛的防守兵力和防御工事，由陆军士官学校校长牛岛满中将出任军司令官。

至于使用兵力，大本营先是从关东军抽调了第 24 师团。该师团于 1939 年 10 月 6 日在哈尔滨编成，由熊本师管区担任补充，通称号为"山"，编入第 5 军建制，担负"国境"警备。至冲绳时，下辖步兵第 22 联队、步兵第 32 联队、步兵第 89 联队、搜索第 24 联队、野炮兵第 42 联队、工兵第 24 联队、辎重兵第 24 联队，以及师团通信队、制毒队、兵器勤务队、防疫给水部、第 1 野战病院、第 2 野战病院等，师团长为雨宫巽中将，参谋长木谷美雄大佐。

继而又将第 62 师团调派到冲绳，该师团通称号为"石"，1943 年 5 月，方才由独立混成第 4 旅团、独立混成第 6 旅团各抽调一部在中国山西省的太原完成编组，属于治安师团性质，由京都师管区负责补给担当。该师团编成后，编入第 1 军所属，驻屯山西省东部实施警备。1944 年 3 月，"一号作战"实施时，参加了京汉线作战。5 个月之后，第 62 师团奉命调入第 32 军建制下，驻屯冲绳本岛，下辖步兵第 63 旅团（独立步兵第 11、第 12、第 13、第 14 大队）、步兵第 64 旅团（独立步兵第 15、第 21、第 22、第 23 大队）及师团通信队、工兵队、辎

冲绳战役前夕的日本陆军第 32 军司令牛岛满中将

重队、野战病院等。

　　此外，第 32 军的建制内还有独立混成第 44 旅团。该旅团是 6 月 3 日才在九州的熊本县编成的，由鹿儿岛第 45 联队留守部队的第 1 步兵队、都城步 23 联队留守部队的第 2 步兵队为基干编成，通称号为"球"，由熊本师管区担任补充。6 月 27 日，独立混成第 44 旅团奉命向冲绳实施船舶输送，其中两个步兵队及独立混成第 45 旅团一部，共计 4600 人搭乘"富山丸"，旅团司令部及炮兵队、工兵队等直属部队搭乘其他船只。两天之后——6 月 29 日，排水量 6000 吨的"富山丸"在德之岛外海被美国海军 SS-17"鲟鱼"号潜艇击沉，3724 名军人命丧大洋，步兵炮、速射炮等重装备也丧失殆尽。

　　大量的损失，使得日本陆军不得不将第 1 步兵队复员解除，转而代之以独立混成第 15 联队——该联队是 6 月 24 日，以驻屯千叶县佐仓的近卫步兵第 10 联队第 1、第 2 大队为基干，加上近卫工兵联队补充队作为工兵中队，合编而成的。从 7 月 5 日至 12 日，独立混成第 15 联队被陆续空运到冲绳岛、伊江岛，与独立混成第 44 旅团合编。与此同时，以本土调派来的官兵为基干，外加现地召集的当地士兵，独立混成第

从 1941 年"珍珠港"事件后便几乎始终奋战在一线的美国海军 SS-17"鲟鱼"号潜艇

44 旅团重建了其第 2 步兵队。

不过最为牛岛司令官寄予厚望的，还是通称号为"武"的第 9 师团。作为中日甲午战争后，日本陆军于 1898 年增设的 6 个师团之一，第 9 师团的士兵主要来自富山、石川、福井等县，金泽师管区提供补充担当。1904 年，日俄战争爆发后，第 9 师团在师团长大岛久直中将的率领下，"出征"辽东，编入乃木希典大将的第 3 军，参加了血腥的"旅顺攻击战"及奉天会战。战后，师团还曾一度驻屯朝鲜半岛。在当时，第 9 师团与第 18 师团（久留米市）甚至被陆军内部称为"陆军精锐双璧"。

大正十年（1921 年），第 9 师团参与西伯利亚出兵。昭和七年（1932 年）1 月爆发的第一次"上海事变"，第 9 师团又一次奉命出阵。只是挨了中国陆军十九路军及第 5 军的一通暴打，步兵第 6 旅团所属步兵第 7 联队更是被打得灰头土脸，联队长林大八大佐被击毙，所属第 2 大队的大队长空闲升少佐被俘事件，更是震动高层。

1935 年，第 9 师团移驻"满洲"，实施所谓"驻剿"任务，直到

今天的第 9 师团部所在地遗址

1937年2月方才回国。然而短短不到半年，"卢沟桥事变"爆发，一个月之后，"八一三"淞沪战事爆发，在第3、第11师团苦战而无进展的情况下，第9师团再次被动员，与第101师团等部队编入松井石根大将的上海派遣军。

由于淞沪战场上，中国军队抵抗极为顽强，因此上海军各部尽皆遭到极为惨重的伤亡，第9师团也不例外。胶着的战事直至柳川平助中将所率的第10军在杭州湾登陆，方才得以改变。随着中国军队开始撤退，上海军也随即向南京发起了进攻，第9师团沿着"京沪线"一路西进，率先进抵南京城下。南京陷落之后，第9师团还参加了徐州会战、武汉会战，直至1939年6月方才回国。次年8月，第9师团移驻"满洲"，担负对苏备战。与此同时，考虑到常设师团中的8个都永久驻屯在"满洲"，陆军决定以常设师团的留守部为基干，编成6个师团，第9师团的留守部编成了第52师团。

这期间，第9师团还调出步兵第36联队，与第3、第30联队及山炮兵第28联队等部队一起在新京（长春）编成了第28师团。如今该师团也编入第32军序列中，正在师团长纳见敏郎中将的指挥下，分散部署在琉球的其他岛屿上——驻屯宫古岛的第28师团主力及独立混成第59旅团、第60旅团和驻屯石垣岛的独立混成第45旅团编成"先岛集团"，大东岛守备队为第28师团所属步兵第36联队一部，他们将与冲绳岛上的第32军主力及作为奄美守备队的独立混成第64旅团，共同防御琉球群岛。

长期驻屯齐齐哈尔、哈尔滨等地的第28师团是1944年才被转用于南方的。美军登陆塞班岛时，陆军计划派遣第28师团所属的步兵第36联队增援塞班岛，但直到守军全军覆灭，步兵第36联队也没有能够登陆塞班岛。第9师团同样最初也是准备用于塞班岛方向的，塞班守军"玉碎"之后，第9师团被编入第32军建制内，担当冲绳岛的防卫。

当第9师团25000多名官兵在师团长原守中将的率领下，抵达冲绳，并在南部地区开始构筑阵地时，第32军司令部从军司令官牛岛满中将以下，无不对"武"师团的到来抱以极大期望。高级参谋八原博通大佐甚至在制定冲绳防卫计划时，拿出了以第9师团为中心，在滩头给美军登陆部队以致命一击的方案——以冲绳岛中部的机场为核心防御地带，先以海军、陆军航空队的特攻来削弱美军力量，然后再集中以第 9 师团为主力的作战兵力，将登陆美军部队消灭在水际滩头。

然而，就在第 32 军积极备战之际，1944 年 10 月，在道格拉斯·麦克阿瑟率领下，美国陆军第 10 军、第 24 军发起了"菲律宾群岛战役"。日方大本营随即启动了"捷一号"作战，向菲律宾增派陆海军部队与美军决战。原来配置在台湾的第 10 师团被派遣到菲律宾。

与此同时，大本营陆军部（原陆军参谋本部）认为，如若美军夺取菲律宾，则接下来会转用兵力于中国台湾方向。显然日本陆军高层认为，美军在太平洋战场上屡屡实施"蛙跳"，虽然绕过了拉包尔等重兵集结要地，但"米英鬼畜"此番似乎不太可能绕过中国台湾，因为夺取了中国台湾，美国人无疑是获得了一个极具价值的基地。从这里起飞的 B-29"超级堡垒"轰炸机将直接对本土构成极大威胁。出于这一想法，大本营有意将防御重点放在中国台湾地区。11 月 13 日，大本营及陆军第 10 方面军司令部，下令从冲绳抽调一个师团前往台湾，以填补第 10 师团被转用菲律宾之后留下的空缺。最终，决定派遣第 9 师团。

虽然第 32 军司令部方面坚决反对将第 9 师团转用于中国台湾方向，军司令官牛岛满中将甚至认为，第 9 师团调走之后，冲绳一旦遭到攻击，则后果难以预料。但反对意见是没有任何作用的，第 9 师团从 12 月中旬开始，向台湾转运，这等于是削弱了第 32 军三分之一的兵力。同时被抽调走的还有中型迫击炮第 5 大队、第 6 大队（总计装备 150 毫米迫击炮 24 门，这两个大队的调走对于第 32 军炮兵队实施"桥头

战后为美军所缴获的日本陆军 150 毫米口径迫击炮

堡歼灭设计"的构想影响很大）。

就在第9师团等部队调往中国台湾的同时，新任大本营陆军部（参谋本部部长）作战部长宫崎周一中将在确认"捷一号"作战失败的同时，下令放弃"岛屿攻防作战，全力准备实施本土决战"。根据这一战略变更，今后所有的兵力和作战物资都将会集中在本土，为接下来的"本土决战"做准备。

此外，根据1945年1月《帝国陆海军作战计划大纲》中直接明确的"冲绳战斗必须实施持久作战，以为本土战备争取时间"这一战略，所以从一开始，冲绳就被作为"弃子作战"来使用。为此，宫崎作战部长甚至撤销了前任真田穰一郎的指示——"派遣第84师团进驻冲绳，以填补第9师团转用台湾后的兵力空缺"。

原本第32军是计划在冲绳岛中部的两个机场（北机场和中机场，也即今天读谷机场和嘉手纳机场）为防御核心，歼敌于滩头，现在第9师团抽调走了，第84师团的增派也被叫停了，根本无法集中优势兵力，实施机动决战——也就是在滩头决战的方案。于是军司令官牛岛满干脆放弃原来的作战方案，同时舍弃了机场地区的防御，转而收缩兵力实施

日本陆军预想的冲绳本岛防御计划

集中防御——他计划进行本岛南部的持久战。

为了实施这个方案，在本岛中部配置的第 24 师团向南部移动，而在中部，只留下了一些象征性的小部队。南部地区是牛岛的决战战场，他的作战方针是将美军诱至得不到海空火力支援的纵深，继而依托筑垒地带实施持久防御，消耗美军兵力。80% 的兵力都集中在了以首里为中心的南部地区，这些部队构筑了 3 道防线：

1. 牧港防线——西起牧港，东至中城湾的西原町；

2. 首里防线——西起那霸，中间经过首里，东至同样是位于中城湾的与那原町的；

3. 与座岳防线——北起那霸机场南面附近，向南经系满町，在南端拐向北到达港川，又沿着海岸继续由北而西，到达首里之南，这条防线以与座岳防为防御核心。

这个方案其实出自第 32 军司令部高级参谋八原博通大佐之手。他在研究了之前的塔拉瓦、塞班等地的作战后认为，美军一旦掌握了绝对的制海权和部分制空权，守军若集中防御滩头，则很容易被美军航空兵及舰炮火力覆盖杀伤，如果想要持久防御，那么只有放弃滩头作战，转入山岳间沟壑纵横的纵深防御，让美军尽可能地多流血——这是冲绳作战最好的选择。其实八原博通的这个方案和山下奉文在菲律宾的作战、

体现八原博通大佐"寝技"战术的冲绳伊江城山工事群

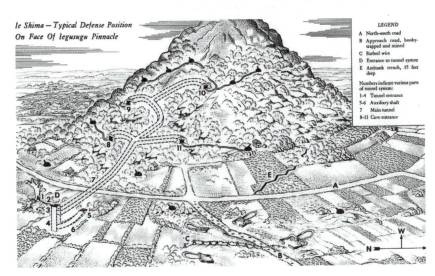

栗林忠道在硫磺岛的作战，极为相似。这两场作战，都让美国人吃够了苦头，付出了极大伤亡。

然而，要想"打疼"美国人，部队的"战力"是关键。本岛守备队的主力是第 24 师团，该师团是从关东军的建制内转调而来的，官兵素养较好，武器装备也较好，虽然并不如精锐的第 9 师团，但所辖野炮兵第 42 联队到底是有 12 门四年式十五厘（149 毫米口径）榴弹炮、16 门九一式十厘（105 毫米口径）榴弹炮以及 8 门九五式 75 毫米口径野炮，此外还有步兵联队所配置的步兵炮、迫击炮、速射炮。

相比之下，第 62 师团就相对较弱。该师团是警备用师团（治安师团）编制，由于长期在中国蹲炮楼，"石兵团"除了在"华北治安战"中丰富了"游击战"经验之外，并没有太多野战作战能力，也根本没有什么火力可言，该师团甚至没有山（野）炮兵联队的编制。至于独立混成第 44 旅团，"富山丸事件"让该旅团损失极为惨重，但配置了九一式十厘榴弹炮的旅团炮兵队，以及补充的独立混成第 15 联队，却拥有一

1937 年炮击中国首都南京的日制四年式十五厘榴弹炮

太平洋战争全史

定的远程火力（独立混成第 15 联队下辖第 1、第 2、第 3 大队，及工兵中队、联队炮中队、速射炮中队）。

这些火力显然不够，大本营为了增加冲绳的防御力量，决定增派一些火力支援第 32 军。但本土防御同样重要，加之 时也难以从现有部队抽调火力，最终决定将第 1 师团建制下的横须贺重炮兵联队（要塞炮兵）所辖"突如炮兵学校"转为野战炮兵，支援冲绳。尽管"突如炮兵学校"是为横须贺重炮兵联队培养要塞炮兵的，然而校内存有的重炮并没有几门，最终只是凑出了 8 门八九式十五厘榴弹炮，编为两个中队，以"独立重炮兵第 100 大队"的番号出阵了。

此外，野战重炮兵第 1 联队也奉命抽调部队，一起派遣到冲绳——该联队是大正七年（1918 年）5 月，从东京湾要塞所属的要塞炮兵联队中抽调 2 个大队，在横须贺组建而成，大正十年编成完毕，第二年（1922 年）8 月移驻千叶县国府台，编入第 1 师团所属野战重炮兵第 3 旅团。联队最初配置三八式十二厘榴弹炮，后又配置四年式十五厘榴弹炮，昭和十三年（1938 年）装备了最新锐的九六式十五厘榴弹炮。1939 年，诺门罕战事爆发后，该联队抽调了 6 个中队紧急增援第 23 师团，但面对苏联红军的机械化部队，增援部队损失极为惨重。战后，野战重炮兵第 1 联队转驻中国黑龙江省的神武屯整编。昭和十六年（1941 年），联队编入第 14 军，参加了菲律宾作战。

此番，野战重炮兵第 1 联队抽调了联队部及第 1 大队、第 2 大队，携带 12 门九六式十五厘榴弹炮前往冲绳。其中联队本部及第 2 大队部署在冲绳本岛，第 2 大队则配置在宫古岛，他们将与第 1 师团野战重炮兵第 3 旅团抽调的野战重炮兵第 23 联队的 24 门九六式十五厘榴弹炮一起，构成第 32 军的主要打击火力。

为了统一指挥，包括第 24 师团所属野炮兵第 42 联队、独立混成第 44 旅团炮兵队、独立重炮兵第 100 大队、野战重炮兵第 1 联队、野战重炮兵第 23 联队及各步兵联队、各步兵大队的联队炮、大队炮及速射炮在内的诸炮兵部队都归新设立的第 5 炮兵司令部统辖指挥，和田孝助中将出任司令官。

至战事开始前，第 32 军司令部下辖炮兵建制为：

日本陆军用于要塞防御的九六式十五厘榴弹炮

第5炮兵司令部（司令官和田孝助中将）：

野战重炮兵第1联队，配置12门九六式十五厘榴弹炮

野战重炮兵第23联队，配置24门九六式十五厘榴弹炮

重炮兵第7联队，由海军炮队组成，配置海军加式2门十二厘速射加农炮、8门75毫米口径野炮

重炮兵第8联队（配置不详）

独立重炮兵第100大队，配置8门八九式十五厘榴弹炮

独立白炮第1联队，配置24门九八式320毫米口径白炮、6门九七式90毫米口径轻迫击炮

迫击第42大队（配置不详）

独立迫击炮第1大队、第2大队，共计有96门九七型曲射步兵炮

独立速射炮第3、第5、第7、第22大队，独立速射炮第23、第32中队，共计配置54门一式机动47毫米口径反坦克速射炮

第24师团野炮兵第42联队（联队长西泽勇雄大佐）

独立混成第44旅团炮兵队（原秀男大尉）

第21野战高射炮队司令部

野战高射炮第79、第80、第81大队，独立高射炮第27大队，共计配置72门八八式七厘野战高射炮

　　机关炮第103、第104、第105大队，配置54门九八式高射机关炮

　　特设第47、第48、第49机关炮队，全部配置九六式25毫米口径高射机关枪

　　战车第27联队（由战车第2师团搜索队改编）

　　炮兵中队，配置四辆机动九〇式野炮

澳大利亚陆军在新几内亚战场缴获的日制九〇式野战炮

（二）破门者——美国陆、海军发动冲绳战役的相关准备

美国陆军第 10 军团司令小西蒙·玻利瓦尔·巴克纳中将

其实在 1944 年 10 月，美国参谋长联席会议就向太平洋战区下达了攻占冲绳岛的指令。遵照这一指令，太平洋战区总司令兼太平洋舰队总司令切斯特·尼米兹就立即开始组织有关人员筹划这一作战。参加此次作战计划制定工作的有第 5 舰队司令雷蒙德·阿姆斯·斯普鲁恩斯海军上将、中太平洋战区两栖部队司令里奇蒙德·凯利·特纳海军中将、陆军第 10 军团司令小西蒙·玻利瓦尔·巴克纳中将等人。

1945 年 1 月 3 日，参谋长联席会议正式批准了冲绳岛作战计划，2 月 9 日又批准了具体的登陆计划——登陆日确定为 1945 年 4 月 1 日，陆军第 10 军团为作战主力，该军团辖有陆军第 7 步兵师、第 27 步兵师、第 77 步兵师、第 81 步兵师，海军陆战队第 1 师、第 2 师、第 6 师及陆军第 96 持续保障旅等部队。

其中海军陆战队第 1 师、第 6 师编组成的海军陆战队第 3 两栖军，将在罗伊·盖格少将指挥下，配合约翰·R. 霍奇的陆军第 24 军（第 7、第 96 步兵师），作为地面作战主力，而陆战 2 师、第 27 步兵师、第 77 步兵师则作为预备队使用——具体分任务分配为：陆战 2 师为第 10 集团军预备队；陆军第 27 步兵师为留船预备队；陆军第 77 步兵师在攻占庆良间列岛和伊江岛后，作为战役预备队；陆军第 81 步兵师则是总预备队，在新喀里多尼亚岛待命。

太平洋战区两栖部队司令里奇蒙德·凯利·特纳海军中将负责指挥联合远征军（登陆编队），将陆战队员及陆军官兵送上岸。这支编队由约 500 艘登陆舰艇所组成，此外还有 28 艘快速航母（护航航母）、10 艘战列舰、14 艘巡洋舰、74 艘驱逐舰、76 艘护卫舰及 800 多架飞机组成

的护航及支援力量，如果算上后勤保障和运输船，共计有1300多艘舰船。而这还只是规模庞大的盟军舰队中的一小部分，第5舰队司令雷蒙德·阿姆斯·斯普鲁恩斯海军上将麾下的马克·米切尔中将指挥的第58特混编队是实施海空作战支援的主力，编队下辖第58.1、58.2、58.3、58.4特遣大队，舰队航母11艘、轻型航母6艘，以及8艘战列舰、18艘巡洋舰和56艘驱逐舰，搭载舰载机1300余架。

除此之外，英国皇军海军太平洋舰队，也加入作战——1944年，皇家海军就开始向印度洋集结主力，北角男爵布鲁斯·奥斯丁·弗雷泽上将为太平洋舰队司令，菲利浦·维安爵士出任第1航空母舰分队司令，他麾下的"不挠"号、"光辉"号、"胜利"号和"不倦"号航空母舰是舰队的核心，伯纳德·罗林斯海军中将坐镇"英王乔治五世"号战列舰作为战场指挥官。其他部队还白第3、第4巡洋舰分队，以及第4、第7、第24、第25和第27驱逐舰分队。

登陆冲绳的作战代号被命名为"冰山"，意为如此庞大的参战兵力，仅仅是冰山露出水面的一角，犹如冰山水下部分的更大规模的力量将在进攻日本本土时才会出现。

"冰山计划"的制定者们认为，投入总兵力达54.8万人、各种舰艇

重返太平洋的英国皇家海军急于彰显存在感

1500 余艘、飞机 2000 余架，足够压垮冲绳岛上的日本人了。当然，他们有足够的理由来证明，海军陆战队第 3 两栖军所属的部队无一不是精锐。陆战 1 师从组建之后，先后参加了 1942 年 8 月至 1943 年 2 月发生的瓜达尔卡纳尔岛战役、1943 年 11 月至 1944 年 3 月发生的布干维尔岛战役、1943 年 11 月的格洛斯特角登陆战及热带丛林战役、1944 年的贝里琉岛争夺战、1945 年 2 月 16 日至 3 月 26 日发生的硫磺岛战役。

美国海军陆战队第 6 师是以 1944 年 5 月编成的第 1 陆战队临时旅（第 4、第 22 陆战团为基干）于 1944 年 7 月组建的，该旅曾经参加了塞班岛战役。1944 年 9 月，在编入了第 29 陆战团之后，组成了三个陆战步兵团及第 15 陆战团（炮兵）为基干的陆战 6 师。

陆军第 24 军所辖第 7 步兵师，组建于第一次世界大战期间，1940 年重建，下辖第 17、第 32、第 184 步兵团及第 31、第 48、第 49、第 57 野战炮兵营，此外还有第 13 工兵营、第 7 通信连、第 707 军需连、第 7 后勤连、第 7 侦察连、第 7 医护营等直属部队，曾经在阿图岛、夸甲林、菲律宾经历过战火考验。此番作战，还配属了第 711 坦克营、第 776 水陆两栖战车营、第 718 水陆两栖履带车营、第 536 水陆两栖履带车营、第 91 化学连。

第 96 步兵师成立于 1942 年，下辖第 381、第 382、第 383 步兵团，第 361、第 362、第 363、第 921 野战炮兵营，第 321 工兵营、第 96 通信连、第 796 军需连、第 96 后勤连、第 96 侦察连、第 321 医护营等直属部队，配属第 763 坦克营、第

久经战阵的美国海军陆战队第 1 师老兵

780 水陆两栖战车营、第 715 水陆两栖履带车营、第 536 水陆两栖履带车营，该师刚刚参加了莱特岛战役。

至于预备队陆战 2 师、第 27 步兵师、第 77 步兵师也都是精锐：陆战 2 师所辖的陆战 2 团于 1913 年 6 月在宾夕法尼亚州费城的海军造船厂内成立，成立之初命名为第 1 前线基地团，翌年即 1914 年更名为前线基地部队第 1 团，1916 年更名为第 1 旅第 2 团，此后又于 1933 年再次改名为海军陆战队第 2 团，1934 年 8 月被解散。二战爆发后，陆战第 2 团于 1941 年 2 月在加利福尼亚州圣地亚哥被重建，划归到当时新成立的海军陆战队第 2 师旗下。

陆战 6 团于 1917 年 7 月在匡提科基地组建，同年被派遣到法国参加一战，1919 年 8 月被解散。此后该团历经变迁，于 1921 年被重建，1925 年被解散，1927 年再次被重建，但两年之后的 1929 年再次被解散，此后于 1934 年又一次重建，并在 1941 年划入陆战 2 师建制。陆战 8 团也是 1917 年组建的，但 1919 年 4 月被解散，一年后重建，后于 1925 年被解散，二战开始后，该团于 1940 年被重建。绰号"火球部队"的陆战 10 团（炮兵）成立于 1914 年 4 月，该团也是海军陆战队中从未被解散的团级部队中历史最长的一个。以这三个陆战团为基干的陆

夸贾林环礁战役中的美国陆军第 7 师

战 2 师自成立之后，参加了瓜岛战役、1943 年 11 月的塔拉瓦战役（马绍尔）、1944 年的马里亚纳群岛（塞班岛、提尼安岛、关岛）战役以及1945 年 2 月的硫磺岛战役。

陆军第 77 步兵师，成立于 1942 年，下辖第 305 步兵团、第 306 步兵团、第 307 步兵团、第 304 野战炮兵营、第 305 野战炮兵营、第 306 野战炮兵营、第 902 野战炮兵营、第 302 工兵营、第 77 通信连、第 777 军需连、第 77 后勤连、第 77 侦察连、第 302 医护营。由于在关岛战役中表现极为优秀，甚至被一贯看不上陆军的海军陆战队誉为"第 77 陆战师"。此番配属了第 706 坦克营、第 708 水陆两栖战车营、第 715 水陆两栖履带车营、第 773 水陆两栖履带车营，参加冲绳作战。

参加过马金岛、塞班岛战役的第 27 步兵师由第 105 步兵团、第 106 步兵团、第 165 步兵团、第 104 野战炮兵营、第 105 野战炮兵营、第 106 野战炮兵营、第 249 野战炮兵营、第 102 工兵营、第 27 通信连、第 727 军需连、第 27 后勤连、第 27 侦察连、第 102 医护营所组成，配属第 193 坦克营。

看起来兵强马壮，但其实美军存在一定的问题。之前的两栖进攻作战都是由霍兰·史密斯中将策划指挥，但这一次，美国陆军部坚持以小西蒙·玻利瓦尔·巴克纳中将替代。

霍兰·史密斯是一个出色的陆战队员。1882 年出生的他，在 1905 年加入陆战队。而在这之前，他曾在阿拉巴马理工学院、阿拉巴马大学分别就读。在陆战队中，他曾经在驻防于菲律宾的第 1 陆战旅服役，并在轻巡洋舰"盖维斯顿"号上任陆战队分遣队指挥官，此后又在 1916 年调往驻防于多米尼加共和国的第 4 陆战团，次年 3 月 30 日调往法国的第 5 陆战团担任第 8 机枪连连长，并参与了第一次世界大战。在这期间，他曾经就读于法国朗格尔的陆军参谋学院，随后成为驻防于凡尔登的第 4 陆战旅的参谋军官，随后在美国远征军第 1 军团第 1 军、第 3 军团等部队任职。

战争结束后，他进入海军战争学院，并在华盛顿特区的海军军令部长办公室工作。1924 年 2 月升任中校，并调到驻海地陆战旅任参谋长。次年回到美国本土，任第 1 陆战旅的参谋长。此后历任华盛顿海军造船厂的陆战队军营指挥官、旧金山的陆战队太平洋军区参谋长、华盛顿海军陆战队总部作战与训练总监、海军陆战队副司令。1939年已经是上校的霍兰·史密斯成为第1陆战旅旅长。1941年2月，第1陆战旅扩编为第1陆战师，霍兰·史密斯升任师长。同年6月，他奉命组织、训练、指挥大西洋舰队两栖部队，该部队由陆战1师、陆军第1步兵师、第9步兵师组成。

被美国海军陆战队尊称为"老疯子"的霍兰·史密斯

太平洋战争爆发后，霍兰·史密斯在加州圣地亚哥接管了太平洋战区两栖部队，包括陆战2师、陆战3师、陆军第7步兵师。1943年5月，他指挥了登陆阿图岛和古斯卡岛的作战。当年5月，成为第5两栖军的军长，组织实施了吉尔伯特群岛的登陆作战。此后又参与了马绍尔群岛战役、马里亚纳群岛战役。然而就在塞班岛作战中，由于陆军第27步兵师的进攻速度过慢，导致推进中的陆战2师和陆战4师的侧翼被暴露，暴跳如雷的霍兰·史密斯下令撤换了第27步兵师的师长雷夫·史密斯少将，从而导致军种间的对立爆发，这直接使得他在当年8月被调任太平洋舰队陆战队司令。虽然太平洋舰队陆战队司令为太平洋地区所有陆战队部队的指挥官，但他从此失去了指挥战斗部队的权力。1945年2月，霍兰·史密斯虽然参与了硫磺岛战役，但仅被允许上岸视察。3月15日，霍兰·史密斯离开硫磺岛，回到位于珍珠港的总部，从此再也没有进入一线。

不得不承认，霍兰·史密斯对于陆战队、海军、陆军在两栖作战方面的影响极大，没有他的指导和训练，美军不可能在大西洋、太平洋屡屡成功实施登陆作战。也正是因为这个原因，他才会被后世称为"美国现代两栖作战之父"。相较之下，小西蒙·玻利瓦尔·巴克纳中将的资历就浅多了。巴克纳有一个好父亲——老西蒙·玻利瓦尔·巴克纳毕业于西点军校，曾经参加过墨西哥战争。南北战争爆发后，他曾经率领肯塔基州民兵加入邦联，战后在1887—1891年任肯塔基州州长。1896年的民主党大会初选中，老西蒙·玻利瓦尔·巴克纳曾获竞选美国副总统提名，但不幸落败。

冲绳战役开始前一脸苦闷的小西蒙·玻利瓦尔·巴克纳（左侧）

小西蒙·玻利瓦尔·巴克纳是在他的父亲就任州长前一年出生的，弗吉尼亚军事学院毕业后，他又入读西点军校，此后两度赴菲律宾服役。第一次世界大战时，在航空信号队就职。战后，小西蒙·玻利瓦尔·巴克纳在西点军校担任教官，并曾在美国军事学院任职。

1939年小西蒙·玻利瓦尔·巴克纳获少将衔，任陆军第6师参谋长，后调任阿拉斯加防卫军司令，负责当地的防御。1943年5月至7月参加了阿留申群岛战役，随后晋升陆军中将军衔。1944年7月被调往夏威夷，负责组建陆军第10军团。从履历来看，小西蒙·玻利瓦尔·巴克纳是一个典型的文职军官，除了在阿拉斯加防卫军司令职务上，参与了阿留申群岛战役之外，几乎没有什么实战经验。

此外，美国人对于冲绳的防卫认识也有问题。当初在攻占塞班岛之后，第5舰队司令雷蒙德·阿姆斯·斯普鲁恩斯就提出建议，尽快夺取冲绳岛。他认为该岛若为美军占领，不仅可以为航空兵提供基地，还能够作为最后进攻日本的跳板。然而当时参谋长联席会议正在拟定进攻台湾的作战计划，没有采纳斯普鲁恩斯的建议。直到菲律宾作战开始，盟军太平洋战区的兵力并不足以同时进攻菲律宾和中国台湾，出于战略上的需要，最终，参谋长联席会议同意了道格拉斯·麦克阿瑟的建议，发起了菲律宾作战。但在取消了台湾作战计划后，参谋长联席会议重新考虑斯普鲁恩斯的建议，终于决定集中足够的兵力进攻冲绳岛。

其实，日军大本营也因为菲律宾和中国台湾的防御问题而陷入混乱。他们自1944年10月23日从台湾将第68旅团、11月4日将第23师团、11月20日又将第10师团相继调到吕宋方面后，发现台湾防御存在漏洞，于是大本营首先于 12 月 22 日，从"满洲"调来第 12 师团，随后又在 1945 年 1 月 4 日新设了独立混成第 75 旅团、独立混成第 76 旅团，分别加强澎湖列岛与基隆要塞的防御；并以独立混成第 30 联队加强高雄要塞防务。此后又将驻冲绳本岛的第 9 师团调来台湾新竹地区，归于第 40 军建制下。2 月 17 日，又组建了独立混成第 100 旅团加强高雄的防务，组建独立混成第 102 旅团、独立混成第 103 旅团，分别进驻花莲、台东。此外，海军也将菲律宾的第 1、第 2 航空舰队的残余兵力并入第 1 航空舰队，调到中国台湾进行重建，陆军也从冲绳方面调来部分航空兵力到中国台湾。

　　此外，第 32 军在作战计划调整之后，诸部队也不得不放弃了之前辛苦构筑起来的阵地，手忙脚乱地开始构筑新的阵地，这导致美军开始准备进攻时，冲绳的防务却陷入混乱中。相比于陆军，海军倒是显得很是积极，他们计划了一个所谓"丹作战"，也就是想重演一次奇袭夏威夷式的战斗，突袭美国海军在乌利希的锚地。然而这个计划很有问题，直到 3 月 11 日，才出动了 24 架飞机，加之天气恶劣，攻击部队在日落

乌利希环礁被美军开辟为前进基地，图中是正在当地维修的美军航母

时，才抵达乌利希的上空，这自然毫无收获了。而3天之后，也就是3月14日，美国海军第5舰队就从乌利希锚地出发了，向着九州海面而去。

在得到美国舰队出动的消息后，联合舰队司令长官丰田副武大将于3月17日下令作战部队保持待命，但第5航空舰队司令长官宇垣缠中将认为"美国机动部队是否带有登陆部队，很难及时确认；等到可以确认时，就会遭受敌军机动舰队的攻击，我航空部队就将被消灭在地面上，且即使敌军确实没有带来登陆部队，在消极等待中，将遭受美国机动舰队的攻击，那样就将不经战斗而在基地上蒙受重大损失。如向朝鲜、本州方面撤退，因基地准备不足，也很困难"。因而认为应当攻击美军舰队，最终联合舰队和大本营海军部终于迁就第5航空舰队司令官的要求，随后，宇垣缠中将下达作战命令，冲绳战役就这样开始了。

"冰山作战"是美军在太平洋地区实施的最大规模的作战行动，数千艘舰船，数十万大军还有物资、装备从旧金山、西雅图、夏威夷、新喀里多尼亚岛、圣埃斯皮里图岛、瓜达尔卡纳尔岛、塞班岛和莱特岛开始陆续向冲绳海域集结。美军认为冲绳岛距离日本本土较近，极易受到部署在中国台湾、中国大陆、琉球和日本本土等基地的日军航空兵的袭击，尤其是"神风"特攻的威胁最大，所以在登陆之前，必须要对日本

杀奔冲绳的美国海军航母战斗群

本土、琉球群岛和中国台湾等地的机场实施轰炸，以尽可能削弱日军作战力量。

（三）死亡之花——日本陆、海军在冲绳战役中的"特攻作战"

美军对于冲绳的作战，其实从 1945 年 3 月 1 日就开始了。当天，第 58 特混编队在硫磺岛战役正进行时，对日本本土实施了轰炸，返航途中，舰队航空兵对冲绳岛进行了猛烈空袭，并对冲绳岛、庆良间列岛和奄美人岛进行了航空侦察和空中照相。此后，在 3 月 9 日，应切斯特·尼米兹海军上将的要求，陆军航空兵司令亨利·哈里·阿诺德上将下令出动 B-29 "超级堡垒"轰炸机，对九州、四国等处的机场实施轰炸。

在美国陆军航空兵扫荡日本本土的同时，3 月 18 日，美国海军第 58 特混编队到达距九州东南约 90 海里处，从凌晨开始出动舰载机对九州岛上的日军机场进行轰炸。当天 3 点 30 分，日本海军第 5 航空舰队开始了第一次出击。有意思的是，美国海军的舰载机刚好与第 5 航空舰队的飞机交错而过，因而在九州上空只遭到了轻微抵抗。从 5 点 40 分起，美军飞机开始对南九州与四国方面连续进攻，但由于日本飞机尽皆出动了，各处机场上基本没有飞机，因而取得的战果很小。

与此同时，193 架日本飞机也对第 58 特混编队展开攻击，"企业"号航母中弹一枚。一架日本飞机试图撞向"无畏"号航母，尽管在舷侧就被拦截击爆，但有机体碎片落到航母的机库甲板上，从而引起大火，导致舰上水兵死 2 人、伤 43 人。当天下午，"约克城"号航母也被炸弹击中，舰体遭到损伤。所幸三艘航空母舰伤势都并不算重，倒是日本人损失了 161 架飞机。而第 5 航空舰队方面认为这一天的攻击中取得的战果是"据判断，击沉敌航空母舰两艘、战舰两艘、巡洋舰一艘、驱逐舰两艘，另有两艘航空母舰燃起大火"。

次日（3 月 19 日），美军第 58 特混编队再次大举出动，近千架舰载机对吴港、大阪、神户实施轰炸，九州、四国等地的机场也是空袭目标。日本海军第 5 航空舰队这一天也全力实施反击。这一天的海空大战

美国海军功勋航母"大E"企业号

中，CV-18"大黄蜂"号首先遭到损伤。这艘"埃塞克斯"级舰队航空母舰的10号舰是1942年3月18日于霍河造船厂开始建造的，最初舰名为"奥里斯卡尼"，然而当CV-7"大黄蜂"号在同年9月15日的战斗中被日军击沉后，美国海军遂于11月13日决定将"奥里斯卡尼"更名为"大黄蜂"——这也是美国海军第九艘以"大黄蜂"为名的军舰。

　　1943年8月17日，CV-18"大黄蜂"号航母下水，当年11月24日服役，次年1月10日前往汉普顿锚地，并在3月初前往西海岸，编入太平洋舰队。由于3月18日这一天，在对神户、吴港的侦察中，美军发现大量日本海军联合舰队的残存舰只泊于港内，故而马克·米切尔中将下令舰队出动舰载机对濑户内海进行"扫荡"。当天早上7时10分，一架日军飞机忽然从CV-18"大黄蜂"号航母的上方俯冲下来，实施了急降下爆击。炸弹直接穿透了上层甲板，在机库内爆炸。不过在损管人员的控制下，大火很快便被扑灭，没有波及更多飞机及弹药。到8时左右，"大黄蜂"号航母便恢复了飞机回收作业。然而就在此时，又有日本飞机来袭，试图采用撞击战术，但未能得逞，飞机在舰侧升降台外爆炸。

　　这一天，受损最严重的是第5舰队第58特混舰队第2特遣大队的旗舰 CV-14 "富兰克林"号航母。当天清晨，该舰正在放飞战斗机，一架日本海军的"彗星"舰上起飞的爆击机借助云层掩护，突然俯冲而下，并在30 米高度上投降了两枚 250 公斤炸弹。一颗炸弹贯穿飞行甲板及下层机库后发生爆炸；另一颗炸弹则落在舰尾，贯穿弹药库。出于当时机库内挤满了

俯冲撞击美军战机的"神风特攻队"

16 架满载燃油、挂满炸弹的飞机，因此可怕的殉爆随即发生，火势迅速蔓延，爆炸此起彼伏，飞行甲板上 31 架载满燃油及弹药准备起飞的飞机也被点燃。大火和爆炸接连不断，舰桥也被炸得面目全非，更可怕的是，火蔓延到了后甲板的弹药堆，引起了更大的爆炸，烟柱高达600 米。

见此情景，第 2 特遣大队司令拉尔夫·戴维森少将告知舰长莱斯利·盖尔斯上校，可以弃舰，但上校要提供必要的海空支援和掩护，"富兰克林"号还能挽救。在征得戴维森少将的同意后，"富兰克林"号的救援行动随即开始。"圣非"号轻巡洋舰首先靠过来，用钢缆拖住"富兰克林"号，以防止其倾覆沉没，同时接下部分受伤舰员。与此同时，莱斯利·盖尔斯上校下令向弹药舱注水，以避免更大的爆炸，这导致航母开始逐渐右倾。到了上午 9 点 30 分时，"富兰克林"号锅炉停止了工作，船身向右弦倾侧 13 度，并还在继续加剧，以至于到后来甲板几乎碰到了海面。

"圣非"号眼看无力控制其倾斜，担心被航母巨大的舰体拖翻，只得砍断钢缆。这时，"匹兹堡"号重巡洋舰靠泊过来，采用钢缆拖曳的方式，与"圣非"号协力矫正"富兰克林"号航母的倾斜。大火燃烧了 10 个小时后，才得到控制，但也从此失去了战斗力。724 名海军官兵在这次灾难中阵亡。但不管怎么样，"富兰克林"号存活了下来。此后，该舰恢复部分动力，在"匹兹堡"号的拖曳下，最终回到了乌利希环礁，并在那里经过抢修后恢复了航行能力，继而在"圣非"号巡洋舰

的护送下于 4 月 28 日返回本土的纽约海军船厂大修。

尽管在 1944 年 3 月 18 日、19 日两天的作战中，"富兰克林"号航母遭到重创，"大黄蜂"号航母、"企业"号航母、"无畏"号航母、"约克城"号航母遭到损伤，还损失了 116 架舰载机，但第 58 特混舰队至少干掉了 528 架日本飞机，还造成了残破不堪的联合舰队进一步的损失——22 艘舰船被炸沉、炸伤，九州地区的飞机制造厂和机场遭到了极大损害。

3 月 20 日，天气转雨，第 58 特混编队南撤，日本方面虽然航空兵力损失严重，但还是出动了少量飞机，对正从都井岬东面 120 海里处南下的美军舰队实施攻击。第 5 航空舰队报告"敌埃塞克斯号和萨拉托加号航空母舰发生大火"，于是海军认为美国舰队受重大损失，正向南方撤退，遂于 21 日进行追击性攻击。但没料到，出动的航空部队遭到美军舰载机的反击，全军覆没。至此，才有人开始对过去确认的战果产生怀疑。事实上，第 58 特混舰队在南撤时，仍派飞机轰炸了九州南部的机场，这一天里，只有"企业"号航母因为甲板被友军防空炮击中而受损。

3 月 22 日，第 58 特混编队与后勤支援大队的补给船只在海上会合，进行了海上补给，补充粮、弹、油。"大黄蜂"号航母、"企业"号航母等则分别撤返乌利希及美国修理。次日，第 58 特混编队到达冲绳岛以东 100 海里水域，从凌晨开始对冲绳群岛进行预先航空火力准备。东京的日军大本营尽管一度对第 5 航空舰队在九州海面取得的战果怀有若干疑问，但仍然相信该部队取得了相当的成果——第 5 航空舰队报告，此战出动包括 69 架特攻机在内的共 193 架飞机，损失了 80% 的力量，161 架飞机被击落、50 架毁于地面，但共击沉敌航空母舰 5 艘、战舰 2 艘、大型巡洋舰 1 艘、中型巡洋舰 2 艘、种类不明的舰艇 1 艘。该部队还判断美军对东中国海周围地区下一步的进攻计划受到了挫折，其进攻时机恐将推迟；并断定美国机动部队为了恢复战斗力，将返回乌利希。

大本营相信了这个报告，并做出轻率判断，认为美军舰队的这次攻击，不过只是向乌利希返航时，对在九州海面空战中遭受的重大损失来一次泄愤，故而并不以为然——这和昭和十九年（1944 年）秋，由于过

严重受损倾斜的"富兰克林"号航母

份相信台湾海面航空作战的战果，而错误判断美军并非真想入侵莱特湾一样，犯下了同样的错误。

冲绳岛上的第32军并没有盲目乐观。3月23日，冲绳本岛遭到355架美军舰载机空袭，先岛诸岛、大东岛、奄美群岛也遭到空袭的情况引起了第32军司令部的极大关注，而侦察机在当天午前10点30分在冲绳本岛东南90千米处发现美军航母编队，此后又在冲绳本岛以东100千米处发现舰种不详的大批舰艇群时，便做出了冲绳可能遭到攻击的判断，而大本营陆军部则认为美军可能进攻中国台湾。

也就在3月23日这天，威廉·布兰迪海军少将指挥下的由18艘护航航母、15艘驱逐舰、19艘护卫舰、70艘扫雷舰以及一些炮艇、猎潜艇等小型舰艇组成的第52特混编队，开始靠近冲绳岛，对航道进行扫雷，同时出动舰载机对冲绳岛、庆良间列岛实施轰炸。次日，冲绳南部海域，至少30艘美军舰艇对冲绳本岛实施了炮击。随后，600架以上的美军舰载机出现在冲绳上空，实施了轰炸。这个时候，第32军司令部做出了美军即将在冲绳岛登陆的判断，随后下达了"甲号战备"命令。

此时，美军对庆良间列岛的登陆作战已经开始了。十余个岛屿组成的庆良间列岛位于冲绳岛西南约15海里处，周围海域面积并不大，也就长约 13 海里、宽约 7 海里。由于这些岛屿都是悬崖峭壁，礁石林立，第 32 军认为该群岛对冲绳岛的防御没有多大作用，所以只部署了包括 3 个陆军海上挺进战队在内的少数部队。但是美国人并不这么认为，太平洋战区两栖部队司令里奇蒙德·凯利·特纳海军中将在制定"冰山计划"时，就提出应该以部分作战部队夺取庆良间列岛，但这个提议几乎遭到了所有人的反对——他们认为庆良间列岛对登陆冲绳没有任何价值，而且很危险。

反对的声音是有一定道理的，庆良间列岛地形复杂，根本无法修建机场。如果不能修建机场，似乎对于美军来说，也就没有任何攻占的价值了。此外，日本人在周围 50 海里的范围里，修建了五处机场，航空力量雄厚，到时候万一遭到航空反击，不但登陆不成功，甚至还会影响到在冲绳本岛的登陆作战。

特纳并不这么认为，他的两栖登陆作战经验极为丰富。1908 年毕业于安纳波利斯海军学院的特纳，在"珍珠港事件"前，任海军作战部

2008 年日本国土交通省航拍下的庆良间岛

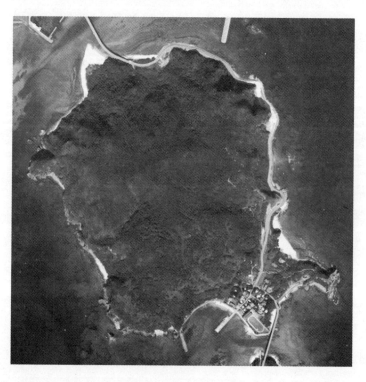

太平洋战争全史

计划作战处处长。战争爆发后，担任海军部长欧内斯特·约瑟夫·金上将的助理参谋长。1942年以少将衔任南太平洋地区两栖作战部队司令，主持制定了图拉吉岛、瓜达尔卡纳尔岛的两栖作战计划。组建第5舰队时，斯普鲁恩斯任命霍兰·史密斯为两栖作战部队司令时，挑选了特纳为两栖作战舰队司令。1943年11月，吉尔伯特群岛战役开始，特纳便开始频频率部在太平洋上实施"蛙跳"，先后指挥了塞班岛、硫磺岛的两栖作战。

庆良间列岛的主岛——渡加敷岛与西面的五个小岛所围成的庆良间海峡，才是经验丰富的特纳所看中的目标。这片海域不仅开阔，而且数十米的水深足够泊船，只需要在海峡两端布设反潜网，就是一个天然的避风锚地了，能容纳近百艘大型舰船。而在渡加敷岛以东还有片稍小一些的海域，可以用来建成水上飞机起降基地。此外，尽管庆良间列岛上罕有居民，但有淡水可以补给，锚地建成之后，就能够成为舰队的前进基地，以便使得舰队在战役进行中，能够就近进行后勤补给和战损抢修。

特纳还搬出了之前作战的经验，他说以硫磺岛战役为例，海军在靠近战场的海域，拥有一个避风锚地是绝对必要的。海军自从1944年末在乌利希环礁建立海军锚地，也是因为这个缘故——加罗林群岛雅浦区的由40多个小礁屿组成的大环礁，目前是海军在西太平洋的前进基地。正是在特纳的坚持下，最终美军决定首先攻占庆良间列岛，建立作战基地。

在1945年3月17日，海军第5舰队驶向冲绳海域的时候，第52特混舰队司令威廉·布兰迪海军少将、第51特混舰队第1大队司令英格尔夫·N.基兰少将、陆军第77步兵师师长安德鲁·D.布鲁斯少将等人就制定出了庆良间列岛上陆作战计划。而参与者中，还有一个特殊的海军军官，他就是B.霍尔·汉隆上校——他是水下爆破大队的指挥官。1942年，美国海军组建了多支海上特殊作战部队，其中包括海军作战爆破队、海军侦察突击队、战略情报局海事连以及水下爆破大队。这些部队中，水下爆破大队最为著名，因为它就是鼎鼎大名的太平洋舰队水下爆破大队（UTDS）的前身。战争结束后，也只有水下爆破大队被保留了下来，并在海军两栖作战力量的框架内存在着。

建立水下爆破大队的原因很简单：1943 年 11 月 22 日，美军进攻吉尔伯特群岛中的塔拉瓦岛时，因为一个水下暗礁的存在，导致登陆艇无法顺利靠岸，数百名陆战队员或被溺死或惨遭射杀。这个惨痛的教训让时任第 5 两栖作战舰队司令的凯利·特纳决定建立一支特殊的部队。30 名军官和 150 名士兵应征前往位于夏威夷怀马纳洛的两栖训练营，他们将完成侦察与爆破训练项目。从这个时候起，水下爆破大队诞生了。

整个大队分为第 1 分队和第 2 分队，分别有 14 名军官和 70 名士兵。第 1 分队的指挥官为爱德华·D.布鲁斯特海军中校，第 2 分队由约翰·T.凯勒海军少校指挥。所有成员都是太平洋舰队的官兵，而且是志愿者，包括海军、海军陆战队，当然也有一些陆军和海军陆战队中接受过爆破训练的工兵。

在 1944 年 1 月 31 日发起的对马绍尔群岛的进攻作战中，这支临时组建的力量第一次被投入作战。他们不仅圆满地完成了任务——将天然和人工障碍爆破清除干净，还实施了靠近侦察，为陆战队的登陆提供了极为重要的支持。这次作战之后，水下爆破大队回到夏威夷，他们的营地转移到了毛伊岛上。在那里，约翰·T.凯勒海军少校奉命组建了海军战斗爆破及试验营。和之前的部队有所不同的是，陆军和海军陆战队中

今天的太平洋舰队水下爆破大队历史博物馆

太平洋战争全史

美国海军水下爆破大队首次执行任务后的聚餐

接受过爆破训练的工兵返回了各自原来的部队，新的成员都是曾在皮尔斯堡海军作战爆破学校受训过的海军"海蜂部队"（海军工程建造营）成员。

在马里亚纳群岛战役开始之前，部队的规模被扩大了许多，最多时甚至达到了 31 个分队。在 1944 年 11 月，海军太平洋舰队两栖部队的海军上校·霍尔·汉隆被任命为水下爆破大队第一任司令官。他虽然没有爆破作战的经验，但组织能力很强，而担任其参谋长的则是水下爆破大队第 5 分队队长德雷珀·考夫曼少校。从 1944 年 12 月到 1945 年 4 月，在太平洋战争的每一次重大两栖登陆行动中都能够看到水下爆破大队"裸体勇士"们的身影，无论是塞班岛，关岛，还是乌利希岛、帕硫岛、莱特岛、林加延湾、硫磺岛。

由于空中侦察表明，日本在庆良间列岛的防御非常薄弱，因此美军改变了原先以一个加强营的兵力逐个攻取列岛的设想，决定以陆军第 77 步兵师主力在 6 个较大的岛屿同时实施登陆，从而一举夺取庆良间列岛。安德鲁·D. 布鲁斯少将很清楚，这次作战对于第 77 步兵师来说，将是一个巨大的挑战。

3 月 25 日，威廉·布兰迪海军少将指挥下的第 52 特混编队派出了

2艘巡洋舰和3艘驱逐舰，在特纳·乔埃少将（朝鲜战争时任远东海军总司令）的指挥下，脱离编队，对庆良间列岛实施炮击，以掩护水下爆破大队对诸岛的登陆地点实施海滩情况侦察。按照计划，第19水下爆破分队搭乘"纳德森"号快速运输舰侦察久场岛、阿嘉岛、庆留间岛和外地岛；而第12水下爆破分队则搭乘"贝茨"号快速运输舰侦察屋嘉比岛、坐间味岛的海滩；负责渡加敷岛侦察任务的是搭乘"巴尔"号快速运输舰的第13水下爆破分队。这些"裸体勇士"们将搭乘两栖登陆艇在距离海滩约450米处靠近滩头，实施侦察。他们在返回后，所有记录的资料将会被收集整理并标在地图上。由于强大的舰炮火力和舰载机的轰炸，日本人几乎没有对水下爆破队构成威胁。

侦察是极为有效的，第19水下爆破分队、第12水下爆破分队分别报告久场岛、屋嘉比岛这两个岛屿的水下情况比较复杂——预定登陆点的水下密布着大大小小的暗礁，登陆艇根本无法冲滩。这样一来，登陆作战只能采用LVT系列履带式登陆车。自从1935年工程师唐纳德·罗布林设计出了一种用于在佛罗里达州的沼泽地进行水上救援工作的履带式水陆两用车辆后，海军陆战队便对这种绰号"鳄鱼"（Alligator）的车

试验中的 LVT 编队

　　　　　　　　　　　　　　　　　　太平洋战争全史

辆很感兴趣。1941 年，军方共订购了 200 多台这种外形奇特的战车，定名为 LVT1 履带式登陆车——LVT 是 Landing Vehicle Tracked（履带式登陆车）的缩写。

这种履带式两栖装甲输送车的出现，使得美军提高了登陆作战中从舰上到陆地这一重要阶段的推进速度，保证登陆作战的连续性，避免上岸时不必要的伤亡，从而使"两栖作战重新成为一种理想的作战形式"。战争爆发之后，海军陆战队组建了第一个两栖运输车营，并在 1942 年 8 月，参加了所罗门群岛的瓜达卡尔纳岛之战。此后，"鳄鱼"的改进型"水牛"，其家族也从简单的两栖装甲输送车扩充到了火力支援、运输等多种型号。除了 LVT 系列之外，通用汽车公司制造的 DUKW 运输车也是登陆作战的主力。不过，由于履带登陆车的数量不足以满足同时在 6 个岛屿实施登陆作战的需要，美军临时改变计划，先行在坐间味岛、阿嘉岛、庆留岛和外地岛这 4 个岛屿登陆。

1944 年 3 月 26 日凌晨，由莫尔顿·L. 迪约少将指挥下的第 54 特混舰队开始对冲绳岛进行火力准备，整个舰队仅战列舰就有 10 艘，战力空前强大，加上还有 11 艘巡洋舰和 30 艘驱逐舰，强大的炮火吸引日军的注意力，这是为了掩护在庆良间列岛的登陆。

当天 4 点 30 分，搭载陆军第 77 步兵师的运输舰船、登陆舰已经全部在久场岛以西约 6 海里处的海域停泊下来，而特纳·乔埃少将率领的"旧金山"号巡洋舰、"明尼阿波利斯"号巡洋舰和"阿肯色"号战列舰等组成的支援编队开始对庆良间列岛实施登陆前的炮击。与此同时，从航母上起飞的舰载机也用炸弹、机炮、火箭弹一次次覆盖海滩和日军的守备工事。

7 点多，登陆开始，由 430 余艘登陆舰艇、运输舰船运送的陆军第 77 步兵师兵分四路，同时在坐间味岛、阿嘉岛、庆留岛和外地岛实施登陆。到当天 9 点多，除外地岛的登陆作战，由于登陆艇过于拥挤而没能按时登陆，推迟到 9 时 21 分外，其余三个方向都按计划登陆，并且没有一辆车辆受损，没有一名士兵伤亡。

显然，这次登陆作战完全出乎日军的预料，因此他们的抵抗非常微弱。事实上，在美军强大的火力打击下，多数日军都是躲入岛上的洞穴或是构筑的坑道中，完全没有歼敌于水际滩头的勇气。在坐间味岛，美军是在没有受到任何抵抗的情况下登陆的，岛上的守军在当天夜间从山上跑下来，实施了两次夜袭，结果在早有防备的美国大兵面前，丢下了100多具尸体，反击便告结束，自此再也没有抵抗。至当天黄昏时分，美军占领了坐间味岛、阿嘉岛、庆留岛和外地岛，并开始在庆良间海峡布设浮标等锚地设施。

日落时分，日军开始了反扑。3月25日这天，侦察发现在冲绳本岛东南70—170海里的海域，有三群美国海军机动部队，同时第32军报告，冲绳本岛周围的美国舰船已达70艘。大本营从24日起，就在担心美军登陆，现在终于变成了现实。当26日当地驻军报告，美军在庆良间列岛登陆之后，所谓的航空决战便开始了。

早在3月20日，海军便以"大海令第513号"，下达了《当前的作战计划大纲》，决定"以冲绳航空作战为当前作战的重点"，而且强调"应彻底地集中航空兵力，消灭前来进攻之美军主力。在此期间，尽力加强本土防卫"。此次作战称为"天"号作战。按照"天"号作战计划，陆、海军航空部队的指挥关系本是相互协同，但在3月19日，大本营又决定划归联合舰队司令长官统一指挥，其指挥关系为：

大本营下辖：第10方面军所属第8飞行师团、联合舰队第5航空舰队（由第3、第10航空舰队增援）、第6航空军、第1航空舰队，其中第5航空舰队和第6航空军负责本州、四国、九州、琉球群岛的作战，第1航空舰队及第8飞行师团负责中国台湾、先岛列岛的航空作战。

然而，当美军在冲绳的登陆企图已经明确了的时候，日本陆海军的航空部队其实还处于无法投入作战的状况。海军方面，原本是应当担任此次作战主角的第5航空舰队，在之前的九州海面空战中，已经被美国海军第58特混舰队消耗了太多战斗力。而第3航空舰队、第10航空舰队的飞行员则大多数是连训练还没有结束，根本无法适应作战，而且也还没有调到九州方向。至于陆军方面，第6航空军还未能将其配置的特攻机部署到九州方向。

就在这种情况下，联合舰队司令长官丰田副武海军大将于3月25日午后8点，下达"天"号作战命令，计划于26日发动这次作战。按照这个命令，第3航空舰队、第10航空舰队被划归第5航空舰队司令官指挥，随即向九州推进。但这两个航空舰队的可出动兵力，到了 3 月 31 日才在九州展开完毕。而陆军航空兵方面，第 6 航空军直到 3 月 28 日，其司令官菅原道大中将在率其一部向德之岛推进的途中，接到发现敌船队的报告后，才开始攻击。只有部署在中国台湾的第 8 飞行师团是从 3 月 26 日起，对庆良间列岛方向实施攻击。

当天晚间 6 时 15 分开始的自杀式攻击，虽然给美军造成了一些损失，但没有带来太大的影响，反倒是美军从次日开始，继续向其他岛屿发起登陆作战。至第二天黄昏，美军完全控制了庆良间列岛，其代价是陆军第 77 步兵师阵亡 31 人、伤 81 人，海军阵亡 124 人、230 人受伤。至于日军，由于他们没有料想到美军会进攻，因此措手不及，其守备部队有 530 余人被击毙。由于防御兵力薄弱，日本人无力进行有效的抵抗，加上士气低落，所以他们也没有进行什么抵抗。譬如渡加敷岛上 300 多名日军，几乎未经战斗便全部撤入岛上的山林中。由于美军夺取庆良间列岛，只是想建立锚地，并不在意日军残部，因而并没有组织清剿。而这些日军虽然携带有火炮等重武器，但惧怕美军的报复，不仅没有主动出击，甚至连火炮都一炮不发，与美军"和平相处"。

在控制庆良间列岛的当天，供应舰、油船、修理船、补给舰等后勤辅助舰只就陆续进入庆良间海峡，很快便建立起补给和维修基地。至 31 日，庆良间锚地已经成为一个初具规模的前进基地，大批舰船在此处抛锚停泊。此外，美军占领庆良间列岛还有一个意外收获，那就是俘获了日军配置在该地的 250 余艘自杀摩托艇和 100 余条人操鱼雷。日本人本是将庆良间列岛作为自杀艇的出发基地，以便于美军在登陆冲绳时，实施夜间特攻。

就在 3 月 31 日，庆良间海峡锚地建立的当天，美军第 77 步兵师又攻占了庆良间列岛与冲绳岛之间的庆伊濑岛（距冲绳岛约 6 海里）。两

在庆良间列岛缴获的日本海军人操鱼雷

美国陆军的 155 毫米榴弹炮阵地

个 155 毫米炮兵营组成的第 420 野战炮兵集群在岛上建立了炮击阵地。这个美陆军第 24 军的 155 毫米炮群将在次日开始，支援在冲绳岛的登陆作战。

（四）钢铁台风——冲绳地面战及日本海军的"大和特攻"

美军攻占庆良间列岛后，下一个目标毫无疑问就是冲绳岛了，岛上的第 32 军此时全部进入战备。86400 名陆军、1 万多名海军，此外还有现地编成的辅助兵力 2 万人，他们被称作"防卫队"。此外，第 32 军司令部还现地征召了所有 16 岁以上 60 岁以下的岛民，不管男女全部入伍，参加防御冲绳的作战。中学里的男生编组成所谓的"铁血勤王队"，女生则组成所谓的"白梅学徒队"。很显然，日本人要在这个岛屿上做殊死一搏。

蓄势而来的美、英、澳等国盟军此番是势必拿下冲绳。占领了庆良间列岛，不过只是开始，一场空前的血战即将到来。1944 年 3 月 26 日，由莫尔顿·L.迪约少将指挥下的第 54 特混舰队开始对冲绳岛实施炮火准备，正式拉开帷幕。

冲绳战役后期美军俘虏的日本少年兵

进攻前的炮火准备，是由威廉·布兰迪海军少将的第 52 特混舰队司令部拟定的。在太平洋战区两栖部队司令里奇蒙德·凯利·特纳海军中将按于之前，布兰迪是冲绳海域的前线作战指挥者。按照布兰迪的命令，第 54 特混舰队在莫尔顿·L.迪约少将的率领下，对冲绳岛实施炮火轰击。作为舰炮和掩护舰队（第 54 特混舰队）指挥官，莫尔顿·L.迪约很清楚，尽管自己所率的舰队火力强大，仅是战列舰就有 10 艘，但他知道，自己不可能用舰炮消灭冲绳岛上的所有敌人。尽管他内心如此希望，但剿灭那些敌人还是需要海军陆战队和陆军的。

当天 4 点，天刚拂晓，当美国陆军第 77 步兵师准备进攻庆良间列岛时，第 54 特混舰队的战舰便展开队形，开始实施炮击。天亮之后，第 58 特混舰队的航空母舰上起飞的舰载机，以及第 52 特混舰队的护航航空母舰上起飞的舰载机，还有从马里亚纳、菲律宾，甚至从中国大陆基地起飞的陆军航空队、海军岸基航空兵的飞机蜂拥而来，对冲绳岛进行了持续而猛烈的轰炸。由于参加轰炸的飞机数量众多，任务也各不相同——有的对日军机场进行压制性轰炸，有的轰炸岛上防御工事，有的为舰炮火力进行校正，还有的担负空中拦截警戒，因此美军甚至专门在两栖支援编队内设立了空中支援控制分队，对所有飞机进行统一指挥和协调。

当天的舰炮火力准备任务于 16 点 30 分结束，第 54 特混舰队撤出任务海区。但从 3 月 29 日开始，炮击又开始了。由于此时扫雷舰艇将接近冲绳岛航道中的水雷清扫干净，所以战列舰、巡洋舰能够驶到距冲绳岛很近的距离上，对机场、防御工事等目标实施精确射击。炮击持续到 3 月 30 日，美军的火力准备已经进行了足足 5 天，但岛上的日本人毫无任何还击，这让美国人感到诧异至极。这个岛屿好像什么都不存在一样，日本人在做什么、躲藏在哪里、有什么企图，没有人知道，他们仅知道，这个岛上有 10 万日本兵。

此外，侦察机表示，伊江岛上也没有发现任何日军，岛上的机场已被毁坏，不能使用，甚至侦察机做低空侦察飞行时，也没有任何反击炮火。至当月 31 日，炮击达到了高峰。数日以来，美军的炮火准备已经

美军登陆地域分配图

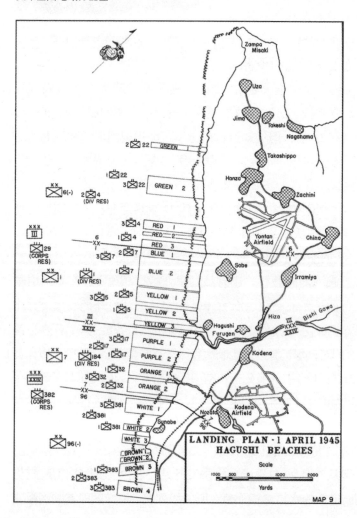

太平洋战争全史

美军庞大的登陆部队，由于没有受到任何炮火阻击，因此气氛相对轻松

消耗了大量的弹药，仅舰炮就达 4 万余发，其中 406 毫米炮弹 1033 发、356 毫米炮弹 3285 发、203 毫米炮弹 3750 发、52 毫米炮弹 4511 发、127 毫米炮弹 27266 发，以至于炮击停止后，威廉·布兰迪海军少将宣布，"准备工作已足以保证登陆成功"。

炮击效果似乎是摧毁性的，但其实效果并不好，大多数的炮弹都浪费在冲绳的泥泞间了，牛岛满中将的第 32 军仅仅在白砂海滩后面和两个飞机场上留下象征性的兵力，而把兵力集中到了山地及岛屿纵深，美国人根本不知道日本人深藏在坑道工事和山间洞穴里，等待着在美军爬上岸后，实施拖延防御。这也就是第 32 军高级参谋八原博通的所谓"寝技战法"，其意思是美军火力太猛，就像拳击手那样，而日军应该像柔道家那样，不要跟拳击手拼拳，而是将其引入寝技战，使其强悍的拳术无法施展。

当舰炮和轰炸进入高潮的时候，B. 霍尔·汉隆上校的水下爆破大队也在紧锣密鼓地实施破障作业。在炮火的掩护下，这些水下爆破队员戴着鸭脚蹼、护目镜和捆着许多块炸药的拖缆，搭乘两栖登陆车在火力支持下，对滩头的障碍物、地雷实施清除。一名水下爆破队员爱德华·希金斯曾如此描述当时的情况：

"在我们的头上，火力支持如雷鸣一般。步兵登陆小艇紧跟在我们后面，他们的 20 毫米、40 毫米的夸德枪和 50 毫米的机关枪节奏分明，子弹在海滩上我们头上几英尺的地方爆炸。在它们的后面，驱逐舰在它们的负责范围内来回巡逻，用 3 英寸和 5 英寸口径的炮弹猛烈射击岸上的密林。驱逐舰外面的是巡洋舰和战列舰，它们的 6 英寸、8 英寸和 16 英寸口径的炮弹集中猛烈发射爆炸，使它们陆地上的目标跳起来或者抖

日本陆军在滩头纵深对美军的迟滞作战

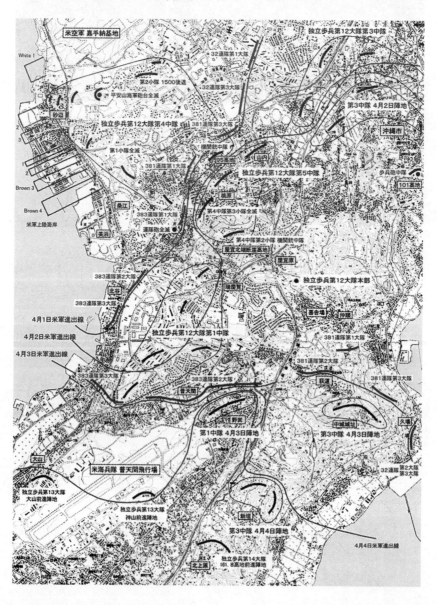

一抖，然后爆炸成一阵烟雾，一堆废墟。"正是通过希金斯等大批水下爆破队员一次次冒着危险的作业，通向海滩的道路基本清理出来了。

而在这期间，日本人的特攻也是极为疯狂的。3月26日，尽管海军联合舰队司令丰田副武大将在当天就下令实施"天"号作战，但作为"天"号作战主力的海军第5航空舰队的战斗力在3月18日、19日的九州海面空战中消耗过大，因此已经没有对此进行有效反击的战斗力，根本无力组织大规模作战，只能依靠陆军航空兵。第8飞行师团出动了第17飞行队的6架九九式军用侦察机及其他飞机实施了首轮攻击。次日，从冲绳岛上出击的第8飞行师团第32飞行队及海军神风特攻队的"银河""彗星"舰上的爆击机等多型飞机26架，对位于嘉手纳冲的美国舰队实施了攻击。29日，日本海军部署在冲绳岛的海上挺进第29战队，还出动了19艘特攻艇实施自杀式攻击。

尽管日本人的"天"号作战草草收场，出击的自杀飞机数量虽少，还是给美军造成了一定的损失。3月31日，第5舰队司令雷蒙德·阿姆斯·斯普鲁恩斯海军上将的旗舰"印第安纳波利斯"号重巡洋舰也被日军的自杀飞机撞中，舰体大破，不得不紧急前往庆良间列岛抢修，斯普鲁恩斯上将不得不改乘"新墨西哥"号战列舰。

4月1日，复活节，天气晴朗，拂晓时分，舰炮射击又一次唤醒了冲绳岛。当日本士兵们从掩蔽处探头往外看时，他们看到了可怕的景象：无数的舰艇云集在近海平静的海面上，海风吹拂着那一面面的星条旗。陆军第7步兵师的官兵们匆匆吃着早餐，他们每个人的心情都是复杂的。这顿早餐之后，还不知道什么时候才能够进食，一场生死搏斗马上就要开始了，谁能保证是否还能够吃到下一顿？

4时06分，太平洋战区两栖部队司令里奇蒙德·凯利·特纳海军中将发出"开始登陆"的信号，陆战队员和陆军士兵们开始换乘登陆艇和两栖登陆战车，大批美军士兵从登陆舰、运输船上沿舷侧的绳网下到登陆艇上，一艘艘"水牛"则从舰舱内直接驶出。由于H时（登陆时间）定为8点30分，因此在这之前，所有作战准备都要完成。随着6时整，准备阶段结束，"冰山"作战的第一阶段开始。

此时里奇蒙德·凯利·特纳海军中将正式接管了冲绳海区所有舰艇大队和编队的指挥权，莫尔顿·L.迪约少将继续指挥第54特混舰队继续用舰炮火力轰击冲绳岛。首先行动的是陆战队第2师，他们在冲绳岛东南海岸之港川方向实施佯动登陆，其实只是虚晃一枪，以吸引日军注意，掩护真正的登陆方向。就在陆战队开始行动时，第54特混舰队的舰炮火力也达到了高潮。

美军真正的登陆滩头位于冲绳岛西海岸，具体位置是在冲绳中部偏西南的比谢川河口、读谷村一带。这里是牧港以北的北机场和中机场所在位置，滩头非常平整，而且视野很开阔，方圆3千米内也没有小山丘等可以隐藏日军的重炮火力之处。最重要的是，这里滩涂不算长，出去不到20米就是深海，是两栖登陆的绝佳地点。

冲绳本岛如同一个字母T和W的结合体，北部T的中间是伊江岛，南部W的两个海湾从北至南是金武湾和中城湾，参加登陆的是美国陆军第10军团一部和美国海军陆战队第3两栖军的陆战1师、陆战6师，总共四个师的兵力，按照原定计划陆军登陆后向南拿下W部分，海军陆战队登陆后向北拿下T部分。

上午8时起，排成五个波队的登陆艇"水牛"开始向滩头冲去。此时，美军飞机开始进行了登陆前的最后一次轰炸。8时28分，无线电报告第一波次离海滩不到70米，"田纳西"号战列舰发出"停火"命令，美军飞机结束了最后一次扫射，舰炮也停止了射击。而一艘艘登陆艇、履带式两栖登陆车则开始加速冲向海岸线。8点32分，第一波登陆部队登陆上岸，并发出登陆成功的报告。此时，第二、第三波部队正在准备上岸，后续波队不是正在离开出发线，就是正在编组。9时，太阳升起来了，阳光驱散了淡淡的晨雾，整个登陆场完整地呈现在人们的眼前：

陆战队第1师、第6师，陆军第7步兵师、第96步兵师在冲绳岛西海岸的羽具歧南北约9千米的地段，一波连一波地登上滩头。海面上挤满了登陆舰、运输船，滩头上群集着履带登陆车、坦克、陆战队员和陆军士兵，部分登陆上岸的部队已经开始穿过玉米地向台地前进。近海处，登陆艇排着整齐的队形，一波又一波而来，载运补给物资的登陆艇正在编波，先头各波的小艇开始撤回，整个登陆场秩序井然。

由于根本没有遭到日军任何像样的抵抗，所以美军登陆极为顺利，在北部登陆上岸的海军陆战队已经到达读谷机场，他们没有任何伤亡报告，这个情况让人感到莫名其妙。

10时，美军占领嘉手纳、读谷两机场。按原来的计划，美军打算用3天的时间向内陆推进，然后才能够占领机场。尤其是读谷机场，美军原以为必定有一场苦战才能占领。最重要的是，被美军占领的机场上，一切设备都完好无损。

滩头上，后续的登陆艇还在涌来，登陆艇满载着头戴钢盔的士兵冲上海滩。整个上午，两个陆军师和两个海军陆战队师的上岸过程中，没有遇到任何抵抗，本来预料伤亡将比在硫磺岛上的大得多，可却没有遇到抵抗。这也使正在行进的美军士兵又惊又喜，大大松了一口气，事情简直像是和平时期的一次演习。战地记者罗伯特·谢罗德甚至这样说道"这简直令人难以相信"。美国陆军第7步兵师的一名士兵则说得更直白："我泅得比我原来估计的久了。"

想起这一天毕竟是4月1日愚人节，岸上和船上的美国人都有这样一个问题："日军在哪里？"难道是在该岛东边的由海军陆战队第2师执行的东岸登陆竟如此成功地把全部日军都吸引过去了？其实日军在冲绳岛中西部沿岸地域配属的部队很有限，只有第62师团的贺谷支队（步兵第63旅团的1个步兵大队为基干编成，支队长贺谷与吉中佐），此外

向冲绳滩头阵地倾泻火力的美军战列舰

闲庭信步一般踏上冲绳的美军登陆部队

还有临时编成的特设第 1 联队。这么一点兵力，怎么可能会进行顽强抵抗。

　　当天下午，美军开始进行物资卸载。整整一天，日军没有出动一架飞机、一艘军舰进行反扑，只有少数的轻武器射击和迫击炮零星射击，抵抗极其轻微。至日落时，美军已有 5 万余人和大量的火炮、坦克以及军需物资上岸，建立起正面约 14 千米、纵深约 5 千米的登陆场。里奇蒙德·凯利·特纳海军中将向第 5 舰队司令雷蒙德·阿姆斯·斯普鲁恩斯海军上将、太平洋战区总司令兼太平洋舰队总司令切斯特·尼米兹海军上将报告："登陆顺利，抵抗轻微"。

　　战地记者厄尼·派尔则这样写道，"我们在规定登陆时间开始后一个半小时上岸，没有人向我们开枪，甚至连脚也没有湿……在冲绳登陆是件轻松愉快的事。"事实上的确如此，除了在瓜达卡纳尔登陆外（那次登陆美军未遭到抵抗），这次登陆是美军在大规模登陆作战中代价最小的——死 28 人，27 人失踪。

　　美军在 4 月 1 日登陆后，指挥权移交给了陆军第 10 军团司令小西蒙·玻利瓦尔·巴克纳中将，他决定从第二天开始以陆战队第 1 师、第 6 师向东推进，穿越石川地峡，切断日军防线。当天，双方依然没有爆发大的战斗。经过美军的抢修，嘉手纳机场一条跑道可供美军飞机进行紧急着陆。而在前一天夜间，一架日军飞机晕头转向地在读谷机场着陆，驾驶员走向加油站，要求加油，结果被美军陆战队的哨兵打死。

到 4 月 3 日，美军第一线部队进到第 32 军主阵地的前沿——普天间东西一线，冲绳本岛的中部地区已完全被美军占领。4 月 4 日，美军两个陆战师横跨整个岛屿，到达东海岸的中城湾，占领了胜连半岛和东海岸的良好海滩，控制了石川地岬以东数英里的地段，从而将日军防线一分为二。原计划 15 天完成的任务，仅 4 天就顺利完成了。从这之后，美军就兵分两路，海军陆战队第 3 军向北，陆军第 24 军向南，逐步推进。敌人在哪里呢？这是所有美军官兵关心的，海军陆战队第 12 团的詹姆斯·布朗中校甚至写了个纸条给师部军需官："上校，请给我们一具日本鬼子尸体。我部下许多人还从未见过日本人。我们会替你把他埋掉的。"

北机场、中机场正面的嘉手纳海岸所部署的临时编成的前线部队全线溃败，美军控制北机场与中机场。这个消息给东京的日军大本营与陆、海军航空部队以极大的冲击。海军联合舰队认为，在美军开始使用北、中机场之前，必须给美军以沉重打击，以利于战局的展开。为此于

在女学生欢送下出击的日本神风特攻队战机.

4月5日决定，与第32军的地面总反攻相呼应，发起空中总攻。这次作战称为"菊水一号作战"（陆军称第一次航空总攻击）——菊水就是水中的菊花，这是镰仓幕府末期到南北朝时期著名武将楠木正成的纹章图案，他于凑川之战兵败自杀，死前立下"七生报国"的誓言，意为即使死去七次也要转生尽忠。

　　4月6日、7日，以九州的第5航空舰队和第6航空军为主要兵力，中国台湾和先岛群岛的第1航空舰队和第8飞行师团为辅助兵力，出动海军飞机462架、陆军飞机237架，共699架飞机参加了这次攻击，其中特攻机达355架。两天的疯狂出击，日军以损失335架飞机的代价（约占出击总数的48%），换来了巨大的战果。美国海军前出的防空驱逐舰群首当其冲，3艘驱逐舰被击沉，此外坦克登陆舰1艘、万吨级军火船2艘也被击沉，战列舰"马里兰"号，十多艘驱逐舰、护卫舰、布雷舰遭到重创。尽管战前美军就估计到了日军会发动自杀性攻击，但日本人攻击之疯狂、美军损失之惨烈，仍令美军胆战心惊。冲绳岛上美军控制的机场及海上的舰队进行了强行侦察。就在这一天，联合舰队决心将残存的海上部队主力——第2舰队，编成海上特攻队，冲进冲绳美军的停泊地，实施特攻作战。

　　其实经过莱特湾一战后，已丧失了大部分主力舰艇，在其主力折损

即将撞击美军战舰的"神风特攻队"战机

大半后，联合舰队残余的水面舰艇退至文莱，整编为第 2 舰队，由伊藤整一海军中将接替因在莱特湾海战中出现重大指挥失误而被撤换的栗田健男出任司令，并于 1944 年 11 月 24 日回到日本本土的吴港。

伊藤整一，1890 年出生于日本福冈县三池郡高田町，1911 年毕业于海军兵学校 39 期；1923 年海军大学 21 期次席毕业，曾任海军驻美国中佐武官，并在耶鲁大学就读。开战时，任军令部次长，后两度出任海军大学校长。此番任第 2 舰队司令官后，伊藤整一提出了优先修理军舰的方针，这与海军计划优先生产特攻兵器"海龙"和"震洋"，推迟修理大型军舰的思路完全不符。但最后，在伊藤的坚持下，海军还是决定将战舰"大和""榛名"在吴港海军工厂进行修理，"长门"在横须贺进行修理。

1945 年 3 月 17 日，联合舰队判断美军对冲绳的登陆迫在眉睫，命令第 2 舰队前出至濑户内海西部的德山锚地，进行出击准备，以配合航空攻击。作战计划由联合舰队司令长官丰田副武大将立案，具体计划是"大和"号战列舰及其他战舰向冲绳本岛前进，于 4 月 8 日拂晓突入冲绳以西海域，歼灭美军登陆编队，支援冲绳岛上守军夺回机场，继而所有战舰坐礁成为固定炮台进行炮击，弹药用完后船员再转为陆战队与美军部队作战。可以说，这个作战从一开始就是一个完全不考虑成员生还可能的计划。

"菊水特攻"中的日本海军战列舰"大和"

原先预定投入"大和"号与"长门"号战列舰，但由于位置问题（长门当时停泊于横须贺），最后只能出动"大和"号。此外，燃料也是个问题，由于燃油严重短缺，联合舰队费尽九牛二虎之力才搜集到2500吨燃油，还不到"大和"号燃油舱容量6400吨的一半，勉强能保证前往冲绳的单程油耗所需。而且因为航空兵力全数投入"菊水作战"，对这支出击的舰队没有任何空中掩护，完全是一次地道彻底的自杀性海上特攻行动。

　　3月29日，"大和"号由吴港出航往德山附近海域待机。4月1日，当美军登陆冲绳之后，联合舰队司令长官丰田副武大将下令舰队实施出动。此时，海军内部并不是没有反对的声音，军令部次长小泽治三郎在得知了这个计划后，以"积极作战是好事，但是现在这已经不能算是作战了"为由，劝联合舰队再做商榷，但最终没有人听取他的意见。不过，联合舰队下达的"舰队只能装载单程燃料"的指示被否决了，从军令部到各燃料基地反对声一片，最后还是在联合舰队参谋千早正隆中佐的努力下，第2舰队所有船都装满了返程的油料。

　　4月5日，联合舰队决定以第2舰队的"大和"号战列舰、"矢矧"号巡洋舰和"冬月""凉月""矶风""滨风""雪风""朝霞""霞""初霜"号8艘驱逐舰组成海上特攻队，配合"菊水一号"进行航空特攻作战，联合舰队参谋长草鹿龙之介少将亲自带着作战参谋三上作夫中佐来宣布作战命令。据说草鹿是以"希望（大和）能成为一亿总特攻的先锋

日本海军著名的"祥瑞"——"雪风"号驱逐舰

　　　　　　　　　　　　　　　　　　　　　太平洋战争全史

（一億特攻の魁となって頂きたい）"，这句话压倒了第2舰队内所有的反对声音。

4月6日下午，"大和"号全舰3000官兵在甲板上集合，听舰长宣读联合舰队司令丰田副武发来的出击命令，随后全体高唱国歌、军歌，并三呼万岁，然后拔锚启航，一起从濑户内海的三田尻起锚启程的战舰还有第2水雷战队下属第41驱逐舰队、第21驱逐舰队、第17驱逐舰队的"冬月""凉月""朝霜""初霜""霞""矶风""浜风""雪风"，及水战旗舰"矢矧"号轻巡洋舰。

由于下关海峡已被美军布设的水雷封锁，舰队只得经丰后水道沿九州岛南下。其头就任第2舰队经过丰后水道时，就已经被部署在丰后水道的美军SS-410"金线鱼"和SS-29"淡水鲨"号潜艇发现了。由于这两艘潜艇的任务是监视丰后水道，所以第2舰队没有遭到攻击。不过"线鳍鱼"和"棘鱼"号潜艇将情报迅速向第5舰队司令部报告了。

接到报告的第5舰队司令雷蒙德·阿姆斯·斯普鲁恩斯海军上将立即下令莫尔顿·L.迪约少将指挥下的第54特混舰队做好作战准备，同时命令马克·米切尔中将的第58特混舰队进入作战准备。接到命令的米切尔立即率领58特混舰队的第1、第3、第4特遣大队向冲绳东北海域航进，而第2大队因正在冲绳以东海面进行水上补给，没有参加此次战斗。

此战双方兵力为：

日方

第1游击部队

第1航空战队

战舰大和（舰长：有贺幸作大佐，副长：能村次郎大佐，炮术长：黑田吉郎中佐）

第2水雷战队（司令官：古村启藏少将）

轻巡洋舰矢矧（舰长：原为一大佐）

第41驱逐队（司令：吉田正义大佐）

冬月（舰长：山名宽雄中佐）

凉月（舰长：平山敏夫中佐）

第 17 驱逐队（司令：新谷喜一大佐）

矶风（舰长：前田实穗中佐）

浜风（舰长：前川万卫中佐）

雪风（舰长：寺内正道中佐）

第 21 驱逐队（司令：小滝久雄大佐）

朝霜（舰长：杉原与四郎中佐）

初霜（舰长：酒匈雅三少佐）

霞（舰长：松本正平少佐）

对潜扫讨队

第 31 战队（司令官：鹤冈信道少将）

花月（舰长：东日出夫中佐）

榧（舰长：岩渊悟郎少佐）

槙（舰长：石冢荣少佐）

美军

第 58 特遣舰队（司令：马克·米切尔中将）

有航空母舰 11 艘，分别为：CV-9 埃塞克斯号、CV-10 约克城号、CV-11 无畏号、CV-12 大黄蜂号、CV-17 邦克山号、CV-19 汉考克号、CV-20 本宁顿号，以及护航航母 CVL-24 贝劳伍德号、CVL-27 兰利号、CVL-29 巴丹号、CVL-30 圣哈辛托号，航母舰载机 386 架，以及莫尔顿·L.迪约少将的第 54 特混舰队，以"马萨诸塞""印第安纳""南达科他""新泽西""威斯康星"和"密苏里"这 6 艘战列舰为核心，前 3 艘是"南达科他"级，后 3 艘是最新式的"衣阿华"级，还有关岛号、阿拉斯加号大型巡洋舰和大量驱逐舰。

从三田尻出发以前，伊藤整一就将四份遗书交给了留守的副官，让他带给自己的太太和 3 个女儿，但伊藤没有留遗书给儿子——海军兵学校 72 期毕业、第 5 航空舰队特攻队的伊藤睿中尉。这是伊藤整一认为没有必要，很可能儿子已经前往冲绳实施特攻去了。

4 月 7 日 6 时，"大和"号率领舰队通过大隅海峡，经九州岛最南端的佐多岬后，伊藤整一决定以 280 度航向先向西，尽量避开美军飞机的搜索，到黄昏后再转向冲绳。而此时，第 58 特混舰队从拂晓时分就出动了约 40 架飞机，呈扇面搜索冲绳北面海面，而担负攻击任务的机群则在航母甲板上待命，只等一发现日本舰队就立即起飞攻击。

此时，"大和"号的天空中有第 5 航空舰队司令长官宇垣缠中将派来的 15 架零式战斗机在护航，这 15 架零式战斗机的带队队长就是伊藤睿中尉。

第 5 舰队司令雷蒙德·阿姆斯·斯普鲁恩斯海军上将犹豫过是用舰炮消灭"大和"号战列舰，还是用航母舰载机轰炸。当"埃塞克斯"号航母的侦察机于 8 点 32 分在甄列岛西南发现了第 2 舰队时，斯普鲁恩斯更加犹豫了。此时正在空中巡逻的从庆良间列岛起飞的 2 架水上飞机闻讯后也赶到目标所在海域跟踪监视。9 点 15 分，第 58 特遣舰队司令马克·米切尔中将派出了 16 架战斗机前来实施跟踪。这些战斗机始终

"大和"号最后的航线图

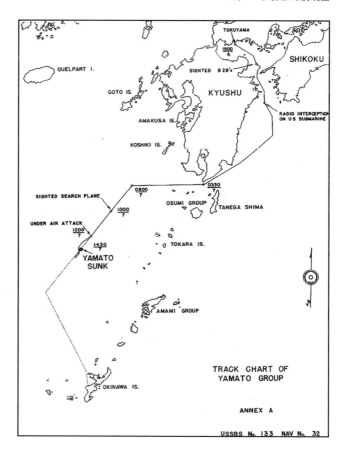

保持着与第2舰队的接触，并不断向米切尔报告对方的位置、航向和航速。

　　此时第2舰队的队形是以"矢矧"号轻巡洋舰、"大和"号战列舰为中央，周围由"冬月""凉月""初霜""霞""矶风""滨风""雪风"环绕保护，"朝霜"号由于引擎故障而脱队。由于不能确定第2舰队是否会进入长崎的佐世保港，因此马克·米切尔中将向雷蒙德·阿姆斯·斯普鲁恩斯海军上将发出了著名的电报"你上还是我上？"（Will you take them or shall I）而斯普鲁恩斯的回复则是"你上吧"（You take them）。

　　10时前后，美军第一攻击波起飞 F6F"恶妇"战斗机 132 架、SB2C"俯冲者"俯冲轰炸机 50 架、TBF"复仇者"鱼雷机 98 架，共计 280 架，直扑向第2舰队。

　　第1波攻击队于12时30分开始攻击，第2舰队则以速度25节作回避行动，同时以所有火力实施对空战斗。虽然"大和"上的24门27毫米高射炮和156门25毫米机关炮为这艘庞大的战舰提供了强大的火力，而"冬月""凉月""初霜""霞""矶风""滨风""雪风"等舰也以全部炮火开始对空射击，但至少还是有4枚炸弹落到了第3号主炮塔附

"大和"号的末日

近，其中2枚225公斤炸弹穿透了后部主甲板爆炸，将战舰后部的155毫米副炮和预备射击指挥所炸毁。12时43分，左舷前部被1发鱼雷命中，航速降至22节。

其他军舰的情况更糟糕了，12时46分，"矢矧"号轻巡洋舰轮机部分被鱼雷击中，无法航行。"滨风"号驱逐舰被一条鱼雷和一枚炸弹命中，舰体断裂于12时47分沉没。"凉月"号驱逐舰被450公斤炸弹命中，燃起大火。"冬月"号被两发火箭弹击中，幸运的是都没爆炸，逃过一劫。13时10分，第一波美机投完了所携带的鱼雷炸弹，返回母舰。至于轮机故障的"朝霜"号，在第2舰队被空袭之前已经被美国人炸沉了。

13时35分，美军第二攻击波飞机到达。仅仅两分钟后，"大和"的舰体乙舷中部被3条鱼雷命中（分别命中143、124、131号肋骨），使其舰体左倾达7—8度。几乎与此同时，由于被一枚450公斤重的航空炸弹命中注排水控制舱，炸毁了排水阀门，从而使得"大和"舰无法进行排水作业，舰长下令向右舷舱室对称注水以恢复舰体平衡。两个舱室的数百官兵很快被汹涌而入的海水淹死。总共向右舷注入了3000吨海水，牺牲了数百名舰员和全舰一半的动力，"大和"号只能使用左舷一半的动力运转，航速锐减，再也无法进行有效的机动。即使付出这样巨大的代价，还没将左倾消除。

此时，美军飞机的攻击也更加凌厉了，战斗机扫射，压制对方高射炮轰炸，乘机投下所携的炸弹，而鱼雷机集中对"大和"左舷进行攻击。

13时44分，"大和"舰的左舷中部又被2条鱼雷命中，使左倾增加到15—16度，而且舵机失灵。"大和"号升起了遇难旗，航速只剩下7节，甲板上到处是弹洞，被炸开的钢板四下翻卷。由于左倾已达15度，大口径高炮已经无法操纵，只有25毫米的机关炮还能勉强射击。

14时01分，一批美机俯冲而下，投下的炸弹有三枚在左舷中部爆炸，此时"大和"舰的左倾加大到35度。

14时07分，一条鱼雷击中右舷150号船肋，此时"大和"号的上层建筑面目全非，全舰被浓烟烈焰所包围，完全丧失了机动能力，防空火力微乎其微。

14时12分，"大和"舰左舷中部和后部又被2条鱼雷命中，舰体倾斜达16—18度。由于右舷注排水区已经注满水，只能继续往机械室、休息室和锅炉舱里注水，与此同时"大和"号升起了紧急求救信号旗。

14时15分，又有一条鱼雷击中左舷中部，伤痕遍体的"大和"号再也经受不住，左倾达到80度，甲板几乎与海面垂直，航速渐渐减至7节，舰长被迫发出了弃舰令。

14时23分，由于弹药库里的460毫米炮弹滑落下来，撞穿了弹药舱甲板，引爆了舱中的炮弹，随后主炮弹药库发生爆炸，剧烈的爆炸简直将"大和"号舰体炸断，烈焰冲天而起，翻滚的蘑菇状烟柱竟高达1000米，甚至连110海里外鹿儿岛的居民都看到了大爆炸的火光与浓烟，海面上顿时出现一个深达50米的旋涡。不多时，后主炮炮塔里的弹药也在水下爆炸。伊藤整一中将与舰长有贺幸作大佐拒绝离舰，随舰沉没，全舰2498名官兵（连同司令部人员共有2767人）中仅有269人获救（另有7名司令部人员获救）。

在美军攻击"大和"号的同时，部分美机也对"矢矧"号巡洋舰和驱逐舰发动了攻击。"矢矧"号已经丧失了机动能力，因此接连受到重创，累计被7条鱼雷和12枚炸弹击中，于14时05分倾覆沉没。"矶风"号、"朝霞"号和"霞"号驱逐舰也先后遭到重创，不得不自沉。

巨大爆炸中沉没的"大和"舰

而在"大和"号沉没后，第41驱逐舰大队大队长吉田正义大佐接替指挥。他一面组织残余舰只打捞落水人员，一面向联合舰队司令发电报告战况并请示下一步行动指示。16时39分，联合舰队鉴于预期计划已无法实现，决定终止海上特攻，吉田正义大佐随即率领余下的4艘驱逐舰带着创伤，于8日回到了佐世保基地。

虽然第2舰队的决死特攻失败了，但日本海陆军航空兵在 4 月 8—11 日间始终维持着断续的航空攻击。仅在 11 日的攻击中，美军就有航空母舰"企业号"、战舰"密苏里"号等被特攻机命中受损，"埃塞克斯"号航母吃水线下的船体受损。

（五）绝地反攻——日本陆军第 32 军的战略反击和最终覆灭

就在彻底打残联合舰队的同时，冲绳岛的作战也很顺利。穿越石川地峡的陆战 1 师、陆战 6 师在 4 月 4 日分别推进到中城湾、金武湾的石川后，就把冲绳岛分割成南北两部分。随后，海军陆战队向北、陆军第 24 军向南。海军陆战队在到达冲绳岛颈部前，只遇到微弱的抵抗，直到 4 月 8 日才开始遇到日军顽强抵抗。其实在这之前，第 32 军曾计划实施大规模的反击。本来第 32 军只是固守方向，但大本营并不满意，在出动海空力量实施特攻的时候，冲绳岛的第 32 军却不见行动，于是大本营不断督促第 32 军立即发动反击，赶美军下海。军司令官牛岛满中将在大本营的一再督促下，准备于 4 月 8 日发动对机场的总反击。

可当牛岛满中将命令第 62 师团、第 24 师团、独立混成第 44 旅团分四线重叠展开，准备发起总攻时，4 月 7 日午后 3 点左右，发现有一支由 100 多艘登陆舰组成的美军舰队出现在牧港海面，因担心敌军从侧背登陆，按照曾经强烈坚持持久战略的军司令部八原大佐的意见，在发动之前又中止了总攻，这也就等于是第 32 军根本没有配合"菊水作战"。不过第 32 军本来就对这次反击不积极，发现那霸附近海面有美军数百艘舰船活动，正好以此为借口取消了反击，而将全部兵力用于依托工事进行坚守防御。

此时，美军依然进展相当顺利，海军陆战队进入国头地区，陆军第 24 军正逐步逼近第 32 军主阵地。然而从 4 月 8 日这天起，美国人的好日子结束了。在这个星期天，北部的陆战 6 师越过本部半岛颈部后，其快速进攻被阻止，他们开始遇到日本人的顽强抵抗。冲绳本部地区山岳和木林，日军集中在八重岳，此处位于本部半岛的陡峭石壁及地峡之中，驻守在此地的是独立混成第 44 旅团的第 2 步兵队主力（1 个大队）。八重岳地区战斗十分激烈，日军将他们的重机枪隐藏在喀斯特地形天然的洞穴内，这使得美军舰炮无法实施炮击，就连飞机也无法轰炸，但是日本人却能够居高临下地扫射，每当陆战队员们接近时就会被大量地杀伤。

而在南部，第 24 军也遇到日军在坚固防御阵地上进行的顽强抵抗。就在 4 月 8 日这天，美军前进到了牧港—嘉数—西原—和宇庆一线，这里石灰石的丘陵连绵起伏，有许多天然山洞，坟墓星罗棋布，还有许多台地、悬崖和山谷。由于山的走向全是由东向西，日本人便在这里部署了重重防线。

在美国陆军第 24 军的前面，是日军严密布防的阵地。其实在 4 月 5 日，美军就和防御在 161.8 高地的独立步兵第 147 大队第 1 中队（长谷川中队）发生前哨战。7 日这天，第 7 步兵师在北上原阵地也与日军发生交火。此战美军出动 10 辆坦克、5 辆装甲车，但被日本人以"肉弹"攻击的方式击退。不过最为激烈的战斗是在一小小的高地处。

冲绳岛南部的战略态势图

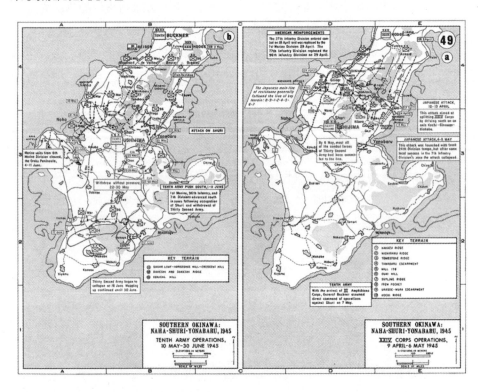

这个高地看上去算不了什么障碍，因为它既不高，也不十分崎岖不平，不过是长满了野草、灌木和小树，这就是嘉数高地。此处实际上是位于冲绳本岛中心部的南方，现在属于宜野湾市，战时被命名为70高地。

守备70高地的主力是日本陆军第62师团。由于该师团原本是在后方的治安维持师团，没有师团炮兵，重机枪也很少，缺乏野战能力，因此第32军为了加强嘉数高地的防御，抽调了一些军直属炮兵加强给第62师团。但第32军的火炮也不是很充分，而且在日军的作战计划中，嘉数高地只是对美军起迟滞和骚扰作用，首里防线才是和美军的决战地。所以在将第62师团派到嘉数高地附近后，只派了一些臼炮、高射炮、速射炮。在战斗开始之前，第62师团获得的增援是第32军直辖的野战高射炮第81大队、入部兼广中佐的独立臼炮第1联队、高桥岩大尉的独立速射炮第22大队、陶山胜章少佐的独立机关枪第4大队，此外还有吉田胜大佐的步兵第22联队、北乡格郎大佐的步兵第32联队、下田直美大尉的独立步兵第272大队、楠濑一珍大尉的独立步兵第273大队，以及独立第2大队，总兵力约15000人。

其实嘉数高地的战斗从4月5日就发生了前哨战，在嘉数北面的85高地，第62师团所属步兵第63旅团的独立步兵第13大队就在原宗辰大佐的指挥下，与高桥岩大尉的独立速射炮22大队配合，和美军第

陷入短兵相接的美国海军陆战队士兵

96 步兵师所属第 383 步兵团发生战斗。自 4 月 5 日至 7 日，美军损失了 5 辆 M4 "谢尔曼" 中型坦克，并伤亡了数百名士兵，而高桥岩大尉的独立速射炮 22 大队，全部一式速射炮在此战中损失了 10 门。7 日，由于兵力悬殊，独立步兵第 13 大队全部撤离阵地，退往嘉数高地。而独立速射炮 22 大队仅存的两门一式速射炮并没有撤退，他们隐藏在路边，炮口朝向首里方向，从侧后方偷袭美军的战车。

由于从 4 月 8 日开始，美军全线进攻牧港—嘉数—西原—和宇庆一线，嘉数高地也开始爆发出激战。这一天，第 383 步兵团的团长梅上校下达了 "9 日前占领嘉数高地" 的命令——这是由于登陆之后，美军一路过于顺利的原因，因此梅上校轻敌了。"一天就能占领嘉数高地，打开南下的门户" 的想法显然是个大错。

按照命令，第 383 步兵团 1 营、3 营从 9 日清晨 6 点开始就发起了进攻。猝不及防的日军，一度被美军突破到嘉数阵地纵深，但他们很快就清醒过来，开始拼死抵抗，一些地带发生了大规模的白刃战。双方鏖战了 4 个小时，到 10 时，伤亡惨重的美军开始撤退。此战，由于日军以迫击炮、机关枪、掷弹筒压制了美军的后续跟进，继而对进入纵深的美军实施分割，并以刺刀白刃战的方式进行驱逐，因此双方伤亡都很大。此战中受到猛烈攻击的独立步兵第 13 大队几乎阵亡了全部军曹，以至于步兵第 63 旅团长中岛德太郎少将不得不将独立步兵 272 大队派往前线增援。

4 月 9 日，由于陆军第 24 军主力遭到了顽强抵抗，推进严重受阻，美军只得将留船预备队陆军第 27 步兵师投入南线作战。4 月 10 日，对嘉数高地的攻击再度开始。然而日军以山洞、战壕为掩体，很好地躲过了美军的压制火力，在美军冲锋的时候爬出来给美军致命一击。而他们所用的各类迫击炮、野战炮和山炮也给美军带来了巨大的麻烦。不过就算是这样，位于高地西北的阵地仍被美军突破。尽管日军一度实施反击，企图夺回阵地，没有成功，但美军第 96 步兵师所属第 383 步兵团、第 381 步兵团的推进也到此为止了。

由于在嘉数高地前被迟滞太久了，第 24 军决定以第 96 步兵师全部力量发起攻击，以一举拿下这个该死的山头。而此时，日军也准备发起一次大规模的反扑，以夺回之前失去的阵地。在步兵第 63 旅团长中岛德太郎少将的指挥下，大批的日军开始向嘉数高地集结。这样，一场激战就此开始。

4月12日，第96步兵师在猛烈的炮火掩护下，对嘉数高地发起了攻击，同时航空兵也开始实施近距离的火力支援，然而这次攻势却以惨重的伤亡而宣告结束。在日军部署在反斜面阵地上的炮兵打击下，美军付出了极大代价，不过日军夺回阵地的计划，也因为美军的这次反击而宣告流产。当天晚上，日军一度以楠濑一珍大尉的独立步兵第273大队实施夜袭，但在接近阵地的时候，遭到了美军舰炮及陆军炮火的压制，双方从夜间激战到次日。

此时，联合舰队司令部综合各项情报，认为"敌军有动摇迹象，战机十有七八即将成熟"，于是决心乘此机会，投入指挥下的全部空军兵力，进行总追击，坚决完成"天"号作战。为此，联合舰队司令部于4月9日发布电令，继续发动总攻，全歼美国舰队。

第二次总攻预定于4月10日发动，但到4月12日才开始。海军354架飞机与陆军124架飞机中，含海军103架、陆军72架自杀飞机，日方宣称其战果是击沉各种舰船47艘。而实际战果是共击沉美军驱逐舰、登陆舰各1艘，击伤战列舰"密苏里"号，驱逐舰6艘，护卫舰3艘，扫雷舰、布雷舰和登陆舰各1艘，舰队航空母舰"企业"号也遭到损伤；日军损失飞机205架。这次作战中，首次出现"樱花弹"的人操炸弹，此种炸弹其实就是火箭助推的载人航空炸弹，由一式陆攻、九六陆攻携带到达战区后脱离载机，由敢死飞行员驾驶冲向目标。它装有1吨烈性炸弹，由3台固体燃料火箭发动机推进，时速高达800千米，威力很大，美军则称为"八格弹"。由于体积小重量轻，美军较难将其击落，因此对海军威胁很大。

由于这次特攻中，美军损失很大，这就更加激发了大本营海军部和联合舰队进行决战的思想。日本国内舆论界也纷纷宣扬应该在冲绳决战。在国民间，期望通过此次作战挽回战局的气氛也越来越高涨。就在此时，4月13日，美国总统富兰克林·罗斯福在佐治亚州的小别墅里病逝。尽管日本首相铃木贯太郎给美国人民广播了他的吊慰，对使"美国取得今天的有利地位"的人物的逝世表示"深切同情"，但日本军方并不这么认为，他们大肆散播题为"美国的悲剧"的传单，声称：

我们对于罗斯福总统之死表示深切哀悼。他的逝世给冲绳造成了美国的悲剧。你们必定已看到，你们 70% 的航空母舰、73% 的战列舰或是沉没或是受伤，使 15 万人伤亡。不仅是已故总统，就是其他任何人，听到受了这种毁灭性损失的消息，都会因忧愁过度而去世。导致你们已故领袖去世的可怕损失，将使你们成为本岛的孤儿。日本的特攻队会把你们的舰只炸沉，连一般驱逐舰也不剩。你们会亲眼看到，在不久的将来就会实现。

与此同时，大本营也急不可耐地再次催促第 32 军抓住时机发动反击。然而在八原高级参谋的坚持下，牛岛满中将并没有投入大批部队，而是仅仅投入第 24 师团、第 62 师团的部分部队。结果猝不及防的美军损失极为惨重，全凭后续部队的重炮和海空优势火力才将日军攻势遏制。

陆军的胜利也让海军看到了希望，4 月 16 日，日军发动"菊水三号"作战，出动海军飞机 391 架，陆军飞机 107 架，共 498 架，其中自杀飞机 196 架。而此时，美军为了减少损失，已经在日本飞机可能出现的方向派出前出警戒舰，当发现日机飞来，一边发出预警，一边引导战斗机前去拦截。此外还在刚占领的冲绳岛机场上布置了大量战斗机，专门用于截击日军来犯飞机。于是这一次特攻作战，日军收获并不大，击沉运输舰和军火船各 1 艘，击伤驱逐舰、医院船各 1 艘，运输舰 2 艘，自身则是损失了 182 架。这个代价是巨大的，因为对日军而言，无论是损失的飞机还是飞行员都很难迅速补充。

此时，在北面，海军陆战队正气势如虹地将本部半岛上的独立混成第 44 旅团的第 2 步兵队主力逼入绝境，正在进行最后的肃清。就在陆战队全力对八重岳发起攻击的时候，美国陆军第 77 步兵师也对位于本部半岛以西 5 千米的伊江岛发起了攻击。这个呈椭圆形的小岛除了岛中央有一座标高 172.2 米的死火山——城山巍外，其余地势平坦，但 30 米高、延长约 2 千米长的断崖绝壁却是美军登陆的最大麻烦。4 月 16 日上午 8 点，在舰炮火力掩护下，第 77 步兵师开始登陆，目标直指进攻的主要目标——飞机场。前进的美军从登陆之后，就开始遭到日军的顽强抵抗，岛上的日军为独立混成第 44 旅团的第 2 步兵队的第 1 大队，兵力不过为 650 人，此外还有一些现地召集的特设部队，全岛守备队人

数不过 2000 人。然而数量上
处于劣势的守军，利用挖掘的
坑道、山洞以及明碉暗堡，做
着拼命而疯狂的抵抗。此战
中，做"嵌入式"新闻报道的
著名记者厄尼·派尔死于日军
枪弹之下。

陷入泥泞的美军坦克

所谓"嵌入式"新闻报
道，是美国军方为了鼓舞士
气，并且获得更广泛的社会支
持，大量鼓励战地记者尽可能
地贴近战场，甚至和士兵同吃
同住，就在战地现场实地拍照
和采访。记者们往往从一个普
通士兵的角度来看待战争，他们和士兵生死与共，文字自然能够更吸引
国内的群众。

厄尼·派尔是印地安纳州人，进入大学后，学的是新闻专业，毕业
后一直从事记者和编辑工作。第二次世界大战中，他极为活跃，以"大
兵记者"的身份，跟随美军去过北非、西西里、法国。而在太平洋战
场，派尔曾经随队登上硫磺岛，其笔触几乎覆盖了美国海军、陆战队、
陆军所有的兵种，发表的文章被数百家报纸转载。几乎每一个军人都很
喜欢他，无论是高级将领，还是前线大兵。

因此，当美联社记者从伊江岛发回一份电传"同事们和将士们所
喜爱的战地记者厄尼·派尔，今晨被日军一名狙击手的子弹击穿左太阳
穴……"时，所有人都感到惊讶。当天，总统哈里·杜鲁门很快在美国
白宫对外宣布："全国将很快为厄尼·派尔的死再次陷入悲恸之中。"并
表彰他为"建立丰功伟业的美国普通士兵的代言人"。

厄尼·派尔的死是一个意外。4 月 18 日，他随同部队去前沿时，
途中遭到了机枪火力射击。身材矮小、弱不禁风的派尔纵身跳入路边的
沟内躲藏，当他抬头向上望时，鬓角中弹，当场死亡。美国陆军第 77
步兵师的官兵们将他埋葬在岛上。如今在当地，依然有他的墓地，上

面的碑铭是"1945年4月18日，第77步兵师在此失去一名弟兄：厄尼·派尔"。

和派尔一样死在伊江岛上的，还有218名美军官兵。但终究，在完成了对庆良间列岛的占领之后，第77步兵师又控制了冲绳的另一个离岛。至此，冲绳本岛已经全部孤立。而陆战队此时也已经基本占领了冲绳岛除本部半岛外的北半部。4月19日，陆战队攻下八重岳，控制了这个山头，整个半岛几乎是一览无余，因此攻下八重岳实际上结束了冲绳北半部的战斗。

在美军中，海军陆战队一向以作战勇猛著称。这次登陆冲绳岛，陆战队前期是捏了个软柿子，陆战1师、陆战6师除了在八重岳遭到抵抗之外，几乎没有遭到什么大的抵抗。陆6师本来位置就比陆1师靠北，因此在占领了八重岳后，该师向北推进得更快，先头部队已经抵达了冲绳北部的边户崎。而陆战1师稍靠后，但也抵达了铭湾附近，正在扫荡该地区的几个日军据点。此后，陆1师继续向北，与向南折进的陆6师会师于安波，于4月21日完全占领岛的北部地区。

在南线，美国陆军第24军的进展依然缓慢。第27步兵师在4月9日登陆岛上西海岸后，并没有改变战局。在东面的第7步兵师也是进展缓慢，而中间的第96步兵师还在嘉数高地前停滞不前。4月16日，在对嘉数高地展开的攻势中，美军付出了极大的伤亡，但依然被西侧阵地的日军所击退。不过，独立步兵13大队和273大队对西北侧美军的夜袭也再次失败，并且这两个大队遭到了很大损失。双方交战到18日，美军终于取得了较大进展，成功将第62师团的步兵第63旅团的阵地切割开来。

第24军的军长约翰·霍奇少将承认"这仗确实难打"，他判断"在岛的南端，有65000—70000名日军藏在洞里"，因此"除了一码一码地把他们炸出来外，没有别的办法"。

为了能够打破僵局，美军决定从19日开始，对日军的防御体系发起总攻。当天5点40分开始，6艘战列舰、6艘巡洋舰和8艘驱逐舰开始炮轰横穿全岛的防御体系。20分钟之后，27个野战炮兵营也加入到炮击中。在太平洋战争中，就一次炮击而言，这次是最猛烈的，美军总共发射了19000发炮弹。此外，还有650架舰载机对日军阵地实施了猛烈轰炸。

炮火掩护之下，第 7 步兵师在东、第 96 步兵师在中央，发起了进攻。50 分钟之后，第 27 步兵师也加入到了进攻中。这次进攻，为步兵加强了工兵和战车的配备，而第 62 师团则得到了第 32 军司令部的补充。双方的战斗开始极为惨烈。让美国人感到惊讶的是，虽然空地火力极为猛烈，但似乎日本人没有受到什么太大损失，以至于 4 月 19 日早 7 点 30 分，美国陆军第 27 步兵师第 105 步兵团首先发起进攻时，立马遭到了日军机枪、火炮的集中射击，进退维谷，动弹不得。1 小时后，美军第 193 坦克营 A 连的 30 辆 M4 "谢尔曼" 中型坦克（其中 4 辆为喷火型）加入到作战中。该连通过了嘉数阵地和西原阵地的中间，向嘉数阵地前进，迫使日军转而应战，从而让第 105 步兵团得到了解脱，可第 193 坦克营 A 连自身却陷入了麻烦中。

先是有 4 辆 "谢尔曼" 触雷，接着之前没有撤退的独立速射炮 22 大队仅存的两门一式速射炮也加入到了偷袭中。他们只用了 16 发炮弹就击毁了美军 4 辆 "谢尔曼"，而自身毫发无伤——这是因为美军坦克没有步兵协同保护，车内的战车兵视野狭小，难以发现隐藏的日军速射炮。有的美军车长为了观察日军火炮所在，只好钻出炮塔，却遭到日本人的精确射击，非死即伤。所以美军一直没有发现日军独立速射炮 22

美军喷火坦克

大队仅存的两门一式速射炮的位置，更无法做出任何反击。

战斗持续到了 10 时左右，第 193 坦克营 A 连部分残存的坦克继续前进。日军独立步兵 272 大队决定消灭这些美军坦克，他们采取了极为疯狂的攻击。由于得不到步兵的支援，第 193 坦克营 A 连蒙受了巨大损失，在 13 时 30 分后，该连损失了 22 辆坦克，仅有 8 辆撤回了。战斗持续到当天黄昏，第 24 军的进攻停滞了下来。如果不是日军保留大部分力量以防守南部更远地区，及海军陆战队第 2 师在东南部的凑川海滩登陆以牵制日军后备力量，伤亡可能更大。

次日，战斗继续。连日激战，美军和日军伤亡都很大，但总体来说，日军损失更大，因为美军依靠数量和火力优势渐渐控制了战场。这一天，在嘉数阵地，美军终于取得了突破，第 27 步兵师第 105 步兵团 1 营从西北侧攻入对方阵地，激烈的白刃战再次爆发。依靠着强大的火力支持，到 16 时 30 分，美军终于攻入了嘉数阵地，并将日军驱赶到了阵地的东侧。虽然进一步的攻击被日军击退，但第 62 师团也无力继续反扑了。至此，嘉数阵地西侧的几乎每个阵地都遭到了美军全线攻击，而西侧阵地的日军不但无法击退美军，也无法撤退，只得在阵地上负隅顽抗直到全军覆灭。这一天结束时，美军终于夺取了除东部以外的全部嘉数阵地，而嘉数阵地的日军也用火炮最后一次给予西原阵地以炮火支援。

4 月 21 日，美军逐步将日军扫荡消灭，而日军则在剩余阵地上做拼死顽抗。第 27 步兵师与日军战斗到深夜，因为耗完了所有预备兵力，只好停止进攻退出了战斗。当天夜间，日军还组织了夜袭，但被得到舰炮射击支援的美军击退。接连的失败，使得美军做出决定，将投入嘉数高地争夺战的第 7 步兵师、第 27 步兵师、第 96 步兵师中保存建制较好的步兵营抽出，加强了坦克、工兵，并于 24 日发起总攻。但此时，嘉数、西原、棚原、157 高地的日军守备队除留下几百名重伤员和不愿撤退的士兵外，其他人员全部撤离了阵地。于是美军在 24 日的进攻中，并没有遭到太大抵抗，仅仅两个小时，就完全占领了嘉数高地。日军留下的几百名伤兵几乎全部战死或自尽。至此，持续了 16 天的嘉数高地攻防战结束。

嘉数高地之战的结束，并不意味着冲绳作战的结束。美陆军第 24

军的进展一直很缓慢，第 96 步兵师在接近首里防线的心脏地带——前田高地时，再次遭到顽强抵抗。由于有悬崖峭壁这个天然屏障，该高地堪称是一个名副其实的堡垒。美军的进攻一下子被击退。尽管炮兵和航空兵给予了猛烈的火力支持，投下了大量的炸弹和凝固汽油弹，发射了众多炮弹，但日军利用坑道躲避美军的轰击，当美军炮火开始延伸，地面部队展开攻击时，才进入阵地迎战，因此美军的攻势一次次被瓦解。不过日军的情况也好不到哪里去，第 32 军在西海岸正面的主阵地逐渐遭到美军蚕食。4 月 22 日、23 日前后，尽管第 62 师团等部队连日进行拼死战斗，但其战线已日渐危殆。第 32 军只好抽调驻在南部的第 24 师团和第 44 独立混成旅团来加强第一线。

按照第 32 军司令部的判断，面前的美军除了第 24 军的三个师和国头方面的海军陆战队第 3 军团的两个师以外，在中间地区还有备用一至两个师。而大本营认为，把登陆的敌军消灭在海面上，是"天"号航空作战的最大目的，但这已完全失败。第 32 军迎击的乃是完整无缺登陆的六至七个师的敌军。

尽管第 32 军阵地处于危险中，但得到第 24 师团的增援后，日军的兵力更为充足了，美军的前进变得更加艰难。此时，第 10 军团司令小西蒙·玻利瓦尔·巴克纳中将又拒绝了在日军防线背后进行两栖登陆的建议。他的理由是：南面的暗礁太危险，海滩不适宜装卸给养，即使建立了滩头阵地也很可能寡不敌众，被优势的日军团团围住。性格暴躁的太平洋战区两栖部队司令里奇蒙德·凯利·特纳海军中将本来就对陆军的缓慢进展大为不满，他公然指责巴克纳的指挥和战术，引发了陆、海军军种之间的矛盾。

其实这个矛盾由来已久。在冲绳岛战役进入准备阶段时，身为盟军西南太平洋战区总司令的道格拉斯·麦克阿瑟上将率领下的大军还深陷菲律宾战场，冲绳诸岛孤零零地散布在万顷波涛之中，怎么着也是太平洋战区总司令兼太平洋舰队总司令切斯特·尼米兹上将和他麾下的海军、海军陆战队的事情。但攻占冲绳岛被称为"破门之战"，其重要性自不待言，就这样置身事外，老麦克阿瑟终究心有不甘。于是在他的努力下，小西蒙·玻利瓦尔·巴克纳中将的第 10 军团将负责冲绳岛上的作战。这个军团除了下辖陆军第 24 军之外，还下辖海军陆战队第 3 两栖军。第 24 军参与过莱特岛之战，但当时，该军及所属第 7 步兵师及第 96 步兵师是隶属于第 6 军团指挥。

早在冲绳登陆之后，美国海军陆战队司令亚历山大·范德格里夫特上将就飞抵了关岛，准备视察在冲绳岛作战的海军陆战队。但切斯特·尼米兹上将认为冲绳岛上陆军进展缓慢，为避免引发不必要的陆海军之间的矛盾，暂时不宜前去，因此建议他先视察关岛和硫磺岛的部队。然而，到了 4 月下旬，尼米兹上将见美军在冲绳岛南部进展缓慢，终于坐不住了。尼米兹上将通常不去干涉下属的指挥，而是耐心观察局势的发展。但南线的陆军部队进攻一再受阻，这么多天下来毫无进展，尼米兹觉得局势不容乐观，有必要进行干预。因此他邀请了刚刚结束在硫磺岛视察的亚历山大·范德格里夫特上将，于 4 月 22 日，搭乘 C-47 运输机，在 12 架战斗机护卫下飞往冲绳岛。次日，太平洋战区总司令兼太平洋舰队总司令切斯特·尼米兹上将、海军陆战队司令亚历山大·范德格里夫特上将在第 5 舰队司令雷蒙德·阿姆斯·斯普鲁恩斯海军上将的陪同下，在冲绳岛美军已占领地区视察，并与身为战地指挥官的陆军第 10 军团司令小西蒙·玻利瓦尔·巴克纳中将讨论目前战局。

出击前的日本"神风特攻队"成员

在这次会面中，尼米兹认为陆军采取按部就班的战术缓慢推进只是为了减少其伤亡，而根本不顾海军安危。此时，日军每天都对海军在冲绳海域的舰队实施特攻。因此尼米兹要求陆军加快推进速度，以便使舰队从令人生畏的日军自杀特攻中尽早

脱身。然而小西蒙·玻利瓦尔·巴克纳中将显然对尼米兹的干预多少有点顶撞，他表示这是一次地面作战，言下之意是冲绳岛上的战斗是陆军的事，不需要海军插手。对此，尼米兹冷冷回敬："是的，这是一次地面作战，但我每天损失1.5艘军舰，所以如果5天里不能取得突破，我将抽调别的部队来。"在海军强烈要求下，巴克纳决定将陆战1师和陆战6师调到南线加强正面进攻，他的这个意见得到了尼米兹的同意。

第10军团的具体部署是，将北部的陆战1师和陆战6师调到南线，而将南线损失较大的第27步兵师调到北半岛，接替两个陆战师的防务；攻占伊江岛的第77步兵师接替第96步兵师，投入南线；第96步兵师则休整10天，再替换第7步兵师休整。完成调整后，以4个师展开攻击，采取两翼包抄战术，迂回夹击日军主要防线，以加快作战进程。

此时，由于南线日军首道防线被突破，因此从4月下旬，日军开始退守第二道防线（安里高地—前田—高知—小波津）。而这个时候，海军陆战队第1师于4月30日被调往南面战场，接替第27步兵师，承担了西部防线的进攻任务。按照计划，陆战6师也将加入南面战斗，接管了陆1师的西侧战线，从而由陆战队第3两栖军负责右方战线。

此时的日本海军还在做着作战会取得成功的美梦，他们决心夺回冲绳岛，但同时也对于陆军对"天"号作战不够积极开始感到不满。4月21日，联合舰队发出指令，制定了新一轮的作战方针。

联合舰队为了更加强有力地进行航空作战，相机在冲绳进行反登陆，以打开战局。

（1）尽量从第3、第10航空舰队抽出航空力量，加强第5航空舰队的战斗力，倾注全部航空兵力强行推进"天"号航空作战；

（2）督促陆军补充第6航空军的战斗力，鞭策第6航空军专心致力于"天"号作战；

（3）采取措施，加强中国台湾的第1航空舰队、第8飞行师团配合作战的力量。

的确，陆军对冲绳并不感兴趣，因为当海军热衷于冲绳决战时，陆军从4月上旬以后，就开始倾注全力拼命地进行本土决战的准备。尽管陆军将第6航空军交由联合舰队指挥，并把可动用的航空战斗力投进去，但为了应对当时日益加剧的B-29飞机对本土的空袭，陆军并不打算将防空兵力也都投入到"天"号航空作战中去。毕竟负责本土防空的陆军，在作战上是不可能不重视防空工作。也因此，海军方面极为不满，甚至有人怀疑陆军是否因为重视本土决战，舍不得抽出航空战斗力投入"天"号航空作战。但其实，陆军对冲绳作战的想法是，为了准备本土决战，进行浴血的持久战。正在为本土准备的约 60 个师团战斗力的陆军，是无法增援冲绳的。而且根本就没有设想过，在仅有两个多师团兵力的孤岛冲绳进行决战。

第 32 军的确没有辜负大本营的期望，他们困守于冲绳岛上，孤立在五六倍于自己的美国地面军队的攻击和全岛铺天盖地的美军舰炮射击之中，处于寸土必争的拼死战斗的境地。4 月下旬，第 32 军阵地的左翼开始崩溃。面对美军的步步进逼，军司令官牛岛满沉不住气了，他根据全面的战况和己方的战斗力做出判断后，决定组织一次规模较大的反攻。最初时，牛岛满是计划用驳船将部分兵力运送到美军的后方登陆，配合主力的正面进攻，让美军陷于腹背受敌，一举打垮美军。但这只是一厢情愿，因为没有了海空的支持，要想偷偷地迂回到美军后方，成功的可能性几乎为零。

尽管八原高级参谋等人极力反对，但牛岛满中将还是决心发动最后攻势，并下达了命令。预定 5 月 4 日发动攻势，计划使用第 32 军的全

夜间猛烈轰击美军阵地的日军炮兵部队

太平洋战争全史

部兵力。这次孤注一掷的进攻是将第 24 师团的部分精锐兵力由驳船运送到美军战线后方海岸实施反登陆，配合第 24 师团主力、独立混成第 44 旅团主力从正面发动的攻击。为了这次反击，第 32 军不仅集结了残存的全部炮兵队，还将战车第 27 联队调了上来。所有部队在天黑前全部进入战斗准备，只待命令一下就对美军阵地发动大规模的反扑。为了这次反击，第 32 军司令部还调集了船舶工兵第 23、第 26 连队，海上挺进第 26、第 27、第 28、第 29 战队，并请求大本营实施"菊水五号"作战。

从 5 月 4 日黄昏开始，日军就开始实施作战准备，"神风"机群也同时攻击美军舰只。这次"神风"袭击击沉美国海军驱逐舰"利特尔号"和登陆艇 LSM-195，击伤其他型号舰只 4 艘。而在午夜降临时，登陆部队开始乘驳船沿东西海岸北上。与此同时，第 24 师团也进入作战准备。

黎明时分，反击的时刻到来，日军首先用成百门大炮与迫击炮实施了炮火袭击——这是战役发起以来，日军最大规模的炮击。美军尽管感到震惊，但也立即判断出日军将要发起反扑了。果然，伴随着两颗红色信号弹的升起——进攻的信号，"万岁"的呐喊声传遍了整个战线，无数的日军像潮水一样汹涌而上。第 24 师团与独立混成第 44 旅团的反扑开始了，所有的美军部队都进入紧急状态，并立即组建出多道防线，并且地面与海上的炮火也一起打响，以猛烈炮火阻击日军的攻势。大批的日本人被美军炮火所覆盖，在毫无遮蔽的平地上，他们几乎是暴露的靶子。

而此时，从海面上迂回的日军也被发现了，一部分日军刚刚登陆就被美军用密集迫击炮和机枪、步枪火力消灭。而沿东海岸北方前进的部队则被美国海军发现，大部分驳船被击沉。天亮之后，美军基本清楚了战场态势，他们的优势炮火与航空轰炸发挥了作用，日本人的攻势被阻止了。在美军以火网组成的拦截线前，反扑的日军不但没有退却，反而不断进攻。战斗持续了一整天，攻击部队伤亡极为惨重。至 5 月 5 日，第 32 军感到攻势已经失败，便中止进攻，重新转入据守阵地，进行持久抵抗。

这次攻势，第 24 师团损失极为巨大，4000 多人阵亡，步兵第 32 联队甚至剩余不到 30% 的官兵，而独立混成第 44 旅团同样损失惨重，其他部队也受到很大损失。在漫长的战线上，日军至少遗尸 6237 具。此外，日军为了掩护进攻，实施了不停地炮击，消耗了大量的炮弹。经过这次大规模的炮击，日军的炮弹所剩无几。反击结束以后，由于消耗的弹药难以补充，使得日军的弹药储备接近枯竭，军司令部不得不下令节省弹药，后来竟不得不限制每门炮每天只准发射 10 发。在这种情况下，当前沿阵地出现危机时，守备部队就无法获得足够的炮火支援。所以当这次反击结束以后，冲绳的地面战形势就发生了根本变化。最后一次攻势的失败，是导致首里战线崩溃的开端，也是造成冲绳战局急遽恶化的转折点。如果牛岛满不实施这次反击，那么反击中损失的人员、弹药可以在坚守防御中坚持更多时间，给予美军更大的杀伤。

这次作战之后，又传来了一个好消息。5 月 8 日，纳粹德国宣布战败投降，冲绳海面所有的美军军舰在当天向日军阵地发射 3 发炮弹，以示祝贺。3 发炮弹，说是庆祝，但也算攻击，不过这种攻击是象征性的，真正要解决问题，还得靠地面部队。德国佬一投降，美军士气陡增，5 月 11 日又发起了新一轮进攻。

从 11 日开始，美军向日军精心设置的第二条防线发起了进攻。其

近距离进行爆破作业的美国海军陆战队

中第 96 步兵师将攻击锥形山，第 77 步兵师将攻击首里城，陆战第 1 师将进攻大名高地，陆战第 6 师则将进攻甜面包山（安里 52 高地）。这其中，甜面包山最为关键，此山与马蹄山和半月山构成了首里防线的西部防御体系。这三座山头都建有密集的坑道工事且相互贯通、互成犄角之势，能够相互提供火力支援，而且每座山头防御工事各有特色：马蹄山上的迫击炮和反坦克炮隐蔽得相当好，半月山西侧建立了众多的机枪阵地，甜面包山则在反斜面建有出色的防御工事；此外美军若对这三个山头进行攻击，还将遭到左翼，也就是首里城方向的炮火轰击。而实施防御的则是美田千贺藏大佐指挥的独立混成第 15 联队，以及独立第 1 大队，配属独立速射炮第 7 大队、独立高射炮第 78 大队、风部队、海军山口大队、海军丸山大队、海军伊藤大队。

5 月 12 日，陆战 6 师所属的陆战第 22 团在向南推进中，开始遭遇日军越来越猛烈的抵抗，战斗就此开始。这个高不过 52 米的山头让陆战 6 师吃够了苦头。海军陆战队员们经过 10 余次的攻击，投入了陆战 22 团、陆战 29 团、陆战 4 团，经过多日的争夺，付出了伤亡 4000 人的代价，才算把这个不起眼的高地拿下。拿下高地后，陆 6 师其实已筋疲力尽，无力再战，不得不让陆战 1 师接替攻击。

就在陆战 6 师陷入甜面包山的苦战中时，5 月 13 日，经过休整的第 96 步兵师在第 763 坦克团的配合下，攻占了那霸—首里防线的东端，位于与那原的一处被唤作"圆锥山"的高地。这处位于与那原海岸平原的高地是日军在东面之主要防卫地区，攻占了这个阵地也就意味着美军对首里形成了威胁。

日军在首里外围的抵抗极为顽强，在整个区域内，他们利用岩洞、墓穴、坑道和各种有利地形，步步设防，而美军则以坦克、步兵、火炮联合作战。众多的岩洞和墓穴是日军天然的掩护和美军的噩梦，以至于美军不得不干脆见洞就封口，或者将凝固汽油不断射入日军岩洞、坑道内。步兵在坦克掩护下，将手雷、炸药包丢进去，众多的日本士兵和冲绳人在被炸塌的洞穴里被活埋憋死。就这样，日军的防线开始逐步被突破。

到了 5 月下旬时，陆战 1 师开始对首里发起攻击。该师自从参加南线战斗后，先后参加了安波茶、泽岻、大名高地等地的激烈战斗，几乎没有停歇的时间。自从甜面包山被陆战 6 师攻占之后，由于在陆战 1 师西侧的陆战 6 师伤亡惨重，且防线拉得较长，因此 5 月 23 日第 10 军团司令部决定将靠近陆战 1 师一侧的半月山阵地交给陆战 1 师接管。这片战场是极为惨烈的，到处都是坑和狐洞，由于整日的大雨，所有洞坑都被雨水填满，而其中不少坑里都有一具死去的陆战队员的尸体——就那么淹在坑里或浸在烂泥里。

这个时候的战场对于美军来说，是极为不利的。5 月的冲绳，大雨让山坡及道路充满泥泞，部队推进及救助伤兵亦很困难，战况变成了像第一次世界大战般之阵地战。军人在充满泥泞及雨水的战壕里战斗，未埋葬的尸体开始腐烂，到处都是蛆虫令人作呕。但就在这样的环境中，美军依然在持续进攻着，虽然进展缓慢。陆战 1 师沿着满是乱石的狭窄山谷—和纳山谷向前推进，而东侧，第 24 军的 3 个师缓缓向前压进，拿下首里东面的"巧克力山""平顶山"和其他山头。至 21 日，首里城三面受敌。

就在第 32 军陷入困境的时候，为了援助冲绳方面，日本海军一次又一次地发动特攻作战。但由于美军在冲绳岛上的嘉手纳和读谷两处机场迅速进驻了大量战斗机部队，并以该两处机场为基地频繁出击，对所谓的"神风"特攻作战威胁很大，因此，大本营企图对冲绳美军基地使用"敢死挺进队"，使美军基地一时不能使用，然后利用这一机会，断然发动航空总攻。这个计划预定于 5 月中旬实行，但延至 5 月 23 日晚才实施。这个挺进队被命名为"义烈伞兵队"，此次作战称为"义号"作战。

负伤后送的美军士兵

太平洋战争全史

实施作战的伞兵挺进队在奥山道郎大尉指挥下由陆军挺进部队的120人（分为五个小队和一个指挥班）组成，分乘12架97式轰炸机，携带用于破坏的炸药和轻武器。作战的方法是，在嘉手纳、读谷机场强行夜间着陆，破坏美军的飞机、机场设施等，使基地一时陷于不能使用，即所谓"闯入战法"。

5月19日，奥山道郎大尉和所属小队队长以及飞行队长讨论了作战方案，决定奥山指挥三个小队搭乘八架飞机攻击读谷机场，渡边大尉则率领两个小队搭乘四架飞机攻击嘉手纳机场，定于5月23日发起攻击。由于天气原因，推迟到5月24日。然而就在24日当天，联合舰队由于在午后发现了美军舰队，因而便把战斗力用在对美军舰队的攻击方面，竟让第6航空军单独进行"义号"作战和利用这个机会进行特攻。

5月24日18时40分，运载"义烈伞兵队"的12架飞机陆续起飞，途中有4架飞机因故障返航或迫降，另有4架飞机在接近冲绳岛时，被美军击落。其他飞机在嘉手纳、读谷机场分别着陆。跳下飞机的日本兵向场上停放的飞机投掷手雷和燃烧弹，顿时两处机场都燃起冲天大火，美军守备部队这才反应过来，急忙开火还击。经过短暂交战，在两处机场上降落的日军全部被击毙，美军亡2人、伤18人，有7架飞机被毁，26架飞机被损伤，还有7万余加仑的航空汽油被烧毁，损失巨大。嘉手纳机场的大火到26日20时才被扑灭，读谷机场上的大火更是燃烧了三天三夜，直到27日早上才被扑灭，这两个机场也就因此瘫痪了近三天三夜。

"义烈伞兵队"袭击美军机场得手，还是无法阻止对首里防线的进攻。大雨能够给牛岛满带来喘息的时间，但根本解决不了什么问题。于是在美军的重大压力下，牛岛满中将5月24日决定放弃首里，将战线收缩到首里的后方。这也是无奈之举，此时第32军的第62师团、第24师团以及独立混成第44旅团已在美海军舰炮、地面炮火、飞机轰炸以及步兵和坦克攻击下，损失惨重，只剩下3万左右的兵力，而美军的攻势却越来越猛烈。面对这种情况，第32军首先整顿后方，主力从5月29日起，开始向冲绳本岛南端的喜屋武半岛的新阵地实施退却。

此时，冲绳岛上的激战仍在进行，美军于5月27日攻占了那霸，并继续向冲绳岛的首府首里城攻击前进。5月29日，佩罗德·德尔·瓦尔少将的陆战1师下辖的陆战5团第1营进入了首里。本来，首里是陆军第77步兵师的眼中物——此处属于第77步兵师之战区内，然而陆战队抢先一步攻占了首里，差点引来大麻烦。第77步兵师正准备对首里进行最后一波的炮火攻击，幸而在最后关头陆战队通知了陆军。虽然误伤避免了，但第77步兵师显然不干了，师长安德鲁·D.布鲁斯少将甚至为此去陆军第10军团司令小西蒙·玻利瓦尔·巴克纳中将那边告了陆战队一状。有意思的是，首先进入首里的美军，首先升起的不是星条旗，而是南北战争时南方的邦联旗，这面旗帜后来被送给巴克纳作为战利品。

当海军陆战队攻入已是一片废墟的首里城时，小西蒙·玻利瓦尔·巴克纳中将一度认为这意味着战斗即将结束。但他的想法大错特错了，日军作困兽之斗，反而更加疯狂。此时，第32军残部退往喜屋武半岛的新阵地后，因这里地势崎岖险峻，日军充分利用地形，筑有巧妙隐蔽的炮位和坑道工事，牛岛满决心在这里战至最后一兵一卒。面对日军更加疯狂的抵抗，美军还以更猛烈的炮火。美军的海陆空密集火力对日军据守的岛南部几平方千米地区进行了最猛烈的轰击。6月4日，经过休整的陆战6师，重整旗鼓，以两个陆战团在那霸西南的小禄半岛登陆，迂回攻击日军侧背。而作为预备队的陆战2师也开始行动。战役开始之初——在冲绳岛正式登陆前，陆战2师曾在东海岸佯动了一下。这次该师以陆战第8团于6月17日在冲绳岛南端的喜屋武岬登陆，此时冲绳守军已经陷入困境，遭到全歼只是时间问题。为了避免不必要的伤亡，第10军团司令小西蒙·玻利瓦尔·巴克纳中将下令用明码电报和广播向日军劝降，牛岛满根本不为所动。

的确，第32军已经陷入困境，此时美国海军以小威廉·弗雷德里克·哈尔西替换下了雷蒙德·阿姆斯·斯普鲁恩斯，大名鼎鼎的第58特混舰队改称第38特混舰队。6月3日，哈尔西急于从被动挨打的冲绳海域脱身，一面在冲绳群岛各岛屿设立雷达站，形成早期预警雷达网，一面从菲律宾调来了部分海军陆战队航空兵的战斗机部队，进驻冲绳岛机场，然后亲率第38特混编队北进，袭击日军在九州地区的航空基地。

而日本方面，陆军鉴于上述作战的变化以及已经将大部分可动用的空军兵力投入此次作战的情状，5月下旬，对"天"号航空作战的前途已经感到绝望。加之此时海军发生了人事变动——联合舰队司令长官丰田副武大将转任军令部总长，由小泽治三郎中将继任联合舰队司令长官。恰好因小泽中将比联合舰队指挥下的陆军第6航空军司令官菅原中将资历低，第6航空军便于5月26日脱离联合舰队的指挥，重归航空军总司令官指挥。5月26日，大本营陆军部向航空军总司令官下达命令，令其以九州与朝鲜海峡方面为重点，进行本土航空作战准备；并令以其部分兵力压制美军冲绳基地的作战。这样，陆军就放弃了"天号"作战，转入"决号"作战。这种情况，意味着陆军高层完全放弃了冲绳。

然而就在这个时候，一枚炮弹，却似乎让日本人看到了希望。6月18日，美国陆军第10军团司令小西蒙·玻利瓦尔·巴克纳中将亲临前线督战。当他前往喜屋武半岛的最前线，视察陆战8团时，出现了意外。当时巴克纳中将正在陆战8团团部附近的小山上观察部队推进，一发150毫米口径炮弹飞来，四下崩飞的弹片和尖锐的碎石片击中他的身体和头部，将军当场阵亡。这发炮弹是由野战重炮兵第1联队第2大队的一门九六式十五厘榴弹炮发射出的。其实当天，日军的炮火已经极为微弱了，在巴克纳中将前来视察前，陆战8团甚至几个小时都没有遭到炮击，而且这门隐藏在山洞里的九六式十五厘也就只剩这一发炮弹了。炮手们发射完这枚最后的炮弹后，便全部自杀。可偏偏就是这发炮弹打死了小西蒙·玻利瓦尔·巴克纳中将，使得他成为美军在整个太平洋战争中阵亡的军衔和职务最高的将领。

小西蒙·玻利瓦尔·巴克纳中将阵亡之后，第10军团司令的职务暂时由海军陆战队第3两栖军的军长罗伊·盖格少将代理——他因此成为指挥陆军部队最多的海军陆战队将军。

次日（6月19日），第96步兵师副师长克劳迪乌斯·米伊斯利准将也不幸被射杀。也就在这一天，牛岛满中将在编号第八十九的山洞坑道里向东京发出了最后的诀别电，然后指示部下做最后的决死进攻。当天200多名日军步兵发动了最后一次反击，但以失败而告终。6月22日，美军突破日军的最后防线，攻到了冲绳岛最南端的荒崎，并将残余日军分割成三部分。日军都很清楚，末日就要到来了。在坑道里，卫生兵给伤员注射大剂量的吗啡，使他们平静地死去。而在一些坑道内，疯狂的自杀行为也在此起彼伏——多数日军没有武器无法拼命，但也不想投降，因此纷纷自杀。此时，第 24 师团师团长雨宫巽陆军中将战死，第 62 师团的步兵第 64 旅团旅团长有川主一陆军少将也战死，独立混成第 44 旅团旅团长铃木繁二陆军少将同样战死，第 5 炮兵司令部司令官和田孝助陆军中将阵亡。至于海军，冲绳方面根据地司令官太田实少将，他在 13 日就自杀了。

其实从 6 月 4 日上午 5 点开始，海军冲绳方面根据地部队司令部的中枢——"海军司令部壕"就处于美军包围中。这所谓的"海军司令部壕"其实是一座坚固的地下岩堡，1944 年 12 月由海军设营队耗时两个月挖掘建成，深入地下 30 米，全长 450 米，可容纳 4000 名士兵。困守此处的大田司令官在 6 日傍晚，发了遗言及与世诀别的电报，表达自己的"觉悟"之意，又在当天晚上再次发出"冲绳县民战到一兵一卒"的电报，并嘱咐后事。随着包围越发逼近，壕内的重火器却所剩无几。6 月 11 日上午 7 点，美军进行密集式攻击司令部壕。眼看美军压境，作战无望，当天晚上，司令部壕发出最后报告，电报的内容是海军根据地队已经全部阵亡。13 日凌晨 1 点，大田实司令官以及多名将领在此自尽。随着大田司令官的自杀，小禄地区的组织性战斗渐渐平息了。

"未及秋风度，岛上青草枯；皇国春天里，犹望再复苏。弹尽弓矢绝，鲜血天地涂；魂其归来兮，守护皇国土。"1944 年 6 月 23 日清晨 4 点 39 分，冲绳摩文仁丘，陆军第 32 军司令部所在的坑道阵地，面向海岸的入口处，陆军中将牛岛满跪坐在地，吟诵着辞世歌。这位陆军第 32 军的军司令官知道，自己的人生已经到了最后的时刻。自 3 月以来，战事已经持续了两个多月，岛上的建筑早就在炮火中化作了瓦砾，而那残垣断壁间埋葬的则是 10 余万守岛官兵。战局到了如此地步，大势已是无可挽回了。牛岛满认为，唯有一死，方能报效天皇陛下之恩，而军参谋长长勇中将会和他一起切腹自杀。

就在 6 月 22 日当天，美军罗伊·盖格少将乐观地宣布已经肃清了岛上日军有组织的抵抗。而事实上，日军的抵抗还在继续。高级参谋八原博通大佐的自杀被牛岛满中将以"如果你死去，就没有人知道冲绳岛战役之真相，记着这个暂时但不能忍受的耻辱，这是你的司令官的命令"所阻止，于是八原博通成为冲绳战役中第 32 军生存下来的最高军官。他后来出版了《冲绳决战——高级参谋之手记》一书，并不断设想：如果第9师团没有调走，冲绳还能够坚持更长时间吗？如果牛岛满能更多听取自己的意见，或许美国人会流下更多的血吧？参谋本部的判断若是准确一些，情况或许又是另一番模样了吧？

由于军司令官自杀，日军有组织的抵抗开始逐步平息下来。步兵第22联队、第89联队奉烧了军旗，随后放下武器。不过零星日军的抵抗仍在继续，清剿残余日军的工作一直持续到6月底。

7月2日，太平洋战区总司令兼太平洋舰队总司令切斯特·尼米兹上将正式宣布冲绳战役结束。但日军残部还没彻底肃清，直到战争结束的9月7日，还有一些剩余的零星日军在坚持战斗——第24师团所属步兵第32联队，打到战争结束还守在阵地上，美军直到8月15日也没能夺取32联队最后的阵地。确认终战后，步兵第32联队的联队旗于8月28日奉烧，从阵地里出来的日军，每3个人才有1支步枪。根据询问口供，终战前夕，步兵第32联队1个人1天只发5粒子弹。

冲绳陷落之后，日本大本营感觉到了强大的威胁，以此为基地的美国海陆军航空兵能够轻松地飞临日本本土。美国人开始在冲绳大规模实施基础建设，这里将是计划实施的"落日作战"的出发基地之一。

美军占领冲绳的受降仪式

尽管在 6 月 25 日这天，日本大本营宣布冲绳作战结束，但海军仍然热衷于压制美军舰船和冲绳基地。6 月 23 日以后，还动用 599 架次飞机（其中包括特攻机 62 架）进行特攻作战。但至 7 月上旬，海军也基本上放弃了"天号"作战，逐渐全力以赴地准备"决号"航空作战，他们感觉到美军很快就要逼近其本土了。

　　对于美国人来说，冲绳之战是一场血腥的战斗，付出了 3 万余人的伤亡代价，损失了 763 架飞机，被击沉舰艇 36 艘，损伤舰艇 368 艘，这才占领冲绳岛，打开了日本的门户。然而在接下来的作战中，尤其是进入日本本土的作战中，日本人又该如何疯狂？小小的冲绳岛，几万日军的拼死抵抗，对于美军巨大的杀伤，像噩梦一样不断地撩拨着华盛顿决策层的神经。那些自杀特攻，则成为美军挥之不去的梦魇。

　　根据冲绳之战的损失数字，美国军方高层推测，如果接下来美军要在日本本土登陆作战，至少要付出伤亡 100 万人的代价——这个代价太大了。就在这个时候，1945 年 7 月 16 日 5 时 30 分，在新墨西哥州的阿拉莫戈多沙漠，一个巨大的火球骤然绽放，灼热的白色闪光令人眼花目眩。震耳欲聋的大爆炸中，一团蘑菇状烟云翻滚着升起……潘多拉魔盒就此被打开，而这也将是华盛顿终结对日战争的新手段。

今天的冲绳和平公园

第四章 本土决战

（一）明争暗斗——小矶国昭与铃木贯太郎内阁更迭的幕后故事

1945年4月5日，以小矶国昭为首的日本政府第41届内阁宣布总辞职。不过大多数日本军、政高层对此举却毫无惊讶可言，更多的是表达出一种"总算还是辞职了啊"的喜悦感。毕竟小矶国昭内阁本身就是日本重臣集团和海军方面在扳倒东条英机之后，私相授受的产物。出任首相的小矶国昭更多的时候不过是象征意义的橡皮图章，既无左右内阁的威信，更无总揽全局的能力。因此早在以菲律宾群岛为中心的"捷号作战"以失败而告终之际，日本国内便盛传要更迭内阁。但小矶国昭本人却不愿轻易放弃这好不容易到手的首相宝座，不仅继续争取以首相身份列席"大本营会议"，还不断谋求恢复自己陆军大将的现役身份，准备效仿东条英机，以首相的身份兼任陆军大臣。

小矶国昭试图通过执掌陆军而把持权柄的计划，在经历过东条英机内阁的日本公卿重臣和陆、海军将帅眼中自然是万万不能接受的。于是身为陆军大臣的杉山元首先出面抵制。面对这位在日本陆军之中广有人脉的大佬，小矶国昭自然只能吃瘪。而战局的不断恶化，更令这位首相承受了巨大的心理压力。

3月9日，美国陆军航空兵在东京上空以凝固汽油弹展开低空轰炸。事情发生之后小矶国昭束手无策，甚至没有第一时间出现在灾区，随即便引来了一片非议之声。3月12日身为日本本土"防卫总司令"的东久迩宫稔彦王视察了受灾地区，随即在日记中写道，"悲惨情景，非笔墨所能表达……清理火灾现场毫无进展，东京都、警视厅、运通省等的救灾措施未获成果，普通市民对小矶内阁的非难日益高涨，情况实为可悲。日本国民也失魂落魄。"

面对以东久迩宫稔彦王为代表的军方势力的非难，小矶国昭才后知后觉地发布了广播讲话，并出现在各地的难民收容所内。在上演了一系列"我来晚了"的慰问秀后，3月15日，小矶内阁才发布了所谓《加强大都市疏散纲要》的文件，提出从防卫和粮食供应的角度出发，要迅速、彻底地疏散中心城市的常住人口和各类物资。按照小矶内阁的说法，此举是为了"促进国内的自给自战态势，东京都等地也可以据此纲要试行誓死防卫的对策"。

可惜小矶国昭的这番努力，并不为最高领导人天皇裕仁所认可。3月18日裕仁离开皇居，亲自前往灾区视察。面对着满目疮痍的国土和流离失所的民众，裕仁虽然借着随行内大臣木户幸一之口，唱了几句"一望无际的焦土，令人无限感慨，衷心期待新日本由此灰烬中诞生"的高调，但心中对小矶国昭等人的失望之情早已溢于言表。

小矶国昭也深知自己主政以来毫无建树，因此不免产生了病急乱投医的心思。而恰在此时，一个名为缪斌的中国政客出现在了小矶国昭的视野之内。1922年加入中国国民党的缪斌，在抗日战争全面爆发之后选择了加入汪伪政权，成为一名可耻的汉奸，并在1939年到1940年间由于业务往来，结识了时任日本拓务大臣的小矶国昭。

和诸多汪伪政权的头面人物一样，缪斌在日本与重庆政府之间也时常扮演一些联络人的角色。不过以他的能量想要推动一些军国大事显然是不可能的。可偏偏小矶国昭轻信了缪斌所吹嘘的其与重庆政府的深厚

从化为废墟的东京疏散的民众

交情，竟希望以之为中间人实现与重庆国民政府之间的全面媾和。

　　1944年8月小矶国昭上任伊始，所谓的"缪斌工作"便全面启动。但其间由于日本陆军"中国派遣军"仍期望以武力攻占四川等地，逼迫重庆国民政府投降，因此"缪斌工作"推进得磕磕绊绊、极不顺利。直到1945年2月，为了充实自身的政绩，小矶国昭与国务大臣、情报局总裁绪方竹虎合谋，试图通过邀请缪斌访日强行推动相关媾和工作。可惜小矶国昭的这番心思，完全得不到日本军方的配合，日本陆军方面仅允许缪斌一人乘坐飞机独自访日。而在抵达日本之后，缪斌所开具的所谓"和平条件"，更令日本陆军方面难以接受。

　　按照日本方面所披露的资料，缪斌代表重庆国民政府所开具的和平条件总计为六条：（1）关于处理"伪满洲国"问题，中日双方另行协商；（2）日本陆、海军完全从中国撤兵；（3）取缔汪伪政府，于南京设立看守政府，配合重庆国民政府于三个月内还都南京；（4）留守政府由重庆方面的重要人物组织；（5）汪伪政府的相关人员在东京由日本政府收容；（6）日本与英、美媾和。

　　缪斌所提出的这六项和平条件，无论是否真的来自重庆方面的授意，对于日本政府而言都等同于抛弃1937年以来的全部军事和政治成果，显然是无法接受的。但一手促成了缪斌访日的小矶国昭此刻却是骑虎难下，在陆军大臣杉山元、外务大臣重光葵都明确表示反对的情况下，仍在4月2日将"缪斌访日"的"相关成果"，向天皇裕仁进行了单独上奏。

　　以裕仁在军国大事上始终保持的所谓"超然姿态"，自然是不可能直接驳斥首相小矶国昭的，于是这位天皇于次日通过内大臣木户幸一召集了海军、陆军和外务大臣入宫商议。然后再借着这些大臣之口，诏谕小矶国昭云："关于缪斌问题，曾听取陆、海、外三相意见，三人均表反对，可速命缪斌回国。"

　　回国后，缪斌对他的日本之行颇

汉奸缪斌

引以为荣。而抗战胜利后，重庆国民政府也曾于 1946 年 2 月向其颁发了 8 万元奖金和蒋介石签署的嘉奖令。但好景不长，随着远东军事法庭在东京启动对日本战犯的审判工作，缪斌访日的相关谈话记录便成为重庆国民政府单独对日妥协、媾和的罪证。为了防止缪斌被远东军事法庭传唤，还都南京的国民政府一方面复电表示绝无此事，另一方面则下令立即逮捕缪斌，并于 1946 年 5 月 21 日以叛国罪将缪斌枪毙于苏州监狱之内。

"缪斌工作"的失败，对于身为首相的小矶国昭而言，可谓是在政治上彻底失去了天皇裕仁信任的一记重创。但要说"缪斌访日"便是压垮小矶国昭内阁的最后一根稻草，却也并不尽然。事实上最终促成小矶国昭宣布内阁总辞职的，还是其始终希望恢复陆军大将现役身份、兼任陆军大臣图谋的最终破产。

1945 年 4 月间，日本陆军为了筹备本土决战的相关事宜，决定撤销原有的"防卫总司令部"，在关东、关西两地分别建立第 1、第 2 总军。作为日本本土决战的前线指挥机构，第 1、第 2 总军司令可谓责任重大，自然必须德高望重者才能出任。经过一番权衡之后，驻守关东地区的第 1 总军司令计划由陆军大臣杉山元出任，第 2 总军则准备由陆军教育总监畑俊六接掌。眼见陆军大臣职务即将空缺，小矶国昭的心思自然不免又活泛起来。可惜公卿重臣和陆、海军方面都不希望小矶国昭掌握实权，于是联手推举刚刚从新几内亚战线调回国内出任航空总监兼军事参议官的阿南惟几接任陆军大臣。

眼前自己辗转腾挪全无用处，心灰意懒的小矶国昭于 1945 年 4 月 5 日上午召开临时内阁会议，在汇集了所有阁僚的辞职报告后，小矶国昭进宫向裕仁递交了"随着东西方政、战局势的变化，皇国事态越加危急，为适应此等事态，自知内阁的组织性质必须彻底改变，以图强有力地率领万众，更新意志，一往无前地完成辅弼大任，谨请准予实行总辞职"的相关报告。

小矶国昭口中的"东西方政、战局势的变化"，指的是在欧洲战场之上，随着 1945 年春天纳粹德国在法德边境的阿登森林和匈牙利方向分别对英、美联军和苏联红军发动的反击以失败而告终，3 月 7 日，英、美联军突破德军的莱茵河防线，合围了德国的工业枢纽鲁尔区，而

作为天皇裕仁的传声筒，木户
幸一长期以来都扮演着"影子
首相"的角色

东线的苏联红军也兵临柏林城下。眼见德国法西斯覆灭已成定局，苏联红军开始逐步向远东地区增兵，并无视日本方面的外交努力，于 4 月 5 日声明废除《日苏中立条约》。

对于小矶国昭而言，辞去这个有名无实的职位自然是一种解脱，但对于日本而言替换掉这样一位既不能得到天皇信任，也无法统辖日本陆、海军的首相，又何尝不是一种明智的选择呢？恰如小矶国昭所言要应对"愈加危急"的局面，日本必须彻底改变内阁的组织性质，但是如何改变，事实上公卿重臣集团与日本陆军方面各自都有一套方案。

4 月 5 日，小矶国昭内阁总辞职的当天，内大臣木户幸一分别与参谋总长梅津美治郎、海军大臣米内光政、陆军大臣杉山元、军令部长及川古志郎展开面谈。之所以选择与日本陆、海军方面分头接触，主要是因为陆军方面长期以来都指责小矶国昭内阁软弱无能，并早在 3 月 30 日便通过军务课拟定了"小矶国昭内阁辞职指导要领""新内阁组阁要领"以及"天皇命令陆军现役军人组阁时的措施要领"，似乎已经做好了将畑俊六或梅津美治郎推上首相宝座的准备。

陆军方面的态度之所以如此激进，无非是因为此时的日本海军已经被打成了空壳，而陆军方面却依旧拥有着数以百万计的武装力量。陆军高层为了进一步扩张和维护本集团的利益，自然不免要摆出一副"包打天下、舍我其谁"的姿态。但是这一主张显然与公卿重臣集团的设想相左，因此木户幸一首先要向陆军方面强调日本帝国自明治维新以来"国务与统帅仍以分开为宜"的基本国策，同时传达天皇裕仁希望"新内阁不一定由现役军人担当"的理念。

在按住了陆军方面"抢班夺权"图谋的同时，木户幸一对海面方面倒是开诚布公，直接向米内光政表达了准备推举早已退役的海军大将铃木贯太郎出任首相的意图。作为参与过中日甲午战争、日俄战争的老将，此时的铃木贯太郎已然 77 岁了。之所以选择这样一位古稀老人来为千疮百孔且行驶于惊涛恶浪之中的"日本丸"掌舵，无非是因为铃木贯太郎从 1929 年出任皇室侍从长开始，便与天皇裕仁保持着亦师亦友的私交，可以完全领会和实现裕仁下一阶段的一系列外交和军事举措。

在私下完成了与日本陆、海军方面的串联之后，4 月 5 日当天傍晚，木户幸一召集近卫文麿、平沼骐一郎、铃木贯太郎、广田弘毅、若槻礼次郎、冈田启介和东条英机 7 位重臣，以讨论新一届内阁的组建问题。事实上与会的 7 人之中，除了铃木贯太郎之外均是曾经领导过日本政府的前任首相，因此下一任首相的人选早已昭然若揭了。但出乎木户幸一意料之外的是，会议尚未正式开始，东条英机便率先提出"最近听到有人提出无条件投降和和平问题"，要求"重臣会议"首先敲定"战"或"和"的大原则。

在这样的大是大非问题面前，与会众人自然不敢公然主和，只能纷纷表示"要将战争进行到底"。自下野以来便始终担心会沦为战犯的东条英机显然是用这一招"以退为进"，先行敲定了下一届内阁对战争的态度。没想到会被东条英机摆了一道的木户幸一，随即以"对于（国内）出现的反战动向要密切注意，此次必须组织真正受国民信赖的内阁"，攻讦东条英机此前的施政不得人心。

随后作为公卿势力代表的近卫文麿和平沼骐一郎一唱一和，推举铃木贯太郎继任首相。但出于三辞而受的政治手腕以及此前东条英机的强迫表态，铃木贯太郎以"我认为军人参与政治乃亡国之根源，奈难接受"为由，婉拒了平沼骐一郎的推举。眼见有机可乘，东条英机随即表示："……敌将来犯本土，国内防卫成为重点，国务与统帅必须成为一体。为此必须考虑以陆军为主体。据此意义，以现役（陆军将帅）为宜……我认为畑（俊八）元帅适当。"眼见东条英机一再搅局，木户幸一只能公开摆明态度："鉴于国土将成为战场，东条阁下意见确有道理，但我仍然希望铃木阁下能以奋起。"

木户幸一以内大臣的身份说出这样的话来，无疑已经是明确表示天皇裕仁钦点了铃木贯太郎出任首相。但东条英机却不依不饶，当场威胁道："如不充分考虑，陆军恐不予协力，陆军如不协力，内阁必将崩溃。"面对赤膊上阵、再度拿出昔日少壮派军人武力逼宫手段的东条英机,在场的一干重臣一时竟无从反击。最后还是亲身经历过"二二六"事件的冈田启介拍案而起,怒斥道:"果真对拜受大命组阁者不予协力,成何体统!"

重臣会议闹得不欢而散,令一度试图隐藏于幕后的天皇裕仁不得不出面,于4月5日晚上10点亲自召见铃木贯太郎。按照木户幸一日记的描述,之所以如此安排,完全是因为"在此次会议上对战争之转向无人明确提出。盖因东条(英机)大将在场,恐言语疏忽,刺激陆军,被借以进行反击,故均对此默然心领神会,不做正面表态……在会议后觐见天皇前,余曾邀铃木(贯太郎)与之言及今日战局实况,当此严重时机,恳请勿拘执前此之所见,如降大命,务希接受,披沥余之诚意"。

从这段描述不难看出,不仅钦定铃木贯太郎出任首相一职早有腹案,甚至要求铃木贯太郎与英、美等国媾和的设想木户幸一等人也早是成竹在胸。"当谈及战争实情确极严重,并委婉透露战争转向之必要时,铃木(贯太郎)对此完全谅解,表示如受命组阁,唯有克尽自己之使命,别无其他。"

"二二六"事件中冈田启介身为首相,一度险遭枪杀

事实上在重臣会议之上，铃木贯太郎虽然没有明确表示应该停战媾和，但也公开表示"可否征求牧野（伸显）伯爵的意见"。作为昔日日本明治维新中所谓"三杰"之一大久保利通之子，牧野伸显曾是日本大正年间的著名外交家，曾在第一次世界大战结束后的"巴黎和会"上代表日本政府高举"人种平等说"，试图与欧美列强瓜分世界，并因此受封男爵之位。

天皇裕仁继位之前和登基之初，对牧野伸显颇为信赖。不仅加封其为伯爵，更有意让时任内大臣的牧野伸显上台组阁。但此时的牧野伸显却时常以身体抱恙为由缺席各类公开活动。一般的说法是牧野伸显此时患有严重的神经痛疾病，故而无法参与日本皇室的宫廷活动，更不用说是陆、海军演习了。但从另一个角度来看，此时牧野伸显已经因其"亲英美"的言论而成为日本陆军少壮派的眼中钉，与铃木贯太郎并称为"君侧之奸"，欲除之而后快。自己父亲大久保利通死于政治暗杀的殷鉴，令牧野伸显理性地选择了急流勇退。或许也正是因为牧野伸显及时退出了核心决策圈，在"二二六"事件中才侥幸保全了性命。

铃木贯太郎此刻突然提起牧野伸显，一方面固然是希望自己上台组阁之际能获得这位老友的助力，另一方面则是以这位朝野著名的"亲英美"人士来试探日本朝野对与英、美媾和的态度。不过身为内大臣的木户幸一深知牧野伸显如果再度出山，便等同于向全国宣告即将启动对英美的和谈，很可能会招来日本陆军方面的强烈反弹，因此在重臣会议上明确给予了反对。铃木贯太郎老于世故，自然也不会多做坚持，而在受命组阁之时，更要摆出一副不惜死战到底的态势。

4月6日一大早，铃木贯太郎便动身前往陆军省拜会陆军大佬杉山元并接受对方提出的"将战争进行到底""尽力组成能实现陆海军一体化的内阁""陆军为本土决战必胜所做各项措施应坚决具体实行"三项要求。随后陆军方面举荐的新任陆军大臣阿南惟几，于当天中午11点抵达组阁本部参加组阁会议。东条英机叫嚣"陆军不予协力"的威胁，至此算是烟消云散了。

暂时算是稳住了陆军方面之后，铃木贯太郎又希望以米内光政留任海军大臣的方式，获取海军方面的支持。陆军方面虽然对米内光政在小矶国昭内阁时期的大权独揽颇有微词，甚至提出米内光政如留任海军大臣，不利于实现"陆海军一体化"。但铃木贯太郎对于陆军方面的鼓噪采取装聋作哑的态度，在海军方面没有其他人选的情况下，米内光政自然而然地赖在了海军大臣的岗位之上。

鉴于此时日本海军已无力再战，陆军方面在铃木贯太郎吸收陆军预备役中将安井藤治为内阁国务大臣后，在内阁的海军大臣人选方面也就没有再作太多的坚持了。殊不知对于铃木贯太郎而言，一两个国务大臣的位子在此时早已毫无价值。当下最为紧要的岗位是外务大臣的人选问题。

此时日本出任过首相的所谓"重臣"之中，最富有外交经验的自然是从1907年便活跃于外交舞台的广田弘毅了。但广田弘毅在英、美的眼中早已成了背信弃义、两面三刀的代名词，并不适合主导媾和。何况以广田弘毅的老辣，也自然深知此时出任外务大臣，无异于置身于火山口之上。因此在坚辞不受之余，竭力推荐同样富有外交经验、曾主持过《日苏中立条约》，并在太平洋战争爆发前曾打算以辞职来回避对美宣战的东乡茂德出面顶雷。

客观地说，无论是在莫斯科还是华盛顿，东乡茂德的形象都要比广田弘毅好一些。任命其主持结束战争的外交事务自然颇为合适。但是为了要掩人耳目，铃木贯太郎在与东乡茂德会面之际，还是宣称："我看这场战争可能还要持续二三年啊！"可惜东乡茂德并不能理解铃木贯太郎的苦心，直言不讳地回答说"我看连一年都撑不下了"，并一度拒绝接任外务大臣。铃木贯太郎无奈之下只能请出内大臣木户幸一等人轮流劝说，并许下"对战争的推测可按贵官（指东乡茂德）所预料，外交也一任贵官"的承诺，才勉强换来了东乡茂德的应允。

富有外交经验的东乡茂德

1945年4月7日，铃木贯太郎在举行了简单的内阁就职仪式之后，于当天 22 点 40 分向日本国民发表了广播讲话："拯救帝国存亡之危局，只有依靠一亿同胞，别无他途。全体国民应为防卫光荣国体之后盾。我以老迈之身抱为国捐躯之决心，处理国务。希诸君踏越我尸奋勇前进，发扬新的战力，以安圣虑。"

次日，铃木贯太郎以"拜受大命"为题发表广播讲话，其间又一次提到了所谓"国民诸君定会踏越我尸，为打开国运向前迈进"云云。对于自己的这些老生常谈，铃木贯太郎颇为得意，日后在其著作《终战表情》中解释道："国民诸君踏越我尸前进的本意，是因已料到此次战争毫无胜利希望，既已接受大命，只好见机引向停战，而后被（陆军激进分子）所杀……当然首先要缓和一下陆军敏感的神经，所以才发表了看来像是踊跃进军号角的声明和广播"。

铃木贯太郎自以为得计，殊不知陆军内部的少壮派早已看出了其狐狸尾巴，不断向阿南惟几进言，希望采用政治甚至军事手段夺取政权。但均被阿南惟几以"铃木首相是伟大人物，似乎还是抱有将战争进行到底的态度的"为由搪塞了过去。殊不知铃木贯太郎出任首相的政治信号早已被日本朝野破解。

铃木贯太郎内阁的成立仪式

在阿南惟几不愿出面的情况下，日本陆军退役大将松井石根曾向参谋次长河边虎四郎提出要防止铃木贯太郎内阁"巴多格里奥化"（意大利陆军元帅，于 1943 年推翻墨索里尼政权，领导意大利向英、美投降），暗示陆军方面应该为了维护自身利益做好政变的准备。

对铃木贯太郎内阁抱有失望态度的不仅是日本陆、海军，甚至民间人士也看到了问题的所在。在三重县方面于 4 月 24 日提交的县民各界呼声中，便有"内阁如此更迭，对决战下的内外环境影响极坏。值此皇国存亡关头……对其缺乏国民所渴望的青春魅力，多感失望"。而美国方面在得知铃木贯太郎上台之后，也基本嗅到了日本渴望结束战争的意愿。但如何逼迫或者诱导日本走向无条件投降之路，美国国内所谓的"鸽派"和"鹰派"之间仍存在着巨大的分歧。

（二）决号作战——日本陆、海军的本土决战计划及现实困境（上）

铃木贯太郎出身海军，因此其内阁之中也有多名阁僚为日本海军的退役将佐，如同时兼任军需大臣和运输通信大臣的丰田贞次郎、国务大臣左近司政三。因此一时间，日本国内也有称为"海军内阁"的。对此已经转任第 5 航空舰队司令的前联合舰队参谋长宇垣缠在日记中吐槽道："表面上来看可称为海军内阁……但全无舰队之海军莫非要以老前辈组阁应对此刻的危机吗？"

宇垣缠之所以如此悲观，缘于 1945 年 3 月 19 日美国海军第 5 舰队出动 350 架舰载机对日本海军深处濑户内海的吴港展开了空前规模的空袭。虽然在战争过程中日本海军在特鲁克、帕劳等地均遭遇到这种被堵在军港里的狂轰滥炸，但如此深入本土的袭击却着实尚属首次。

日本海军残存的主力战舰虽然此前有所预警，并组织了密集的防空火力应对。但在缺乏航空兵掩护的情况下，其表现并不比"珍珠港事件"中遭遇奇袭的美国太平洋舰队好多少。空袭之中由于缺乏燃料而处于停泊状态的航空战列舰"日向"连续被 3 枚炸弹命中，直接导致其从随时可以出动的"第一预备舰"状态被改为几近废弃的"第四预备舰"

状态。而其姊妹舰"伊势"早已被拉到吴港外音户町坪井冲,充当浮动炮台去了。至此日本海军一度寄予厚望的2艘"伊势"级航空战列舰彻底沦为漂浮于港区的废舰。

另一艘在3月19日的吴港大空袭中被改变了命运的日本海军主力舰,是快速战列舰"榛名"。美国海军舰载机群来袭之际,"榛名"正在吴港海军造船厂外等待进入船坞进行修理。尽管在空袭中"榛名"受损并不严重,但在美国海军已经兵临城下的情况之下,再让这样一艘主力舰进入船坞显然不合时宜。因此日本海军方面随即决定,放弃对"榛名"的修复计划,并开始撤除其舰上的副炮、防空雷达等系统,并增设防空武器以将其作为浮动的海上防空炮台使用。

值得一提的是,美国海军对吴港展开空袭的当天,作为日本海军精神象征而存在的战列舰"大和"也停泊在当地。接到防空警报之后,这艘巨舰也只能惶恐地逃往附近的德山市海域暂避一时。3月28日,日

美国海军航空兵所绘制的吴港军用地图

本海军方面曾有意将"大和"派往九州北部的佐世保港,以便策应冲绳方面的战斗,结果行至半途,又因为接到美国海军航空兵大举来袭的消息而不得不再度缩回了德山方面。3月30日随着美国陆军航空兵在吴港到广岛湾一线空投了1034颗水雷,战列舰"大和"退回吴港的归途被彻底封死,摆在其面前的只有找机会逃出朝鲜半岛南部继续躲藏、在德山当地拆除副炮等装备转为浮动炮台使用这两条出路。正是担心这艘巨舰会最终如此凄凉地了结余生,日本海军方面才最终决定将其开赴冲绳方向,发动"菊水特攻"。

在"大和"带领着一干舰况还算良好的舰艇有去无回之后,日本海军彻底放弃了远洋作战。4月20日,日本海军宣布将残存的大型舰艇:战列舰"长门""伊势""日向""榛名";航空母舰"天城""凤翔""隼鹰""龙凤";轻型巡洋舰"青叶"全部划为"第4预备舰"状态。有趣的是,身为海军大臣的米内光政此时还一度异想天开,准备将这些主力战舰全部以交换油料和战机的名义让渡给苏联。

米内光政这种做法看似天方夜谭,但却符合日本海军长期以来的做派。早在中日甲午战争收官之际,日本海军便曾要求被围困于威海卫的清帝国北洋水师交出战舰以求和。此举虽然遭到了清帝国北洋水师提督丁汝昌的拒绝,但战后日本海军还是将北洋水师主力舰"镇远""平远"收为己用。日俄战争之后日本海军更曾将沙俄海军在旅顺被击沉的多艘主力舰重新打捞起来,编入自己的联合舰队。

充当浮动炮台的航空战列舰"伊势"

或许正是有过这些所谓的成功经验,米内光政自我感觉良好,认为自己的提议一定不会被拒绝。而其此举不仅是为了保存日本海军最后的一点骨血,同时也有意借此举巩固与苏联方面的外交关系。可惜此时苏联红军已于 4 月 16 日发动柏林战役，纳粹德国风雨飘摇、行将覆灭。苏联最高领导斯大林再也无心与日本方面虚与委蛇，直接不予理睬就是了。

眼见舰队送不出去，4 月 25 日日本海军设立了囊括原有联合舰队、海上护卫司令部的所谓"海军总司令部"。也就是说，除了早已被美军隔离在新加坡的东南方面舰队和拉包尔的西南方面舰队外，所有海军部队在名义和实际上统由新任海军总司令长官丰田副武大将统一指挥。而丰田副武上任伊始所做的第一件事，便是以"第 39 号大海令"的名义，明确将自己的司令部设置于横滨地区日吉台地的地下掩体之内，彻底摆出了一副龟缩不出的架势。

丰田副武的这种积极调整其指挥序列，无奈自身几乎全无战力的姿态，自然是拱手将所谓"本土决战"的重任，压在陆军的肩上。而按照大本营陆军部的说法：其在 1945 年初便已预见到，在当年 9 月以后，英、美盟军必将进攻日本本土，因此按照新的作战方针，着手进行本土的战备工作。一千向来希望图上作业的年轻参谋，为了制定本土决战的相关计划自然是"煞费苦心"。

日本陆军方面的本土作战计划以 1 月 20 日商定的《帝国陆、海军作战计划大纲》为基础，于 3 月中旬制定完毕，被称为"'决号'作战准备纲要"。3 月 20 日，日本陆军召集驻在本土的各个方面军的参谋长和有关参谋人员，把此计划做了内部传达，并采取了促进本土作战准备的措施。但因为恰在这一天，大本营海军部以"帝国海军当前作战计划纲要"明确表示全力以赴地进行冲绳决战的决心，同时发布了在此期间尽力加强国土防卫态势的作战计划，因此事实上在冲绳战役进行的过程中，日本陆、海军两方面依旧是按照两种完全不同的作战计划在进行本土决战的准备。

4 月 8 日，日本陆军方面正式撤销"防卫总司令部"，成立第 1、第 2 总军。"'决号'作战准备纲要"才正式向有关总军司令官和方面军司令官作了传达。这个计划的基本思想是所谓"灵活运用日本本土的特点，在奋起的一亿国民配合下，首先令残存的全部海上舰艇、航空兵担任特攻攻击，争取将登陆敌军消灭在海上；然后把本土的全部地面战斗力集中在决战的重要地区，以纵深部署向登陆敌军断然发起决战攻势，以便一举决定战争的胜负"。

整个"'决号'作战准备纲要"由作战、兵力运用、国内抗战、国内警备、交通、通信、兵站等各项计划组成，另外附有"关于本土作战的陆、海军中央协定"。其要点如下：

作战纲要

一、作战的名称与区划

本土方面的作战称为"决号"作战，划分如下：

决一号北海道、库页岛与千岛群岛方面

决二号东北方面

决三号关东方面

决四号东海方面

决五号近畿、中国与四国方面

决六号九州方面

决七号朝鲜方面

二、作战准备的预定进度

作战准备和指导，分为以下三个时期：

第一期4月至7月之间

第二期8月至9月之间

第三期10月以后

在第一期，整顿应急态势的军备；在第二期予以加强；在第三期之初完备。

但在九州、四国，应于6月上旬整顿好应急的态势。

三、作战

1. 日本陆军应迅速加强战备，确立必灭敌军的战略态势，在本土重要地区迎击主敌美军的入侵。为此，以太平洋与中国海正面为主战方面，将战备的重点置于关东地方和九州地方。

2. 努力挫败敌军的空袭，制止敌机的猖狂活动，掩护帝国首都和本土的枢纽部分，特别是掩护生产、交通和战备。

3. 对于敌军攻占我本土重要地区的企图，应尽力在海上击溃之；同时对登陆之敌，展开果敢的地面攻势，力求速战速胜。

甲：把指导航空作战的重点放在摧毁敌军的登陆企图上，其主攻目标为敌军运输船队。为此，航空歼灭战（指对敌基地空军和不带登陆部队的敌机动部队的攻击）、防空作战及与地面作战的配合等，应从达到前项宗旨的角度出发，适当地控制其限度，以便更好地维持和培养对付敌军登陆作战的战斗力。

乙：地面作战的主要目标在于，把登陆敌军压制在沿岸重要地区，加以歼灭，求得最后解决。即使没有航空部队等配合，地面部队也要独自作战，以期达到预期的目的。

4.协助海军保护海上交通，进行水面、水中特攻作战与防守海峡。

5.灵活运用国土的特点，尤其是应发扬全民皆兵的传统精神，以期实现作战目的。为了应付部分敌人侵袭内陆和其他形势变化，要在整个国土内准备国内抗战，并保证国内警备的万全。

四、航空作战——对登陆敌军作战

1.同通信谍报等联系起来，努力对太平洋上的敌空军和海军基地进行战略性的搜索，作为判断全面形势的依据。

2.对敌军尤其是对其运输船队的动静进行严密监视，争取及时地侦悉其活动企图；同时当敌军入侵本土重要地区特别是入侵关东地方和九州地方时，应极力在海上歼灭之。必要时，以部分兵力压制敌军掩护上述登陆行动的主要空军基地。

3.在敌军登陆后，尽力压制敌军协助设置、确保桥头阵地的掩护舰艇，以使地面部队易于作战。另外，应继续尽力切断敌军的补给线。

4.对地面作战的配合，主要是在紧要时机，对必要的方面进行指挥联络工作；届时如果我战斗力允许，应努力取得局部的制空权，使地面作战易于进行。

五、地面作战

1.地面军应迅速判断敌军主力的进攻方向，抢先以尽可能多的兵力向该方面机动集中，乘敌军向纵的方面或横的方面分散兵力时，力求神速地进行决战。

2.当敌军同时从几个方面进攻时，针对敌军主力指挥主作战；当敌军主力方位不明时，则对我主要战斗力容易指向的方面，寻求决战。在次要作战方面，以部分兵力谋求必要时间的持久战，以使主力作战易于进行。

3. 当敌军的进攻逐步达到几个方面时，亦准照前项办法处理。但在敌军主力到达之前，先以部分部队进攻时，在全面形势容许的情况下，以所需兵力指向该敌，各个击破之。

4. 地面作战部队的作战指导，应在敌军占据稳固的登陆态势之前，尽力在沿岸重要地区击溃敌人。

5. 地面兵力应按照预定计划，从其他方面集中于作战的重点地区；此外，还应从非敌军登陆方面抽调兵力，作为作战预备力量，根据需要，将其增援于主决战的正面，或应付战局的变动。

6. 未受敌军进攻方面的军队，应采取各种措施，使全局的作战易于进行。

该方面的最高指挥官，除了按照预定计划或根据临时指示外，还应做好可以随时将所需兵力、军需品等迅速转调到其他方面的准备，并应在抽调后，完满地完成负责地区的作战准备与指导。

7. 本土沿岸的岛屿，应坚守之，以妨碍敌军取得、修建和运用空、海基地；根据需要，协同航空、水上和水中的特攻，配合作战，争取尽量消耗敌军战斗力。

为防御美军的登陆，日本陆军方面赶制了大量的简易武器，图为"五式"45毫米简易无后坐力炮

太平洋战争全史

关于交通不便的本土边远地区的防卫工作，也准照上项处理。这时，结合敌军在本土登陆的整个企图所作的判断，应详细了解有被敌军利用之虞的、适于修建机场的地区和舰船停泊地的情况，并做好周密的准备，以便应付敌军对这些地区的企图。

8. 对于敌军结合登陆计划进行的空投作战，主要以地面部队迅速击溃之。除上项外，应严行重要航空基地、作战道路和交通重要地点的反空降防卫工作，并应充分做好准备，对付敌军对我内陆后方的扰乱性空投的企图。

而在具体兵力的运用上，日本陆军则考虑以关东或九州地方为主，制定了集中地面战斗力运用于决战方面的计划，即当发动"决号"作战或可预先察知美军发动进攻时运用的计划。按照这个计划，为了适应九州方面的决战需要，向这一方面集中的兵力，是从东海、近畿、中国或四国抽调 4 个师团，另由关东和东北抽调 3 至 4 个师团，进驻近畿地区，以准备作第二次集中。

为了适应关东方面的决战需要而集中的兵力，计划有从东北地区抽调的 3 个师团，从近畿地区抽调的 3 个师团，从九州地区抽调的 2 个师团，共计 8 个师团，分别转用于宇都宫、长野、松本地区。如果情况允许，还想从东海地区再集中 2 个师团，并打算从北海道抽调 2 个师团到东北地区；从九州、四国抽调 5 个师团到近畿地方，以准备作第二次集中。

这次调动兵力的准备工作，预定于 9 月末完成。第二次以后的兵力集中，则根据形势的变化临时决定。在集中兵力时，预料美军将破坏交通，因此做计划时是以徒步行军为前提的；但如果情况允许，当然要利用铁路、船舶。这次集中的主要线路，预定是青森—盛冈—仙台—郡山—宇都宫—东京—甲府—诹访—名古屋—京都—大阪—冈山—下关一线；计划把纵贯本土的各条道路也用作集中兵力的干线。另外，为了进行兵力集中，还决定在本州与北海道之间、本州与四国之间、本州与九州之间的各个海峡，分别设置日运量为 2 万吨、3 万至 5 万吨、6 万吨的船艇航路地带。

不过，在这个计划里，也预料到实行时将有相当大的困难。这个计划预计当关东决战时，从九州方面抽调至松本、长野地区的师团，途中所需时间约为 65 天。再从这个集中地区到达决战场，如在炮击与轰炸之下，恐怕还需要 10 天以上的时间。考虑到上述美军破坏交通的情况，就是在九州或关东地方内部进行调动，日本方面估计也将非常困难。

尽管在日本陆军方面看来，强化本土防卫的工作似乎逐渐走上轨道时，冲绳的战局已经恶化了；敌军对本土的空袭也日益加剧；本土交通阻塞，产业瘫痪，通货膨胀加剧，人心焦虑不安等情况，日趋严重。特别是 4 月 30 日希特勒在柏林自杀，5 月 8 日纳粹德国正式向苏联及英、美盟国投降之后，英、美盟军和苏联红军从欧洲战场向太平洋和西伯利亚调动兵力的活动逐渐达到高潮。

1945 年 5 月初，鉴于冲绳方面第 32 军的反攻归于失败，日本陆军判断冲绳战役大局已定。美军可能会逞其余威，乘日本本土作战准备尚未完善之机，较早地直接前来进攻九州方面的危险增大。为了应付这种局面，日本相继采取措施，进一步加快本土的作战准备，并优先进行九州、四国方面的作战准备。

但是当时九州的战备工作却远没有达到"决号作战"预想的水准，陆军参谋本部甚至用"令人十分寒心"来形容。日本陆军在九州地区的方向防御主要由 1945 年 2 月 6 日组建的第 16 方面军承担，指挥官是曾经在中国大陆狼奔豕突的第 11 军司令横山勇。但无论横山勇如何凶悍，在九州的防卫问题上却也可谓是"巧妇难为无米之炊"。

按照"决号作战"的相关设想，为了抵御英、美盟军的登陆，日本陆军在 1945 年 2 月 28 日着手展开了所谓的"本土决战第一次军备"，除了在库页岛方向以原有的桦太混成旅团、第 30 警备队为基干组建第 88 师团，在千岛群岛方向以第 77 步兵团，独立混成第 43、第 69 旅团组建第 89 师团之外，还组建了 16 个所谓的"沿海配备师团"（第 140、第 142、第 143、第 144、第 145、第 146、第 147、第 150、第 151、第 152、第 153、第 154、第 155、第 156、第 157、第 160 师团）和 1 个独立混成旅团（第 101 独立混成旅团）。

这些部队之中，第 140 师团组建于东京，负责驻守神奈川县镰仓海岸一线；第 142 师团组建于仙台，负责驻守仙石湾、石卷湾一线；第 143 师团组建于名古屋，负责驻守静冈县滨松市一线；第 144 师团组建于大阪，负责驻守和歌山县潮岬一线；第 145 师团组建于广岛，负责驻守福冈县芦屋町一线；第146师团组建于熊本，负责驻守鹿儿岛县大口市一线；第147师团组建于旭川，负责驻守千叶县茂原一线；第150师团组建于朝鲜半岛的汉城，负责驻守朝鲜半岛南部的全罗南道一线；第151师团组建于宇都宫，负责驻守茨城县水户市一线；第152师团组建于金泽，负责驻守千叶县铫子市一线；第153师团组建于京都，负责驻守三重县伊势宇治山田一线；第154师团组建于广岛，负责驻守宫崎县妻町（今西都市）一线；第155师团组建于善通寺，负责驻守四国岛高知县香美郡、安芸郡一线；第156师团组建于久留米，负责驻守宫崎县本庄町（今国富町）一线；第157师团组建于弘前市，负责驻守青森县三本木町一线；第160师团组建于朝鲜半岛的平壤，负责驻守朝鲜半岛全罗北道一线；第101独立混成旅团组建于北海道北见市，负责驻守北海道西南部的苫小牧市。

从上述师团的分布情况不难看出，这16个"沿海配备师团"基本呈现平均分布的状态。九州方面仅有第145、第146、第154、第156师团分别驻守北部的福冈、南部的鹿儿岛和西部的宫崎。除此之外，为了加强九州方面的防御能力，1945年3月，日本陆军方面还决定将驻守中国黑龙江东南部林口县的第25师团、驻守中国黑龙江省西北部神武屯（今黑河市）军队转运往九州方面。

但是这些部队均在运输途中，而九州沿海地区的防御阵地构筑也进度缓慢。日本陆军方面，有明湾正面的进度，仅达到50%左右；其他地区的正面阵地仅达20%左右，而且大都不符合作战方针。军需品的集结，刚刚着手进行。四国的情况也大同小异。

日军大本营方面鉴于东中国海方面敌军的进攻态势，认为美军从阿留申群岛方面进攻其东北方面的可能性更小了。因此，决心在该方面改为实行持久战略方案，彻底抽调该方面的兵力，转用于关东、九州方面。从4月中旬至5月末，逐步将驻守旭川的第77师团和海上机动第4旅团调到九州方面；将第147师团和海上机动第3旅团调到关东。随着这次调动，于5月9日，改变了第5方面军司令官的任务，即使之担负持久作战的任务。在千岛、库页岛，仅限于确保其重要地区；在北海道，则击退前来进攻的敌军，破坏敌军推进基地，以利于本州和九州方面的作战，从而事实上取消了"决一号"作战。

（三）四面楚歌——日本陆、海军的本土决战计划及现实困境（下）

　　4月2日，日本陆军方面按照预定计划展开了"本土决战第二次兵备"的全面动员。组建8个所谓的"机动打击师团"（第201、第202、第205、第206、第209、第212、第214、第216师团）和6个独立战车旅团（独立战车第2、第3、第4、第5、第6、第7旅团）。与缺乏重型武器和运载工具，在前沿担任警戒和迟滞对方登陆任务的"稻草人兵团"（かかし兵团）相比，"机动打击师团"除了3个步兵联队之外，还编制有野战炮兵联队、迫击炮联队、速射炮队和机关炮队，似乎战斗力颇为可期。

　　其中第201师团编组于东京，集结于多摩川附近的国立市；第202师团编组于仙台，集结于群马县中南部的高崎市；第205师团编组于广岛，集结于四国岛中南部的高知县；第206师团编组于熊本，集结于熊本县境内的人吉盆地；第209师团组建于金泽市，集结于石川县中部的津藩町；第212师团组建于久留米，集结于宫崎县中部的都农町；第

日本陆军列装本土独立战车旅团的"三式"中型坦克

214师团组建、集结于枥木县境内的宇都宫市；第216师团组建于京都，集结于熊本县中部的宇土市。

综合各"机动打击师团"不难看出，相较于平均分布的"沿海配备师团"而言，"机动打击师团"的部署更有针对性。其中3个（第205、第212、第216师团）集中于九州岛南部，针对美军可能发动登陆的有明湾方向形成合围之势；3个（第201、第202、第214师团）集中于关东地区，摆出一副严阵以待的姿态。

但是进入1945年6月之后，随着冲绳战役的基本结束，美军从太平洋方向对日本本土日益逼近。而在中苏边境一线，源源不断从欧洲获得精锐部队补充的苏联红军，战斗力也在显著增强。有着漫长海岸线的日本列岛，事实上已不得不考虑来自四面八方的敌军的进攻了。

日本大本营为了应付这种战局的变化情况，对围绕着美、英盟军进攻本土的战略、战术的判断问题，可谓是"煞费了苦心"。因为此时的日本陆、海军已经完全陷于被动的防御地位，并已丧失战场的机动性，对敌情判断的正确与否，成了决定胜败的关键，具有十分重要的意义。然而由于制海权和制空权几乎完全丧失，国外的谍报网也被压缩，因而搜集情报越发困难，只能以各中立国内残存的少数国外谍报、远远不够的通信谍报、作战部队的报告，以及美、英方面陆、海军对本土的进攻情况等作为主要资料来进行判断。

当然日本方面也有其优势，毕竟其对日本列岛的兵要地志非常熟悉。因此在不知敌但知己的情况下，日本方面判断美军下一步很可能在西南诸岛，尤其是在奄美大岛、鬼界岛进一步推进、扩充基地，在9月末（台风季节结束后）以后，直接向九州、四国方面强行登陆作战，在该地区获得大型空、海基地后，于明年春季在关东地方登陆，进行最后决战。而为了督促作战部队与政府赶紧做好本土决战的准备，在6月8日举行的御前会议上，铃木贯太郎内阁所作的"世界形势判断"中，更判断美国陆军将提前于6月以后在九州、四国方面登陆，初秋以后在关东登陆。当然除了这种"先九州、后关东"的设想之外，日本国内还有美国陆、海军在扫荡日本本土航空兵力之后，直扑伊豆群岛，可能在晚秋前后，一举在关东地区登陆的设想。

但是很快这种基于兵要地志的判断，便被另一种担忧所推翻。日本陆军开始担心完全掌握着制海权的美军，可能会绕过日本陆军于九州、关东苦心经营的防线，选择从伊势湾方面向名古屋、京都、大阪、神户进攻。甚至突破对马海峡，在本州岛东部的北侧所谓山阴地区登陆。

1945年5月27日到29日，美国海军出动6艘潜艇大举突破对马海峡，发动旨在扰乱日本海方向海上交通的"小矿车行动"（Operation Barney）。在进入被日本方面视为禁脔的海域之后，美国海军潜艇部队随即大开杀戒。6月9日首先于佐渡岛以北击沉了三井船舶公司的"佐川丸"和马场汽船公司的"昭洋丸"，在此后的3天时间里更是一口气击沉了日本方面13艘民用商船和军方征调的运输船。甚至连正在水面航行的日本海军潜艇"伊122"都在能登半岛附近被美国海军潜艇击沉。

日本海军方面虽然在6月10日便出动部署于对马方向的第1护卫舰队配合舞鹤镇守府、大凑警卫府方面展开反潜行动，但由于此时日本海军的兵力有限，合计仅有驱逐舰3艘："响""柳""橘"，海防舰19艘，而在反潜声呐等装备均颇为落后的情况下，要在茫茫大海中寻觅美国潜艇的踪影更谈何容易。

6月19日，在兴国汽船公司的"坤山丸"于七尾湾一线被击沉之后，日本海军的海防舰"冲绳""第63""第75""第158""第207"才

驱逐舰"响"在此时的日本海军之中已经属于主力战舰了

好不容易逮住了还没来得及逃离"案发现场"的"凶手"——美国海军潜艇"北梭鱼"号（USS Bonefish, SS-223），狠砸了一通深水炸弹，并在第二天通过海面漂浮的油污确认了战果。

成功击沉"北梭鱼"号之后，颇受鼓舞的日本海军决定再接再厉，继续扩大反潜搜索范围。不过好景不长，6月22日海防舰"笠户"在单独追击一艘美国潜艇时被对方发射的鱼雷重创。6月23日日本海军再度宣布在能登半岛附近发现并击沉了一艘美国海军的潜艇。但后来才发现当天日本海军攻击的目标，不过是此前被美国海军击沉的日本海军潜艇"伊122"。

6月24日黄昏时分，深入日本海的美国海军潜艇部队于宗谷海峡一线浮出水面，全体集结后趁着浓雾有序撤离。而曾在1943年8月击沉过美国海军潜艇"刺鲅"号（USS Wahoo, SS-238）的日本陆军"宗谷要塞"守备部队，虽然发现了美国海军的潜艇编队，却最终选择了隐忍，由此而招来了海军方面的诸多非议。但事实上"宗谷要塞"之所以能够在此前击沉敌方潜艇，依靠的并非是1940年动工修建的宗谷和西能登吕两处炮台，而是依靠日本海军驱潜舰编队和陆军航空兵联合的围追堵截。

成功穿越宗谷海峡返回太平洋的美国海军潜艇部队，于7月4日返

1945年7月4日返回珍珠港的美国海军潜艇"海狗"号

回了珍珠港。由于当天正值美国"独立日"的庆典，因此所有潜艇都在潜望镜上挂起了美国国旗，一时间也形成了一道亮丽的风景线。按照日本方面统计，美国海军此番"小矿车行动"总计击沉日本方面 38 艘各型民用船只及潜艇 1 艘，而自身仅损失了 1 艘潜艇。当然除了舰艇的损失之外，更令日本方面备感担忧的是，美国海军采取此种战术，那么不仅日本与朝鲜半岛、中国东北一线的海上生命线将被彻底切断，美国军队更可能突破对马海峡，直接在本州岛西北部的所谓"山阴"地区沿海登陆。

考虑到上述问题，日本海军方面的对策是迅速集中剩余的运输力量，从朝鲜半岛和中国东北抢运战略物资。此时海军总司令丰田副武已于 5 月 29 日被升任军令部长，所以相关作战计划主要由继任者小泽治三郎拟定和执行。有趣的是，丰田副武获得提升之际，据说天皇裕仁曾明确地说"司令官都干不好的人，有什么资格当军令部长"（司令長官失格の者を総長にするのは良くない）。海军大臣米内光政则以"年轻人（指海军少壮派军官）都支持丰田副武"（若い者本土決戦派に支持がある豊田なら若い者を抑えて終戦に持っていける）来搪塞。但或许米内光政真正想表达的是海军少壮派军官都支持小泽治三郎，与其让丰田副武这样的庸才继续尸位素餐，不如将他高升一步，让更有能力的小泽治三郎来总揽全局。

塞班岛上的美国陆军航空兵 B-29 轰炸机群

小泽治三郎上任伊始，虽然不得不萧规曹随地继续对冲绳方面展开"菊水特攻"，但与此同时却也拟定了几个颇有想象力的进攻计划。6 月 24 日，小泽治三郎与日本海军第 3 航空舰

队司令寺冈谨平决定，拟以 20 架"一式"陆基轰炸机运载精锐的吴镇守府第 101 特别陆战队强行攻入美国陆军航空兵用于空袭日本的塞班航空基地，是为"剑作战"。

吴镇守府第 101 特别陆战队是一支于 1944 年初成立的日本海军特种部队。据说在组建之初，便特意选拔了日本海军陆战队之中体貌特征比较接近于欧美人种的士兵，并进行了英语口语及美国本土相关知

空投水雷的美国陆军航空兵 B-29 型轰炸机

识的严格培训。原本计划是通过潜艇将其秘密运抵美国西海岸展开渗透破坏行动，但由于战局的迅速恶化，这样一支原本甚至被寄予刺杀美国总统厚望的特种部队，此刻只能用于"剑作战"这样的搏浪一击了。

在偷袭塞班的同时，日本海军方面还计划出动在机腹下方安装 10 挺到 12 挺机枪的"银河"陆基轰炸机对硫磺岛方向的美军航空基地展开空袭，是为"烈作战"。不过由于考虑到日本海军方面缺乏先进的导航系统，因此这样的长途奔袭只能到下次出现满月的 7 月下旬了。

虽然"剑作战"和"烈作战"的相关准备工作正在紧锣密鼓地进行之中，但小泽治三郎深知日本列岛此刻在美国陆、海军的空中和海上封锁下已然陷入了饥荒的边缘。如果失去了来自朝鲜半岛和中国东北的农产品，那么不用等到美军登陆，日本列岛便将饿殍遍野、民不聊生。因此 6 月 28 日由日本海军牵头，一场以抢运农作物为目的的"日号作战"正式打响。

按照日本海军方面的计划，从朝鲜半岛和中国东北方面征集来的大米、小麦、高粱和大豆等农产品集中于朝鲜半岛东北部的罗津港，以小型船只不断向本州岛西北部"山阴"地区的江崎港（今山口市）和油谷湾等小型港口转运。尽管这一行动很快便为美国方面所侦知，并随即对罗津港等地展开航空布雷。由于美国陆、海军空投的水雷混杂着磁力、

水压、声响等多种引爆模式，因此日本方面几乎无法从技术层面予以排除。但在罗津港被水雷封锁之前，日本海军还是抢运出了95.4万吨粮食，达到了原定60万吨计划的150%。

尽管从结果上来看，"日号作战"颇为圆满，但这不足100万吨的粮食并不足以支撑日本本土日常的消耗，更不用说此时为了应对四面受敌的环境，日本陆军方面又启动了所谓的"本土决战第三次兵备"计划。5月23日开始，日本陆军又组建了8个"机动打击师团"（第221、第222、第224、第225、第229、第230、第231、第234师团），11个"沿岸配备师团"（第303、第308、第312、第316、第320、第321、第322、第344、第351、第354、第355师团）以及15个独立混成旅团（独立混成第113—第127旅团）。

其中第221师团组建于长夜，集结于茨城县东南的鹿嶋市；第222师团组建于弘前，集结于岩手县；第224师团组建并集结于广岛；第225师团组建于大阪，集结于兵库县西南的龙野市；第229师团组建于金泽，集结于石川县中部的津幡町；第230师团组建于东京，集结于冈山县；第231师团组建于广岛，集结于山口县；第234师团组建于东京，集结于千叶县东北部的八日市场市。

第303师团组建于名古屋，负责驻守鹿儿岛县西北的川内市一线；第308师团组建于弘前，负责驻守青森县陆奥湾的野边地町一线；第312师团组建于久留米，负责驻守佐贺县西部的伊万里港一线；第316师团组建于京都，负责驻守神奈川县的伊势原一线；第320师团组建于朝鲜半岛的首尔，负责驻守朝鲜半岛南部的釜山、大邱一线；第321师团组建于东京，负责驻守伊豆大岛一线；第322师团组建于仙台，负责驻守宫城县的大河原町；第344师团组建于善通寺，负责驻守高知县西南部的宿毛市一线；第351师团组建于宇都宫，负责驻守福冈县西北部的福间町；第354师团组建于东京，负责驻守千叶县的丸山一线；第355师团组建并集结于兵库县的姬路市。

如果说前两次"本土决战兵备"计划还算是有的放矢的话，那么"本土决战第三次兵备"则计划是大水漫灌、处处设防。不仅"沿岸配备师团"的番号几乎遍布日本本土和朝鲜半岛的海岸线，"机动打击师团"的位置也更趋分散。而此举恰恰印证了《孙子兵法》所言之"备前则后寡，备后则前寡。备左则右寡，备右则左寡。无所不备，则无所不寡"的尴尬。

不过日本陆军并不这样看问题。根据所谓第1、第2总军的决战纲领，其思想概要如下：美军依靠漫长的海上补给线，率领大军指向日本本土堡垒，有其根本性弱点。与此相反，日军是在本土，拥有完美无缺的陆军骨干武装力量，可以在敌军的登陆地点集中全部力量，以强大的纵深战斗力，对敌军展开连续不断的攻势。而且可以倾注航空与海上特攻部队的全部力量，在本土的沿岸海上迎击敌军。除了具有一心保卫皇国的忠贞精神和战无不胜的大和魂的一亿国民配合军队，和军队共同作战外，地利也是绝对的。过去在远海岛屿和远洋作战时，曾在孤立无援、补给断绝的情况下，以少量的战斗力抗击美国大军的集中攻击。与这种情况相比，现在敌我双方的战略处境反过来了。

认识本土的这种特性是胜利的基础，首先迅速确立足以发挥这种特性的战略态势，将国土内的森罗万象均化为战斗力。当敌军前来进攻时，发扬一亿国民特攻的进攻精神加以歼灭；要以不让敌军一兵一卒生还的决心，贯彻不胜则死的信念，以拼刺刀的白刃战法进行战斗。即当敌军登陆部队接近我本土近海时，首先出动全部海、空战斗力，以日本特有的空中和水上进攻战，击沉美军运输船队，争取在海上消灭敌军。而对仍然登陆的敌军，则把本土的全部陆军兵力集中在敌军的登陆地点，展开连续不断的猛烈进攻，将敌军迅速歼灭在沿岸地区。地面作战也应贯彻特攻战法。另外，国民应全力以赴地协助做好军队的各项后勤、防空、构筑工事等工作，并直接配合战斗。

但是，在制定和下达"'决号'作战准备纲要"的3月、4月间，本土的军备刚刚就绪，作战准备还远远不够。因此，以大本营为首的作战部队指挥官，对敌军登陆部队立即在海岸发动攻势予以消灭，还缺乏信心。加上根据过去在试图进行海岸决战的塞班岛以及其他岛屿防御战中，对敌军的舰炮射击和轰炸以及火焰坦克威力的深刻体验，强调纵深攻击防御方式，因而这一基本思想，在"'决号'作战准备纲要"和4月20日大本营陆军部下达的"国土决战教令"中，并不是很明确的。尤其是后者，甚至有以"在不得已时允许敌军登陆部队获得桥头堡"为前提，强调对此经过周密准备、统一进攻的思想。

另外在作战部队中，有的由于过分考虑敌军炮击和轰炸造成的损失，主张由海岸后退，在高地构筑洞窟阵地，因而没有充分做好在敌军刚登陆时，就断然发动海岸攻势的准备。例如，关东的第 12 方面军的作战设想就是对从九十九里滨或相模湾方面登陆的敌军，将预定投入决战的兵团保持在利根川上游地区，待断定敌军主力的主攻方向之后，再向该方面求得决战。因此，其会战战场，预定在筑波山、千叶一线以东或八王子南方山脉以南地区。其他方面也大同小异有这种倾向。

1945 年 5 月前后，当本土的军备逐渐进展、大本营和新设总军司令部的首脑认识到这种情况后，严厉要求改变这种消极倾向，贯彻上述基本思想。6 月上旬，参谋总长指示本土的全部陆军："本土作战采取进攻战，决战地区须选在沿岸，尤其是在海滨地区。其作战指导，须在登陆敌军尚未建立桥头堡之前，以纵深部署猛攻登陆未完的敌军弱点。"6 月 6 日，大本营陆军部颁发了《国土决战战法手册》。

《国土决战战法手册》特别强调下列各项：（1）国土决战是通过进攻的歼灭战。（2）不可依赖防御和阵地工事，沿岸防御也应按决战方式进行。（3）阵地的构筑应选在敌军必攻之地，要重视平地的作战工事。（4）要重视确保机场。（5）作战工事、训练和战斗均应以反坦克战为主。（6）要注重突击肉搏战法。将其主旨向官兵进行了通俗的解说。第 1、第 2 两总军司令官也按照大本营的这种意图，分别修订了各自的作战计划，为了贯彻这种意图，特地制定了决战纲领。

另外在此之前，大本营陆军部于 4 月 25 日发布了"国民抗战必携"，要求国民以参加决战的决心，即以一亿人奋起特攻的精神为保卫国土而战斗；并组成国民义勇战斗队，进行战斗训练和构筑阵地；各自保卫乡土，以突击肉搏战法，协助军队作战。

经过这一番曲折，本土作战在指导上贯彻了沿岸决战的思想。因为本土决战是日军最后的决战，日本陆军把建军 80 年来的传统赌以这次最后一战，在本土决战中只能也必须取得最后胜利。然而认为，胜利的关键在于登陆敌军的战线未稳时，倾注全军力量，拼死猛击敌军；除此之外，别无他法。而且，沿岸地区不仅是住有众多国民的政治、经济、交通要地，而且由于本土的地势关系，许多重要的航空基地都设置在这些地区。

从冲绳和其他战役的教训来看，一旦将这些地区交给美军，使美军巩固了桥头堡，再想以日军的火力和突击装备拔掉它，极为困难，对日军作战十分不利。对于美军舰炮射击和飞机轰炸所造成的损害本应予以重视，但需要特别强调的是，只要巧妙地利用沿岸防御工事，依靠沿岸配备进行积极果敢的防御战，分散美军火力，并使敌我双方战线混淆交错，就能使美军炮兵的射击和飞机的轰炸，难以发挥威力。

较之部署上的措施，在如此短的时间内编制 50 个师团又 6 个独立战车旅团、15 个独立混成旅团的扩军，更远远超出了日本陆军极限。为了凑齐足够的兵员，日本陆军实行了竭泽而渔的"连根拔起式动员"（根こそぎ動員）。除了将所有预备役和适龄兵员悉数招募入伍，日本政府更于 1945 年 6 月 23 日颁布《义勇兵役法》，规定所有 15 周岁之上、

日本陆军为了本土决战加速生产中的"三式"中型坦克，但其生产的速度显然赶不上扩军的脚步

60 周岁以下的男子，17 周岁以上、45 周岁以下的女子都要编组承担义务。

对于战前便普遍推行军事化管理的日本而言，采取这种全民皆兵的形式虽然不会带来什么心理负担，但是这些作战部队的装备却几乎全无着落。"本土决战第一次兵备计划"中组建的师团，还缺少部分火炮与重武器，特别是马匹、汽车缺欠很多。至于"本土决战第二次兵备"计划中组建的师团，即使是在九州、四国方面也仅达 70% 的装备程度，关东方面的装备程度也大致相同，而速射炮和迫击炮则几乎完全没有。其他方面的装备程度甚至达不到 50%。至于"本土决战第三次兵备"计划中组建的师团，就连优先予以装备的九州方面，也仅补充 50% 左右；而轻武器、速射炮、迫击炮、机关炮等，则缺欠甚多。其他地区则仅装备了一部分。

对这些兵团的装备进行补充，预计九州、四国方面，大致在这一年的 10 月可以完成；但关东方面，估计要在下一年春季才能完成；而其他地区，则更要推迟。关于阵地的构筑，在九州、四国、关东地方沿岸的重要正面战场，仅完成计划的 60% 至 80%，而其他的正面战场则大都仅完成 50% 左右。训练方面，除了在后方集结的决战兵团外，都忙于构筑大规模的阵地，几乎没有时间进行训练。

至于最为重要的后勤方面的准备问题，根据上述基本配置计划来看，九州、四国方面，弹药的集结完成 100%，燃料的集结完成 94%，粮秣的集结完成 16%；但决战时集中兵力所需的物资集结，则十分令人担心。关东方面，粮秣集结了 50%，但是弹药、物资器材的集结，由于优先供应九州，仅集结了一部分。其他地区，除东北方面外，后勤准备工作更为迟缓。

（四）最后一击——美国陆、海军在登陆日本本土过程中的政治博弈

就在日本方面全力以赴地准备着所谓"本土决战"的同时，美国陆、海军方面也筹备着在太平洋战场上给予对手最后一击。"美利坚合

众国的最终目标是促使日本尽早无条件投降。为实现这一目标，登陆日本是必要的选择之一"。早在 1943 年美国参谋长联席会议的备忘录之中，美国军方便明确了不排除采取直接登陆日本本土的方式来结束这场战争。但当时探讨这一问题显然还为时尚早，直到 1944 年底甚至 1945 年春，美国人才发现已经处于下风的日本完全没有谈和的意向，登陆日本本土竟然成为唯一的选择。

完全从军事角度来考虑，美国海军及陆军航空兵的高层都反对直接登陆日本本土，他们更倾向于通过以潜艇和布雷为主的海上封锁和战略轰炸最终迫使日本投降。但是这些设想并不能将美国的国家利益最大化，更无助于实现个别将帅的政治野心。身处关岛的美国海军太平洋舰队司令尼米兹将夺取硫磺岛和冲绳，视为自己政治生涯的巅峰之作，因此美国海军陆战队将星条旗插上折钵山的那张照片才会被宣称机构不断放大，成为向全体美国人宣告胜利的象征。

作为美国海军即将独力结束对日作战的象征，硫磺岛之战的作用被无限放大。以至于海军部长詹姆斯·福莱斯特（James Vincent Forrestal，1892—1949 年）亦屈尊降贵，亲自前往当地视察。而当福莱斯特回国后上报了他亲自掌握的战场"第一手材料"之际，关岛的美国海军太平洋司令部的工作人员，已然开始弹冠相庆。除了欢呼胜利之外，这一天

1945 年 2 月 25 日，美海军陆战队正在撤离硫磺岛上的伤兵

还是尼米兹的 60 大寿。显然对尼米兹而言，他急于将太平洋战争与自己画上等号。

显然詹姆斯·福莱斯特的报捷并不能改变美国政府上层对硫磺岛战役的看法。毕竟为了争夺这个弹丸小岛，参战双方都付出了高昂的代价。守岛的日本陆、海军 23000 人，仅 1083 人被俘。美国一方则有 6821 名陆战队和海军人员牺牲。对美国人而言这是一场未预料到的激烈战斗，攻占这样一个小岛竟付出了如此巨大的代价，以最精锐的兵力居然用了 36 天的时间，那么，攻占日本本土又该付出多大的代价？

这个问题的出现，显然出乎尼米兹的意料。全力支持他的老领导福莱斯特回国后不久，尼米兹也兴致颇高地决定返回华盛顿述职。其间还颇为悠闲地在珍珠港和旧金山逗留。但是很快他便从国内的新闻媒体身上嗅到了危险的气息。在一份名为《旧金山检查者》的报纸上，尼米兹读到了一篇社论，大肆宣扬麦克阿瑟的军事领导才干。撰文者直言不讳地表示：只有麦克阿瑟才具备足以赢得战争的才智，他不会像其他的司令官那样损兵折将、丢弃装备。华盛顿应让麦克阿瑟担任太平洋战场的全面指挥。海军和陆战队人员领导乏术。社论声称，他们现在的领导，显然正在将美国子弟的生命作不必要的冒险。

对于这种明显的挑衅性言论，尼米兹在盛怒之余，授意海军陆战队冲入《旧金山检查者》的编辑部闹事，要求对方在报纸上刊登道歉声明。不过《旧金山检查者》自恃后台过硬，竟然拒绝道歉。一番口水官司之后，美国海军并未赢回面子，反倒令尼米兹长期以来苦心经营的虚怀若谷形象大打折扣。

1945 年 4 月 11 日罗斯福生前的最后一张照片

怀着满腔的不忿和懊恼，尼米兹动身前往白宫，去拜访长期以来与海军都颇有香火之情的罗斯福总统。但这次会见令尼米兹更为忧心忡忡。因为此时的罗斯福已然病入膏肓，一身衣服宽松耷拉，像是挂在一副骨架上。说话困难，双手明显颤抖。尼米兹心中产生一种明确的看法，这将是他与罗斯福的最后一次会见。尽管他此行目的顺利得以实现，美国海军获得了冲绳战役的主导权。但尼米兹却不得不暗下决心，必须趁罗斯福仍在人世之际结束太平洋战争，否则他自己和美国海军都可能错失良机。因此离开白宫之后，他火速返回珍珠港，决心不管国内公众的情绪，加速推进战争的进程。

显然尼米兹低估了他的对手。在他盘桓于美国本土的这段时间里，尼米兹及其家人几乎每天都能到收到自称是美国海军陆战队或海军水手母亲的来信。信中明确指责他"草菅人命"，是一个无能的领导和战争贩子。应该说在美国这样勇于表达甚至乐于宣泄自身情绪的国度里，烈士遗孀通过这种激烈的方式向军队高级指挥官表达在战场上失去亲人的愤懑之情并不鲜见。但是在如此短时间内密集地针对某个特定的对象，却不禁令人产生别样的联想。

大多数有关尼米兹的个人传记之中，都宣称并不计较个人的威望，但是重视人性尊严的尼米兹，也不愿被人称为刽子手。即使这是属于职责范围的事，也不愿被人如此称呼。因此在接到这些信件之后，他饱受了良心的煎熬和摧残，不得不写信给自己的妻子寻求安慰。在信中尼米兹表示："他为每个牺牲的官兵深感痛惜。他希望上帝能制止这种情况的发生。"

身为此时主导着太平洋战争进程的美国海军前线最高指挥官，尼米兹承受的心理压力自然是可以想到的。但对于他这样一个沙场老将而言，事实上早已将战场的牺牲视作获取胜利的必要代价了。事实上自"珍珠港事件"以来，美国海军和海军陆战队在太平洋战场上便不断承受着巨大的伤亡。而之所以此时国内出现了不满情绪的井喷，除了战争胜负已分，美国士兵及其家庭都不愿意成为那个被最后一颗子弹击中的倒霉蛋之外，更有美国陆军方面试图在最后一刻重新夺回对日作战主导权的背后推手。

麦克阿瑟虽然没有能在太平洋战争最后阶段获得总体指挥权，但其仍能在菲律宾战场发挥其独断专行的风格，不断彰显自己的存在感。按照麦克阿瑟"（把日本陆军）赶进山里牵制住，削弱它，而我方主要力量放在可以使用更多兵力的地区"，美国陆军一方面不断压缩着山下奉文所部在吕宋岛北部的活动空间，迫使其撤进东马德雷山脉；另一方面则不经美国参谋长联席会议的批准，在整个菲律宾群岛大举攻城略地。

1945 年 2 月，美国陆军在巴拉望岛登陆，接着在 3 月攻入民都洛、苏禄、内格罗斯等地。同时对菲律宾第二大岛棉兰老岛发动进攻。作为日本陆军计划中菲律宾决战的前哨，棉兰老岛上一度集结着铃木宗作麾下的第 35 军所部近 25 万大军。但随着美国陆军直接跳过棉兰老岛在莱特湾展开登陆，在此后的战斗之中，第 35 军自司令官铃木宗作以下诸多精锐大多命丧该地。

　　因此在麦克阿瑟展开进攻之前，日本陆军在棉兰老岛的防御便已然相对空虚，岛上仅剩下的 2 个师团又一个独立混成旅团之中，相对精锐的第 30 师团早在支援莱特岛的行动中被抽调成了空壳。第 100 师团本身便为在当地执行"治安任务"的独立混成第 30 旅团扩编而成，其战斗力甚至不如 1944 年 7 月以国内补充兵员在马尼拉组建，奉命驻守棉兰老岛西部三宝颜地区的独立第 54 混成旅团。

　　更为糟糕的是，由于上级主管第 35 军司令铃木宗作战死，第 14 方面军司令部在撤离马尼拉之后便与棉兰老岛方面失去了联络，因此棉兰老岛上的日本陆军实际上处于第 30 师团长两角业作、第 100 师团长原田次郎、独立混成第 54 旅团长北条藤吉多头领导之下。

　　经过一番扯皮之后，日本陆军 3 个作战单位最终达成协议：由独立混成第 54 旅团守备棉兰老岛西部港口城市三宝颜，第 100 师团守备南线重镇达沃，而第 30 师团则驻防棉兰老岛北部海岸线的卡加延德奥罗。在面积颇为辽阔且缺乏完整公路网络的棉兰老岛上，日本陆军的这一布防模式自然给了麦克阿瑟各个击破的可乘之机。

　　1945 年 3 月 7 日，美国海军第 7 舰队开始对三宝颜方向展开长达 3 天的连续炮击。3 月 10 日，在几乎将这座历史名城夷为平地之后，美国陆军第 41 步兵师所属第 162、第 163 步兵团在强大的空中火力支援之下发动登陆。而除了来自美国陆军正面的强大攻势之外，岛上活跃的菲律宾抗日游击队也威胁着日本陆军的后方。在这种前后夹击之下，日本陆军独立混成第 54 旅团仅依托三宝颜市区支撑了一天便败下阵来。

　　尽管在此后的几天里，日本陆军独立混成第 54 旅团通过与海军第 33 警备队在三宝颜市北部的丘陵地带组织了顽强的抵抗，并通过挖掘陷坑的方式迟滞美国陆军坦克的推进，但随着美国陆军以刚刚攻占巴拉望岛、士气正旺的第 186 步兵团接替第 163 步兵团担任主攻，后继乏力的日本陆军最终败下阵来。独立混成第 54 旅团残部被迫退守山区，展开所谓的"持久战"。而美国陆军则出动大批工兵部队完成了对三宝颜地区日本航空基地的整修，除了对日本陆军展开不间断的空中打击之外，更运来人批军火，以武装当地的菲律宾抗日游击队，并以之为前锋对独立混成第 54 旅团展开追击和扫荡。

从三宝颜方面撤下来的美国陆军第 163 步兵团，随即又被美国陆军第 41 步兵师分配攻略棉兰老岛与婆罗洲岛之间的苏禄群岛的任务。按照美国方面的说法，这一地区驻守着日本陆军独立混成第 55 旅团、海军第 32 特别根据地队、第 33 警备队一部，总兵力超过 6000 人。但事实上独立混成第 55 旅团同样以国内补充兵员在马尼拉编组而成，在被派往苏禄群岛后不久便被抽调 1 个步兵大队（独立步兵 364 大队）支援莱特岛，兵力锐减了三分之一后，本就脆弱的战斗力史趋不堪。美国陆军方面的统计数字，事实上包含了 1000 多名在岛上修筑机场的日本劳工。

第 163 步兵团在该方向登陆之后，很快便以摧枯拉朽之势横扫整个群岛。至 4 月 26 日苏禄群岛方面的战斗基本结束时，美国陆军及当地的菲律宾抗日游击队宣布击毙日军官兵 3900 余人。而在此后 2 个多月的山地扫荡作战之中，又歼灭日本陆军残兵 2000 余人。因此在太平洋战争结束时，苏禄群岛方面的日军连同前期被俘虏的，幸存者不过 135 名。而美军方面的损失仅仅是 40 人战死、125 人负伤而已。

1945 年 5 月末，独立混成第 54 旅团在连续遭到美菲联军的沉重打击之下，备感绝望的旅团长北条藤吉宣布部队解散，随后自戕而亡。不过残存的日本陆、海军士兵并没有选择向美军投降，而继续在三宝颜附近的山区之中与美菲联军周旋，直至 1945 年 10 月才放下武器。不过满编 5200 人的独立混成第 54 旅团此时幸存者只有 1200 余人了。

在攻占了三宝颜之后，考虑到日本陆军在达沃方向构筑了严密的岸防工事，美国陆军第 8 集团军最终决定于 4 月 17 日以第 24 步兵师为主力，在棉兰老岛西北部的伊利亚纳湾发动登陆作战。日本陆军对美方的这一行动虽然有所预判，但无奈手中兵力捉襟见肘，仅能在伊利亚纳湾方向部署一个步兵大队的兵力（独立步兵第 166 大队）。

面对美军强大的海、空火力，日本陆军脆弱的防御很快便宣告崩

在美军机场领取武器弹药的菲律宾抗日游击队

溃。随后美国陆军借助舟艇部队在棉兰老岛中部的河网地带展开机动，迅速切断了日本陆军第 30 师团与第 100 师团之间的联系，穿插到了达沃的后方。对于美军的快速突击，日本陆军第 100 师团长原田次郎手足无措，只能在达沃留下独立步兵第 163 大队和日本海军陆战队的 1 个大队作象征性抵抗，师团主力向阿波火山方向撤退。

5 月 3 日攻占达沃之后，美国陆军进一步向阿波火山一线展开追击。此时日本陆军第 100 师团虽然仍保有兵力 18000 人左右，同时还有 5400 余名日本海军与之随同转移，但这些士兵早已士气低落、兵无战心，在美军的穷追猛打之下最终于 6 月 19 日彻底崩溃。战后统计，在棉兰老岛南部，日本方面总计有 12000 余名陆军、3200 余名海军、4600 余名平民丧生，而美国方面仅阵亡了 350 人，1600 余人负伤。

在美国陆军第 24 步兵师于达沃地区作战的同时，美国陆军第 31 步兵师在棉兰老岛本部登陆，击破了正面的日本陆军步兵第 74 联队的抵抗之后，配合美国陆军第 40 步兵师所属之第 108 步兵团对卡加延德奥罗展开南北夹击。驻守当地的日本陆军第 30 师团以最后的机动部队——搜索第 30 联队展开抵抗的同时，开始向棉兰老岛东部的南阿古桑省撤退，并最终在棉兰老岛东南部宣布投降。在棉兰老岛的战斗之中，日本陆军第 30 师团约有 2500 人战死、2100 人病故，另有约 5600 人失踪，幸存者不足 3000 人。而美国陆军各部队所付出的伤亡不过数百人而已。

综观整个棉兰老岛战役，麦克阿瑟以士气高涨的百战之师，对敌日本陆军残破不堪的乌合之众，摧枯拉朽般的胜利本就在预料之中。但是为了提高此战的艰苦程度，美国陆军方面开动宣传机器，制造了一个名为"马尼拉麻蕉"的"战场神话"。

按照美国陆军随军记者的说法："第 24 步兵师的士兵在进攻棉兰老岛的行动开始之前，已知道此战役是进攻菲律宾南部 10 个岛屿的战役中最艰苦、最激烈且消耗最人的一役。除了日军坚强的防御工事外，另一方面是岛上的麻蕉田。在达沃省战斗的美军士兵经常听到'马尼拉麻蕉'这个名词，环绕达沃的郊区满布这种高 15 到 20 英尺的植物；它们在蔗糖田附近生长，其长身、苍翠繁茂的绿叶对防守者是很好的掩护，任何强壮的人必须集中全部体重到其脚部才能战斗……在麻蕉田，视线不超过 10 英尺，没有微风可穿越这些植物，很多人——无论美国人或日本人，都在里面因高温而倒下。唯一能找到敌人之办法是不断前进，直到被 3 至 5 码外的敌人用机枪扫射为止。在往后之 2 个月，第 24 步兵师就是在这种环境中同日军战斗，当找到敌人时，专门小组便通过麻

今天菲律宾的马尼拉麻蕉林，前方晾晒的是从其中抽取的麻丝

蕉田寻找敌人之地下碉堡及陷阱。"

作为棉兰老岛的主要经济作物，"马尼拉麻蕉"的确遍布棉兰老岛的内陆地区。但以美国陆军的作战传统，根本不可能派步兵在其中逐尺逐寸地搜索、消灭对手，只会是点起火焰喷射器将这些植物与藏身其中的日军士兵一道付之一炬，或者直接开着推土机和坦克从上面直接碾过。

无论如何，棉兰老岛战役这种攻城拔寨，以微小代价歼灭敌重兵集团的捷报还是给美国政府和民众带来了极大的快感，更进一步推高了麦克阿瑟的政治声望，使其有足够的资本对着正指挥着美国海军陆战队在冲绳岛苦战的尼米兹指手画脚。而此时长期以来与麦克阿瑟合作默契的澳大利亚政府突然跳出来对美国政府横加指责，更为麦克阿瑟展现其外交才能提供了舞台。

澳大利亚政府的不满缘于两个方面，一是在麦克阿瑟大举挥师北上菲律宾之后，仍然盘踞在新几内亚、新不列颠岛以及所罗门北部布干维尔岛上的日本陆军部队便交给澳大利亚和新西兰等英联邦军队独力应付了。应该说新几内亚方面的日本陆军第18军已经被麦克阿瑟打断了脊梁，无力发动反击；困守新不列颠岛的日本陆军第8方面军虽然还有以

达沃战场上悠闲的美国陆军第 24 步兵师

第 17 师团、第 65 旅团为核心的 10 万之众，但由于日本海军在这一方向已无作战能力，因此也掀不起什么风浪。

二是让澳大利亚人头疼的是布干维尔岛上的日本陆军第 17 军，从 1944 年 11 月开始，麦克阿瑟便以集中兵力进攻菲律宾群岛为由，将布干维尔岛划入了澳大利亚军队的防区。此时美、英盟军在各条战线上高奏凯歌，澳大利亚陆军也认定岛上的日本陆军覆灭已成定局，也使毫不犹豫地答应了。澳大利亚陆军第 2 军所属第 3 步兵师（下辖第 7、第 15、第 29 步兵旅）和第 11 步兵旅陆续上岛，随后又得到了斐济步兵团的支援，在布干维尔岛上编组了澳大利亚第 23 步兵旅。

在布干维尔岛上作战的澳大利亚士兵

但是上岛之后，澳大利亚人很快便发现自己上当了。按照美国人的说法，岛上的日本陆军第 17 军总兵力不过 23000 人，战斗兵员不过 12000 人。但事实上此时布干维尔岛上的日本陆军总兵力超过 4 万，第 17 军更拆散了所有不需要的后方单位，将人员补充入一线战斗部队。麦克阿瑟潇洒地拂袖而去，却把这块难啃的骨头丢给了澳大利亚人去对付。

体态臃肿的澳大利亚陆军司令托马斯·布莱米

在 1945 年 1 月到 3 月之间，澳大利亚陆军与日本陆军第 17 军之间展开了一系列惨烈的对攻作战。尽管凭借着自身强大的火力和充沛的后勤保障，澳大利亚军队守住了美国人交给他们的登陆场，并逐渐将对手赶入布干维尔岛的南部地区。但巨大的伤亡也令澳大利亚陆军放弃一举歼

灭对手的打算，只能采取长期围困的战略，试图用饥饿来消磨对手。不料日本陆军第17军司令官正是经过瓜岛炼狱洗礼的百武晴吉，此公其他本事没有，带领部下一起挨饿却有经验。于是布干维尔岛上的日本陆军一边勒紧裤腰带苦熬，一边开垦荒地、生产自救，摆出一副要与澳大利亚人死磕到底的架势。

除了深陷宛如泥潭一般的布干维尔岛战场外，更令澳大利亚政府感到不爽的是，美国人在菲律宾群岛的高歌猛进，已然有越过战前美、英在东南亚势力范围的趋势。作为英联邦的一员，澳大利亚政府此时自然要代表英国政府发声抗议。1945年3月13日，澳大利亚陆军司令托马斯·布莱米（Sir Thomas Albert Blamey，1884—1951年）在马尼拉出席军事会议之时，便直言不讳地向麦克阿瑟提出："（澳大利亚与美国之间）对菲律宾和其他西南太平洋地区之间的政策分歧根据的是政治原因，而不是军事原因。"

以麦克阿瑟的政治嗅觉，自然深知澳大利亚人的真正用意。于是他不顾美国参谋长联席会议的反对，以罗斯福总统临终之前曾给予首肯为由，发动了美国和澳大利亚联手进攻婆罗洲的"双簧管行动"

美澳联军收复婆罗洲岛的"双簧管行动"

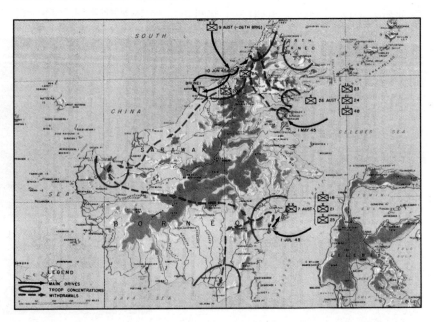

（Operation Oboe）。尽管在太平洋战争中婆罗洲始终扮演着日本原油供给核心产区的角色，但由于远离前线，日本陆军在当地驻守的兵力相当有限。直到 1944 年 9 月 12 日，才将当地的守备部队编组为第 37 军野战部队。但部队序列的升级并不能带来兵力上的实际增长，在美澳联军大举来犯之际，婆罗洲岛上的日本陆军第 37 军的机动部队仍只有独立混成第 56、第 71 旅团、独立混成第 25 联队，另有 6 个独立步兵大队以及海军第 22 特别根据地队承担沿海防御任务。

1945 年 5 月 1 日，澳大利亚军队首先在婆罗洲岛东北岸发动登陆作战。澳大利亚陆军第 9 步兵师以第 26 步兵旅为主力，一口气投入 11800 人猛扑日军滩头阵地，驻守当地的日本陆军独立步兵第 445 大队和海军第 2 警备队总计 2200 人依托海岸炮台和水雷顽强抵抗，竟也给美澳联军造成了 225 人战死、近 700 人负伤、1 艘扫雷艇被击沉、5 艘驱逐舰被水雷炸伤的代价。

6 月 10 日，美澳联军又在婆罗洲西北部的文莱湾一线展开登陆。面对美国海军庞大的登陆舰队，驻守该地区的日本陆军独立混成第 56 旅团，独立步兵第 366、第 367 大队选择了主动后撤。不过驻守文莱湾北部纳闽岛的独立步兵第 311 大队无处可退，最终被美澳联军全歼。文莱湾方向的战斗中，美澳联军损失不大，在地面战中 114 人战死、221 人负伤，另有扫雷艇"军礼"号（USS Salute，AM-294）触雷沉没。

7 月 1 日，在 4 艘扫雷艇先后触雷沉没、多艘驱逐舰在对岸炮击中被岸炮击伤之后，澳大利亚陆军第 7 步兵师在婆罗洲中部的巴厘巴板地区展开了大规模的登陆作战。由于一次性投入的兵力多达 33500 人，因此也被称为第二次世界大战中最后一次大规模登陆作战。面对如潮水般涌来的澳大利亚陆军的步兵和坦克，负责守备巴厘巴板地区的日本海军第 22 特别根据地队搬来了部署在油田的防空火炮拼死抵抗，但最终还是不得已于 7 月中旬开始向婆罗洲西部沿海撤退。而此时已经基本控制婆罗洲产油地带的美澳联军也放弃了追击。

由麦克阿瑟和澳大利亚方面联手策动的这场"双簧管行动"，从军事的角度来看其实意义并不大。毕竟在日本主要海上通道都已被切断的情况下，婆罗洲出产的原油已经无法再驱动日本的战争机器了。当地的日本军队也仅有维持地方治安的能力，并不会对美军的侧后构成威胁。但是从政治上来看，"双簧管行动"不仅是大英帝国收复失地的一场华丽演出，更是麦克阿瑟试图夺取太平洋战场最高指挥权的一次重要尝试。在整个军事行动中，美国陆军其实并未充当主力，在围绕婆罗洲展开的三场登陆作战中，都是美国方面提供登陆舰艇和炮火支援，而由澳大利亚士兵去冲锋陷阵。而麦克阿瑟显然也试图让美国政府的高层相信，只要由其接掌指挥权，这种模式将会有效地复制到即将对日本本土展开的登陆行动中去。

麦克阿瑟在菲律宾南部以及婆罗洲的抢眼表现，非常符合美国国民那种生而不凡的精神认知。在他们的世界观里不仅一切敌对势力都应该是纸老虎，甚至撕裂这只纸老虎都不应该由自己动手，而应该让那些正义的朋友冲上前去。既然从胜利走向胜利，是罗马人的历史，那么作为罗马帝国的精神后裔，美国的历史也不应该出现失败。最好这样的胜利连一滴血都不要流。

与从来都趾高气扬的麦克阿瑟相比，尼米兹是个工于心计的聪明人。在冲绳战役期间他便敏锐地感受到了来自陆军方面的压力。尽管他一而再、再而三地做出让步，但是这种军种之间的利益之争，从来都不是在记者招待会上的几句公开嘉奖和恭维所能弥合的。为了自己的一世英名不致毁于一旦，他懂得自己必须急流勇退了。

美国空军战略航空兵奠基人卡尔·斯帕茨的铜像

事实上从 4 月 3 日开始，美国参谋长联席会议已经有所动作了。按照病榻之中的罗斯福的意愿，太平洋战场的主导权本按照兵种分为三个部分：尼米兹接管包括第七舰队在内的所有海军部队，麦克阿瑟指挥包括陆军和海军陆战队在内的地面部队和美国陆军航空兵的战术空军部队。而由此前一直在欧洲战场指挥对德战略轰炸的美国陆军航空兵司令卡尔·斯帕茨接掌太平洋战场的所有战略轰炸机部队及基地。

参谋长联席会议的这一决定，事实上是在力图平衡陆、海、空（陆军航空兵）三方的利益。但是登陆日本本土和终结战争的荣誉从来就不容分享，何况自太平洋战争爆发以来，无论是海军方面主导的中部、南部太平洋战区，还是陆军方面主导的西南太平洋战区事实都是秉承单一领导责任制，各军种统一在战区司令的指挥之下。此时也重新建立三个泾渭分明的军种指挥部显然并不容易，更不为尼米兹和麦克阿瑟所接受。

4月13日，就在罗斯福逝世的当天，麦克阿瑟麾下向来以狂傲自大、目中无人著称的美军西南太平洋战区参谋长萨瑟兰带领一干陆军将佐来到关岛，表面上是遵循参谋长联席会议的有关决议，与尼米兹商讨陆、海军的指挥权限转移和集中的问题，但事实上却是想抢先一步接管硫磺岛和冲绳方面的陆军指挥权。至于麦克阿瑟麾下美国海军第七舰队的指挥权转移问题，萨瑟兰给出的方案是美国海军可以派遣得力人员出任西南太平洋战区海上作战指挥官。

对于麦克阿瑟这种陆军、海军陆战队大包大揽，却在海军舰队上锱铢必较的图谋，尼米兹自然洞若观火。不过他没有当面呵斥萨瑟兰，而是以对等的原则，让这位参谋长和美国海军的参谋班底举行会晤。这种"说了的不算、算了的不说"的扯皮会议开了整整一个月。但是就在美国陆、海军相持不下之际，5月15日尼米兹却主动飞往马尼拉，与麦克阿瑟展开会晤。

对于尼米兹的这一态度转化，在其相关传记之中往往不惜褒美之词："尼米兹的耐心已经到了忍无可忍的程度，这位沉着、坚定、意志力坚强的人向特使表明了自己的观点。他绝不屈服于麦克阿瑟的要求。如果他这样做，他将成为麦克阿瑟的部属而向他屈膝称臣。然而，尼米兹认识到，结束战争，比起两人的不和以及武装部队中两个局部的小小冲突，要重要得多。他明白麦克阿瑟绝不会同意到他这里来，因此他主动提出去马尼拉与麦克阿瑟会商，以取得双方的某种一致，研究如何结束战争。"

关于麦克阿瑟与尼米兹之间在长达两天的会晤中究竟商讨了些什么内容，至今仍未有明确的结论。站在不同的角度，后世的史学家勾勒出了尼米兹主动让贤，或麦克阿瑟威逼利诱的多个版本。但无论如何两人最终达成了美国陆、海军在对日本本土发动的进攻之中将不再分割兵种指挥权，也不采取建立陆、海军联合指挥部的模式，而是采取接力指挥的方式，即在登陆之前由海军方面掌控全局，一旦完成登陆则由陆军方面接棒指挥。

对于这个结果，美国海军方面普遍认为尼米兹做出了太多的让步，毕竟硫磺岛、冲绳战役均证明了欧内斯特·金和尼米兹等海军高级将领从太平洋中部直趋日本本土战略的正确性。如果按照麦克阿瑟的计划，此刻战线应该还徘徊在菲律宾一线。而麦克阿瑟的核心幕僚则认为尼米兹还是分享了本应只属于麦克阿瑟一个人的荣誉。当然个中滋味或许永远只有当事人最为清楚。

尼米兹似乎又一次用他的虚怀若谷换来了政治对手的谅解和尊重。不过还有一个有趣的小细节或许也起到了作用：据称早在1945年2月，欧内斯特·金便通过一名年轻的军官向尼米兹报告了"曼哈顿工程"已然成功完成武器化试验的消息。尼米兹对此颇为惊讶，并对那个信使表示他在极力理解那种巨大的破坏力，可是他"怨恨自己生得太早"。或许尼米兹怨恨的不是自己出生得太早，而是这种足以改变人类战争形态的武器出现得太快。如果美国陆、海军之间继续拉锯下去，或许终结战争的便另有旁人了。

（五）没落冠冕——日本本土决战的兵棋推演（上）

在麦克阿瑟与尼米兹在马尼拉会晤，基本敲定了美国陆、海军在日本本土登陆作战的指挥权限的分割问题之后，5月30日萨瑟兰再度带领美国陆军方面的参谋班底前往关东，与海军方面共同拟定具体的实施计划。麦克阿瑟计划以刚刚结束吕宋岛攻坚作战、正在休整的美国陆军第6集团军担任前锋。

海军方面则以斯普鲁恩斯所部第5舰队执行护送任务。值得一提的是，由于在硫磺岛和冲绳战役中表现欠佳，尼米兹于5月重新分割美国海军太平洋舰队的指挥权，将主要的舰队航母战斗群和快速战列舰重新交给哈尔西指挥。于是太平洋战场上首次出现美国海军第 3 舰队和第 5 舰队协同作战的局面。

依照美军参谋长联席会议在 1945 年 3 月达成的共识，登陆日本本土的军事行动代号为"没落"（Operation Downfall），并由名为"奥林匹克"（Operation Olympic）和"冠冕"（Operation Coronet）行动的两个子计划组成：美国陆、海军将首先以冲绳为基地，跃进至九州岛南部地区。在肃清了当地的日本陆、海军抵抗，建立稳固的桥头堡之后，再于日本关东地区发动向东京的向心攻势，给予日本方面致命一击。

应该说从"没落"行动的整体框架来看，其拟定之初便并未完全出于军事的角度来构想。对于日本而言九州岛南部此刻早已不是幕府时代强藩萨摩的所在地了。当地既不是日本必不可少的工矿基地，也并非交通枢纽或经济中心，且从地形上来看九州岛中南部地区丘陵密布，并不利于美国陆军登陆之后向北进击。

按照"奥林匹克"行动的相关计划，美国陆军和海军陆战队仅会攻占约占九州三分之一面积的沿海平原地带。随后便将停止进攻，在当地修筑"下一步进攻的前进基地"。显然这一说法从军事上来看根本站不住脚，因为美国陆、海军已经在硫磺岛、冲绳一线构筑了覆盖日本本土的航空基地，在九州南部再修建机场并没有十分的必要。在美国陆军不打算从九州南部出击逐步攻占日本本土的情况下，其在九州南部的存在事实上只会不断承受来自日本陆、海军的疯狂攻击。因此从某种意义上来说，"没落"行动的第一阶段更多的是为了给日本政府主动投降留出时间和空间。只有在"奥林匹克"行动成功之后，日本政府仍没有表现出投降的意愿，美国方面才会开展下一阶段直捣东京的"冠冕"行动。

按照美国参谋长联席会议最初的意向，"奥林匹克"行动被定于 1945 年 9 月 1 日全面展开。但是由于冲绳战役的延误以及 1945 年西太平洋台风活动比较频繁等原因，考虑延后至 11 月 1 日。但是对于急于求成的麦克阿瑟和尼米兹而言，强行提前至 1945 年 8 月也并非不可能。

根据此前莱特岛、冲绳战役的经验，尼米兹麾下的美国海军太平洋舰队司令部强调：在登陆作战正式打响之前，美国陆、海军航空兵必须同心协力，全力以赴地摧毁日本陆、海军的空中力量，以免在登陆过程中美国海军舰艇再遭遇如"神风特攻队"般疯狂的自杀式攻击。

根据美国海军方面的评估，"奥林匹克"行动发起时，日本陆、海军方面保有不少于5000架"特攻机"。如其利用九州岛上的65个（包括5个在建）机场对美国海军展开攻击，那么势必是一场可怕的灾难。因此美国海军认为此次行动，其舰载机部队除了保障滩头的制空和对地攻击外，还担负着压制整个九州乃至整个日本西部机场的任务。

英国皇家海军"不倦"号装甲航母

英国皇家海军"英王乔治五世"号战列舰

基于这一要求，美国海军太平洋舰队调集了几乎所有航母参与到"奥林匹克"行动中去。其中编组有13艘护航航母、7艘轻型航母、9艘快速战列舰、26艘各型巡洋舰、75艘驱逐舰的第3舰队将在以彪悍著称的"蛮牛"哈尔西指挥下充当突击力量，首先对九州岛上日本陆、海军机场展开空袭。随后斯普鲁恩斯指挥的第5舰队将以36艘护航航母、11艘战列舰、26艘各型巡洋舰、387艘驱逐舰和护卫驱逐舰，掩护394艘武装攻击货轮、武装运兵船，977艘各型登陆舰将美国陆军第6集团军送往登陆地点。同时美国海军还计划在登陆行动前夕，出动海军陆

太平洋战争全史

战队提前占领沿岸小岛，部署雷达和防空火炮，协调航空兵作战。

　　有趣的是，此前始终和麦克阿瑟指挥下的美国西南太平洋战区陆军部队合作默契的美国海军第7舰队，在"奥林匹克"行动中，被尼米兹要求带着6艘老式战列舰、16艘护航航母、8艘各型巡洋舰、35艘驱逐舰和13艘护卫驱逐舰，停留在乌利希环礁充当预备队。

　　同时，急于在太平洋地区展现存在的英国皇家海军从大西洋和地中海调来的6艘装甲航母、4艘中型航母、9艘护航航母、4艘战列舰、11艘各型巡洋舰、40艘驱逐舰、13艘护卫舰、35艘扫雷艇、18艘炮艇、31艘潜艇和2艘登陆艇之中，也仅有装甲航母"不倦"号（HMS Indefatigable，舷号R10）、战列舰"英王乔治五世"号（HMS King George V，舷号41）以及2艘轻型巡洋舰、8艘驱逐舰被获准编入美国海军第3舰队参与"奥林匹克"行动。

　　尼米兹对英国皇家海军的慢待事实上早在吕宋战役和冲绳战役中，便引来了英国方面的强烈不满。但在尼米兹看来，英国人称霸海洋的时代早已结束，此时尽管皇家海军倾巢而出，其舰队实力也尚不如美国海军一个特混任务群。更何况英国海军也尚未掌握海上加油的技术，在脱离港口的情况下仅能保持20天左右海上作战周期。如果不是此前丘吉尔与罗斯福达成协议，美国海军本不愿意接受这个"拖油瓶"。

　　据说在面对英国皇家海军方面的责难之时，尼米兹曾表示："这事不能怪我，要怪就怪乔治三世吧！"由于乔治三世是美国独立战争时的英国国王，因此尼米兹这句话其实有两种不同的解释：一是美国人依旧对乔治三世的横征暴敛以及对美国独立运动的血腥镇压心怀不满；二是如果没有乔治三世的施政不当，美国和英国依旧是同一个国家。

　　当然英国海军在冲绳战役之中也有多艘战舰遭遇日本陆、海军特攻战机的冲撞而受损，此刻正返回澳大利亚进行修理。加上主力舰队急需补给，因此事实上也无力参与"奥林匹克"行动。因此经过英、美双方的协商，最终确定英国皇家海军太平洋舰队所属的10艘航母和4艘战列舰，将以"第37特混任务群"的编号编入美国海军第3舰队，参与对关东地区发动登陆作战的"冠冕"行动。

　　按照美国海军方面的计划，从6月28日开始美国海军第3舰队便将出动所有的舰载机和主力舰对九州岛沿岸实施猛烈的轰炸和炮击，最大限度地消灭日本海军的残余舰艇、岸防要塞甚至征用的民用商船，以彻底切断九州与本州、四国两岛之间的联系。随后再逐渐将攻击范围扩大至整个日本列岛西部，同时出动舰艇在本州东侧、四国等周边巡弋，以牵制日本陆军的防卫力量。

与美国海军相配合的是，美国陆军航空兵也将继续加大对日本本土的空袭力度，并重点轰炸九州岛的公路、铁路以及桥梁，彻底切断日本陆军从佐世保、长崎、福冈、大分等地向九州岛南部增派援兵的通道。同时美国陆军航空兵除了继续在关门海峡和濑户内海实行航空布雷之外，还将会在中国的上海、宁波、舟山一带空投水雷，以防驻守中国大陆的日本陆军回国增援。

在美国陆、海军航空兵完成了对九州岛和日本西部地区的日本陆、海军机场的压制，完全掌握了制海权之后，美国海军计划于登陆前六天，全力转入对敌攻击。哈尔西麾下的美国海军第3舰队将分出两个航母战斗群加入斯普鲁恩斯的美国海军第5舰队，一并完成对滩头阵地的密集轰炸，以老式战列舰为主的第54特混任务群也将抵近海岸进行炮击，同时扫雷部队开始为登陆舰艇开辟航道。

美国陆军第6集团军会在发动大规模登陆作战的前五天，率先以总兵力约为22000人的第40步兵师团夺取大隅半岛南方的屋久岛以及萨摩半岛西方的甑岛列岛，以总兵力约为7000人的第158步兵团级战斗群夺取种子岛作为前进基地以及登陆舰队的临时锚地。

随后下辖第25、第33、第41步兵师的美国陆军第1军将在九州岛东南部的宫崎县方向展开登陆，下辖第1骑兵师，第23、第24步兵师，第112骑兵团级战斗群的美国陆军第11军将在鹿儿岛县大隅半岛东侧的有明町（今志布志湾）一线登陆，以海军陆战队第2、第3、第5师组成的第5两栖舰则将在萨摩半岛西侧的串木野町（今吹上浜市）发动强袭登陆。另外下辖第77、第81、第98步兵师的美国陆军第9以及第11空降师将作为总预备队，随时准备支援战场。

美国陆军预计在整个九州地区日本陆军总兵力为70万人左右，但是这些部队在连日密集的轰炸和炮击之下，想必已是损兵折将、士气低落，因此在投入4个军43万左右部队之余，麦克阿瑟有信心在接管地面战指挥权后，于23天之后将战线推进到从九州岛东岸的延冈市向西南斜穿整个九州岛，直至西岸川内川河口一代的所谓"北进停止线"，将整个九州岛南部收入囊中。

按照美国人的计划，"奥林匹克"行动已经足以展现其压倒性的优势了。日本政府如果识相的话，应该自动自觉地发出屈膝求和的意愿。当然如果其依旧执迷不悟的话，那么美国陆、海军将移师东向，在日本关东地区发动更大规模的名为"冠冕"行动的大规模登陆作战。

"冠冕"行动的开始时间最初被定在 1945 年 12 月 1 日，但考虑到

美国陆军的"奥林匹克"行动计划

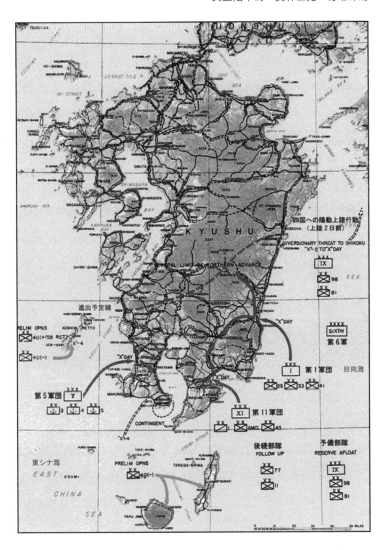

部队在"奥林匹克"行动之后急需休整，以及从欧洲方面调动增援部队的在途时间，最终被修正到了 1946 年 3 月 1 日。按照美国方面的计划，"冠冕"行动的规模将超过登陆诺曼底的"霸王"行动，成为人类历史上最大规模的两栖登陆作战。除了美国海军第 3、第 5 舰队将全力以赴提供空中和舰炮火力支援之外，作为预备队的美国海军第 7 舰队及英国皇家海军太平洋舰队也悉数投入作战。

不过由于麦克阿瑟麾下西南太平洋战区地面战主力——第 6 集团军将继续驻守在九州岛南部，因此"冠冕"行动中的登陆部队将以从欧洲战场调来的美国陆军第 1 集团军和第 8 集团军共同完成。其中第 1 集团军下辖由第 1、第 4、第 6 海军陆战队师组成的第 3 两栖军，以第 7、第 27、第 96 步兵师组成的第 24 军，另有第 5、第 44、第 86 步兵师作为集团军总预备队。第 8 集团军则下辖由第 24、第 31、第 37 步兵师组成的第 10 军，第 13 步兵师、第 20 装甲师组成的第 13 军，第 6、第 32、第 38 步兵师组成的第 14 军，并有第 4、第 8、第 87 步兵师作为集团军直属部队可供调配。

按照预定计划，美国陆军第 1 集团军将在东京以东的九十九里滨一线登陆，随后兵分三路，主力部队向西进逼东京的同时，向两翼展开，北路将进抵利根川，南线将横扫从房总半岛直至最南端的野岛崎和洲

英国皇家海军太平洋舰队

崎，形成包夹东京的铁钳之右臂。第8集团军则将在神奈川县南部的相模湾沿海登陆，随后向北横卷横滨、川崎，形成对东京合围的铁钳之左臂。而在第1集团军与第8集团军围攻东京的同时，上述两个集团军还将各自派兵北进，在利根川一线会师，形成对关东平原之上日本陆军重兵集团的第二重合围，并阻断其后续增援。

出于对日本方面所可能展开抵抗的烈度评估，以及为给和谈留出足够的时间，美国陆军预想中完成对东京的占领，是在登陆之后的90天，

美国陆军"冠冕"行动计划

而将战线推进到利根川的时间更被延后到完成登陆作战的 105 天之后了。但客观地说，如果日本方面此时仍拒绝投降，美国陆、海军均没有成型的进一步计划，只能等待参谋长联席会议的下一步指令。不过作为"冠冕"作战的最高指挥官，麦克阿瑟却准备扣下第 2、第 28、第 35、第 91、第 95、第 97、第 104 步兵师以及第 11 空降师，留待在关键时刻使用。以其性格而言，很可能在"奥林匹克"行动中便不顾所谓的"北进停止线"，继续将战线推进到九州岛北部，完成对该岛的完全占领。而在"冠冕"行动之中，麦克阿瑟也很可能不会止步于利根川一线，而是会选择继续向东、西两线扩张战线。

当然麦克阿瑟雄心勃勃的计划，也遭到了来自国内有关"奥林匹克"和"冠冕"行动可能引发巨大伤亡的质疑之声。鉴于此前硫磺岛和冲绳等战役的经验，美国军方认为一旦在日本本土展开登陆，"进攻所遭遇的抵抗，不将只来自有组织的军事力量，而且还包括狂热的敌对民众"。最后保守的预估也认为在"奥林匹克"和"冠冕"行动之中，日本军队及平民的伤亡数字将高达平均每小时 1000 人。到上述军事行动结束时，日本军队及平民直接死于战争行为的可能达 500 万到 1000 万人，而负伤及其他间接死于战争的人数则将可能数倍于此。

当然死多少日本人并不是问题的症结所在，美国人真正关心的是为了消灭这些日本人，自己需要付出多大的代价。在冲绳战役期间，美国参谋长联席会议曾推出了一份研究报告，认为在冲绳战役中美国陆军和海军陆战队的每天阵亡率为 0.17%，负伤率为 0.745%，按照这个比例推算，在整个"没落"行动中美国军队的伤亡将高达十余万人。

针对参谋长联席会议所提出的相关数字，美国陆、海军分别进行了修正。此时已经无须与尼米兹争夺战场主导权的麦克阿瑟，为了提高自己所担负的地面战的难度，出了一个相对高的数字，认为整个"奥林匹克"行动中美国陆、海军的伤亡总数在 12.5 万人左右。不过这个说法并不为陆军参谋长马歇尔所接受，于是麦克阿瑟只能大笔一挥改成了 10.5 万人，理由是之前的伤亡数字重复计算了一些负伤后可以重返前线的轻伤员。

而在 6 月 18 日由新任美国总统杜鲁门所主持的一次参谋长联席会议上，马歇尔进一步将"奥林匹克"行动的伤亡数字降低到 7 万人。代表海军的欧内斯特·金则更为乐观，他提出"奥林匹克"行动中美军的伤亡甚至将低于冲绳战役，比吕宋战役略高，在3.1万到4.1万之间。不难想见，欧内斯特·金这么说其实是在揶揄美国陆军此前攻歼海军方面主导的冲绳战役伤亡过高。不过身为总统军事顾问的莱希还是认为"奥林匹克"行动中的美军伤亡率将高达35%，可能将高达26.8万人。

如果对"奥林匹克"行动中的伤亡数字预测还有所依据的话，那么对于"冠冕"行动，美国军方各统计机构则完全处于盲人摸象的状态。美国陆军部给出了一份耸人听闻的评估报告，认为在关东平原和东京巷战之中，美国陆军和海军陆战队的伤亡数字将高达170万到400万之间，其中阵亡者为40万到80万。由于这个数字太过夸张，最后被迅速修正为80万到100万人伤亡，其中阵亡者在20万以下。

这些伤亡数字的背后折射出的，其实是美国军方对日本国内局势的错误估计。同时也不排除有将主导日本本土地面战的美国陆军方面有意夸大难度，以避免日后遭到他人攻讦的成分在内。当然为了降低美国人的伤亡数字，麦克阿瑟也正竭力拉拢澳大利亚等英联邦国家，希望这些国家的地面部队可以参与到日本本土的地面作战中去。不过武装和动员中国重庆国民政府军队参与"没落"行动的设想，当时并不存在。

第五章　菊花凋落

（一）一亿玉碎——日本本土决战的兵棋推演（下）

从战后一些日本陆军公布的档案来看，日本陆军参谋本部对美军可能在九州南部和关东地区的登陆计划有着洞若观火的前瞻性。之所以出现这样的情况，很大程度不过是日本人向来习惯性倒因为果，销毁或隐藏了对其他方向美军来犯时的准备预案，以彰显自己在战略上的高瞻远瞩。但从另一方面来看，九州南部比邻冲绳，在美军登陆日本本土的过程中难免会首当其冲、沦为战场。关东平原作为日本政治中枢的所在地，也避免不了成为结束战争的最后战场，日本陆军设想在上述两地决战可谓合情合理。

在日本陆军看来，九州南部和北部均建设有数量众多的军港和机场，均为美军来犯后建立前进基地的首选。不过北九州方面虽然集中了日本方面诸多军工企业，同时扼守本州岛和九州之间的交通要冲，但如果美军选择在北九州登陆，则需同时将部队在博多东面的福间海岸与博多湾与关门海峡正面同时展开，并进一步进占广阔的关门、博多、久留米平原，才能达成战略目标。同时为了进攻北九州，美军还必须在此之前先行攻占济州岛和五岛列岛，并进一步夺取日本经营多年的对马、壹岐要塞。

日本陆军在对马岛上建设大型国防设置，始于与清帝国争夺朝鲜的中日甲午战争前期。从1887年4月于对马岛浅茅湾修筑温江、大平、壹岐三座炮台开始，日本政府在中日甲午战争和日俄战争前期不遗余力地在对马岛上修筑海防工事、增兵添炮。不过在"日韩合并"之后，对马海峡便成为日本的内海，当地的国防工事也便逐渐荒废了。此时面对美国海军强大的海、空突击力量，对马要塞上的诸多老旧炮台自然是不堪一击。鉴于此，日本陆军将瓜岛之战中备受指责的"川口支队"指挥官川口清健从预备役中召回来，派去对马岛，算是给此前未能"玉碎"的他"第二次机会"。

与对马岛上那些始建于中日甲午战争之前的老式炮台相比，以位于九州岛与对马岛中间位置的壹岐岛为中心组建的"壹岐要塞"，由于建设之时正赶上《华盛顿条约》所开启的"海军假期",从而获得了大批来自海军的剩余装备。如1924年动工的"山大岛炮台"便获得前一年被拆除的战列舰"鹿岛"上的2座305毫米两联装主炮塔。1928年建造的黑崎炮台则获得了改造为航空母舰的战列巡洋舰"赤城"的410毫米双联装主炮塔一座。不过这些基于大舰巨炮时代的海防阵地,在美国海军航空兵舰载机的轰击之下最终也难逃沦为废墟的命运。

尽管对马、壹岐两个要塞区未必能够挡住美军的脚步,但是在日本陆军看来美军进攻北九州的作战仍需要更长时间的准备,实施过程中困难重重、比较复杂。因此估计美军进攻北九州的时间,将更推迟,所使用的兵力预计将比进攻南九州更为强大。故而美军直接进攻北九州的可能性较小。

南九州却位于日本本土的末端,从地势上看,日本陆军在这里难以集中和发挥战斗力。反之,美国陆、海军则可利用冲绳基地,在航空兵的有效支援下,向这里进攻。而且,鹿儿岛湾、有明湾的舰船基地和鹿屋、知览、都城、新田原的航空基地群

对马岛长期被日本视为北九州的门户

战列舰炮塔可以直接转嫁到地面炮台之上

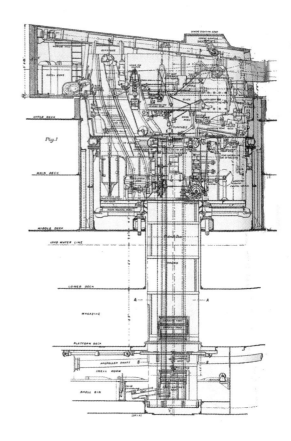

以及宫崎、国分、鹿儿岛、出水等许多优良机场，均可成为美军下一步进攻关东的强大基地。

日本陆军预判美国方面对南九州的登陆作战，很可能以宫崎海岸、有明湾和萨摩半岛的西侧与南侧海岸三个方向为重点；从中选择二至三处作为正面战场，并将主攻力量指向有明湾方面。基于兵要地志的分析，日本陆军方面认为在上述地区，美军的主要登陆地点，将是住吉海岸、志布志西南海岸、吹上滨和枕崎海岸，集合美国方面的"奥林匹克"行动的预案来看，可以说日本陆军的判断还是相当准确的。

日本陆军还认为美军在进攻南九州的同时，可能还将以部分兵力在四国，特别是在土佐平原登陆，根据情况，还可能在四国西南角的宿毛湾登陆。并在进行两栖登陆的同时，可能于鹿屋和都城航空基地群对日军展开大规模敌后空降的垂直打击。

美国方面对九州方面日本陆军布防情况的预判

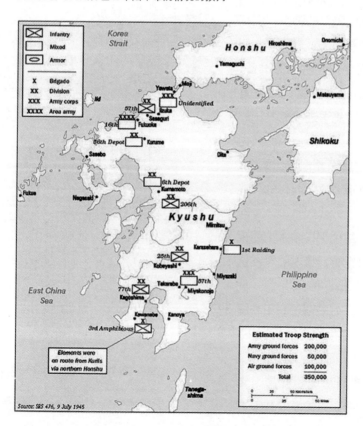

　　　　　　　　　　　　　　　　　　太平洋战争全史

上述判断和美国陆军的计划颇有些出入，虽然美国陆军的确将第11空降师作为"奥林匹克"行动的总预备队，但考虑到日本列岛地狭人稠，且日本陆军擅长近战，日本政府更对各地民众展开了全民皆兵式的武装，因此美国陆军方面并未真正考虑在敌后展开空降。而在四国方面展开登陆，则是美国军队欺骗计划的一部分。

　　不过虽然在美军主要登陆方向上判断正确，但日本陆军在应对上却依旧困难重重。尽管日本方面判断美军进攻九州的目的，在于取得航空基地，在地区上也是有一定限度的作战，但日本陆军仍希望集结本土的全部战斗力进行一场前沿决战，以期击退美军登陆部队，挫败其攻占日本本土的企图。

　　日本大本营首脑认为，在这即将到来的九州决战中，如能使前来进攻的美军遭受巨大损失，至少给第一次登陆的美军以决定性的打击，使美军体会到日本军民的强烈抗战意志和远征日本本土的艰巨性，那么也许可以避免美军对关东地区的进攻；即使不能这样，也可延缓美军对关东的进攻，或许可以找到在比较有利的情况下来结束战争的机会。因而认为应当排除万难，努力促其实现。也就是说，九州决战是寻求一个体面地结束战争时机的最后一次努力，在战争指导上具有决定性的意义。因此，首脑意见倾向于应当进一步优先加强九州方面的作战准备，迅速将主要决战方面确定在九州，立即采取倾注军队全力的孤注一掷的决战态势。

佐世保镇守府司令杉山六藏

　　九州方面的地面作战，是由第40军和第57军担负南九州的作战任务；由第56军担负北九州的作战任务；由第16方面军司令官横山勇统一指挥这三个军。在地面作战中，还统一指挥着杉山六藏所部海军佐世保镇守府相关陆战队，担负整个九州的地面作战。同时由驻守四国方面的内山英太郎所部第15方面军提供支援。

　　海上作战则是由佐世保镇守府担当九州方面大部分地区的作战任务；由吴镇守府司令长官担任四国方面和濒临丰后水道

的九州方面的作战任务。终于在本土决战的层面，日本陆、海军之间进行了紧密的配合。例如，为了弥补陆军兵力的不足，海军扩大了在佐世保地区所承担的地面作战区域；并向海军分工以外的地区，派出了海军陆战队；还调用舰炮，用于陆军担任作战的重要正面战场以及调拨镇守府地区的对空武器，掩护陆军防卫的交通等，所有这些陆海军协定都得到了完满的执行。

按照日本大本营方面的说法："在这样的组织和分工下，陆、海、空军的战斗力浑然结成一体，进而集结全体国民的力量。在九州方面，预定将九州南部和九州北部作为以主力进行决战的地区，尤其侧重在九州南部进行决战。在四国方面，则预定将土佐平原作为该方面作战部队主力进行决战的战场。精心地制定了计划，准备当决战时，航空与海上部队全力以赴地争取在海上消灭敌军运输船只；地面部队则争取在美国登陆部队登陆未完时，迅速攻击、歼灭敌军。另外还计划，政府官员和民众除了协助军队，担任后勤工作和构筑阵地外，还以其一部协助战斗部队，从事情报工作和参加游击战。"俨然已经做好了充分的准备。

当然日本陆军也深知一旦美军正面登陆，装备和火力上的巨大差距将令日本陆军的反击成为泡影。因此必须在敌登陆之前于水际滩头，先行予以打击。故而航空和海上作战，也计划以九州和四国为重点，并制定了如下的作战要领：

（1）侦察：以侦察飞行队和潜艇侦察、巡逻敌军从菲律宾、冲绳、马里亚纳等进攻基地向九州、四国进攻的海面。远程和夜间侦察由海军部队担任，近程搜索则由海军侦察飞行队的140架飞机和陆军的侦察队共同负责，在距离本土海岸600海里的范围内昼夜搜索。另外，责令配置在距九州海岸200至300海里的潜艇加强警戒，至迟应在美国登陆部队的运输船队驶进停泊地的前一天，捕捉歼灭之。

（2）展开：担任首攻的第5航空舰队和第6航空军，应将其特攻队主力在九州、四国、本州西部的进攻出发基地纵深地秘密展开；其他部队则在九州中、北部和本州西部、朝鲜展开。第3、第10航空舰队和第1航空军等增援兵力，在发动决战的同时，应逐次向九州、四国、中国方面的进攻基地机动展开。

（3）对美军机动舰队的进攻：只限于在判明敌军的登陆企图，敌军带有运输船队时进行。使用兵力只限于海军的 330 架精锐飞机和陆军航空部队的部分力量。

（4）对美军运输船队的进攻：美军运输船队一进入我方攻击圈内，就开始昼夜不停地航空特攻。在敌船队侵入停泊地之前，以比较精锐的部队担任进攻；在敌军驶进停泊地前后，则投入最大的战斗力，实行总攻。大致在 10 天内动用全部空军力量，以 2000 架战斗机掩护这次特攻。另外，以第 31 水雷战队搭载"回天"，当宫崎海面或有明湾方面的敌军船队驶进停泊地时，利用黑夜进行肉搏战；先以"回天"进攻，然后第 31 水雷战队再冲入敌军船队停泊地，进行袭击。

另外，各海上特攻舰队也在附近的敌军登陆地区断然实行特攻。即在敌军船队驶进停泊地以前或者正在驶进停泊地时，分别以"蛟龙"和"海龙"进攻；当敌军船队驶进停泊地后，则以"震洋"攻击，"回天"负责攻击支援登陆的敌舰队和停泊地的敌军船队。

（5）对美军基地的进攻：除了事前以部分潜艇攻击乌利西外，特别要趁敌军登陆时，以 1200 名空降部队在冲绳美军基地强行着陆，进行攻击。

其中提到的"蛟龙"和"海龙"，均为日本海军在昔日"甲标的"

建造中的"蛟龙"型袖珍潜艇

型袖珍潜艇基础上发展起来的小型潜艇。由于工艺相对简单，加上日本海军在近海防御作战中的巨大需求，因此其产量急剧扩张。日本方面计划在 1945 年 6 月前能够部署 110 艘"蛟龙"型袖珍潜艇，到 9 月其数量可以达到 430 艘，到 10 月可以突破 1000 艘的大关。同时将建造 700 艘以上的"海龙"型袖珍潜艇，以 13 艘为一个突击队的编组模式对美国海军的运输舰艇展开突袭。

虽然九州的地面兵力，已经达到了 14 个师团、6 个独立混成旅团、3 个独立坦克旅团、1 个高射炮师团，以及军直属部队、熊本和久留米两个师管区的部队、对马和壹岐守备队（计 15 个大队）、下关要塞部队、佐世保地区陆战队（10 个大队）的规模，同时还有四国 4 个师团、1 个独立混成旅团和善通寺师管区部队以及海军陆战队的几个大队的支援。但日本陆军方面还是计划当进行九州决战时，先使用中国、近畿地区的 3 个师团，根据情况，再使用四国的 1 个师团，接着从东海、关东方面抽调 2 个至 4 个师团进行增援。5 月末以后，第 2 总军曾经数次向大本营建议：不应该等到美军直接进攻关东的担心完全消除以后，而需要在本土的交通，特别是铁路被破坏以前做出决断，将第 36 军的主力推进至九州，至少也应推进至近畿、中国地区。

不过日本陆军第 36 军本来是作为大本营总预备队而编组的，隶属于负责防卫关东地方的第 12 方面军，专门作为关东方面的决战部队投入了作战准备。因此从 7 月起，大本营有关作战负责人之间也对这个问题进行了研究，但因担心美军万一直接进攻关东时的情况，打算进一步准确弄清敌情变化之后再做决定。直到战争结束，既未就此做出决断，也未进行准备。

根据相关情况，日本陆军方面也拟定了地面部队的决战要领：应在敌军主力登陆的正面战场进行决战。但当敌军主力的情况难以判明时，可自行选定决战的正面战场，抓住战机断然发动攻势。在南九州方面，预定有明湾、宫崎海岸和萨摩西岸等三处为正面战场；当敌军主力情况不明时，则以有明湾正面为决战的正面战场；在北九州则以福间正面为决战的正面战场。在四国方面，预料敌军的主攻方向，将从土佐平原的物部川河口到浦户湾东侧一带地区，应在这一正面战场指挥主要作战。

南九州方面，第 16 方面军司令官应在判明敌军登陆企图的同时，立即将九州地区的决战兵团集中于雾岛山周围。另外，第 2 总军与大本营则应将本州方面的各决战兵团推进到九州。担任指挥正面战场决战的军司令官应不等这些决战兵团全部集结完毕，即将该决战兵团推进到决战战场，至迟要在敌军开始登陆后的一周内，开始发动决战攻势。在此期间陆续到达的兵团，作为第二、第三线兵团投入决战战场。在其他正面战场，则指导进行持久战，以便决战正面的作战得以顺利进行。还有，关东的第 36 军如果事前到达九州，还打算令其对另外一个正面战场，同时发动决战。

在北九州方面，将决战兵团的主力集结在饭冢周围，部分兵力集结在博多平原南部，采取攻势，夹击福间正面的美国登陆部队。主力开始发动攻势的时间，预定在美军开始登陆后 14 天之内。另外，在四国方面，计划以浦户湾东侧的钵伏山和物部川左岸的金刚山为据点，结合海岸的洞窟阵地，从中央进行反击，贯彻海岸歼灭战的方针，将敌军消灭在岸边。

九州，尤其是九州南部的决战准备，是在牺牲其他方面的情况下优先充实起来的；而且由于最令人担心的敌军夏季入侵的可能性消除了，使这里的作战准备得到了天赐的时机。因此，大本营与作战部队的首脑对于九州决战胸有成竹，认为至少可以击败敌军第一次的登陆部队。

日本方面如此的自信来源于两个方面：一是通过日本陆、海军的海、空特攻作战，至少可以在海上消灭美军登陆部队的 20%；美军登陆部队的兵力如果是 15 个师，则可使它减少到 12 个师。特别是对美军第一批登陆部队（10 个师左右）进行集中攻击，更有可能使美军遭受重大损失。

二是以沿岸炮台和海岸阵地以及主阵地的炮火网攻击美军登陆舟艇，预期可消灭敌军 20% 左右。九州方面的海岸适于有效地配置这些火炮。这些火炮和重武器，具有完全隐蔽的洞窟阵地，敌军看不见，炮弹也打不到；这些火炮和重武

日本陆军的"四五式"240 毫米榴弹炮

器可以交叉炮火组成火网，最有效地狙击敌军登陆用舟艇和猬集、混杂在岸边的敌军。以有明湾正面炮台为例，有240毫米和280毫米榴弹炮各4门，150毫米加农炮7门，100毫米加农炮7门，其他大口径火炮约40门。这次进攻如能像我方盘算的那样获得成功，则我地面部队迎击的敌军登陆部队，将减到10个师以下，特别是第一批敌军登陆部队，可能使之损失近半数。

在美军正式登陆之后，日本陆军在九州南部于一周内可以集结的地面部队，加上配备在沿岸的师团，计划可达11至12个师团。因而日本陆军自以为对美军第一批登陆部队的决战，尤其是主攻正面战场的作战，确信仅以九州的兵力即可获胜。但对击败敌军的第二批、第三批登陆还没有把握。如果能在事前及时地识破敌军的登陆企图，将能适应战机将中国、近畿方面的3个师团集中于决战战场。如前所述，大本营如能作出决断，事先将关东的第36军主力推进到九州，那么决战战场上的敌我力量对比，我方可望占有绝对优势；那时，也将可以完成对敌方第二批、第三批登陆部队的决战任务。

当然最重要的是日本陆军方面还自持有所谓"一千多万九州国民的旺盛的勇敢战斗精神"，并将其视为"成为提高作战部队士气的强大动力"，不仅"其诚挚的合作，对促进战备工作作出了重大贡献"，更指望"当进行决战时，通过官民的这种合作，可以显著地减轻军队的后勤负担，使全军几乎都可以参加决战场的战斗"。

但事实上由于美国陆军航空兵日益加剧的空袭和美国海军的封锁，日本本土的所有工业生产都已经陷入了停滞状态。除九州、四国方面外，各方面新建兵团的装备情况，到1946年春也难以齐备。燃料和粮食更是奇缺，日本陆军事实上已失去了在1946年春以后进行决战的信心。即如果美军的进攻推迟到1946年春天以后，日本方面虽然在阵地构筑和训练等战备工作上可以得到进一步加强，但随着燃料和粮食的缺乏，以及战争灾害的加重，必将影响国民的士气；甚至到根本不可能发挥决战部队战斗力的严重局面。因此日本陆军的意图就是如果要进行九州决战，那么就应该将本土的全部战斗力都投进去，因此再想在本土的其他方面进行第二次决战，是根本不可能的了。

从这个角度来看，日本陆军事实上也更希望在九州南部与美军展开主力决战。但站在大本营的角度，却也不得不着手进行着于关东地区二次决战的准备。按照相应计划，日本陆军将由第51军担任鹿岛滩正面的防御；由第52军担任九十九里滨正面的防御；由第53军担任相模湾正面的防御；在东京湾正面，由东京湾兵团担任房总半岛南部的防御，由横须贺镇守府部队担任三浦半岛的防御；在其外围的伊豆诸岛的大岛、新岛、八丈岛，分别部署一个兵团担任防卫工作；首都则由东京防卫军担任防卫。另外，第36军作为决战部队，驻在关东地区中部一带。

日本陆军第12方面军司令田中静壹统一指挥上述5个军以及其他兵团；并在有关地面作战方面指挥横须贺镇守府司令长官，担任整个关东和甲信越地区的作战任务，隶属于第1总军司令官杉山元。为了统一东京湾正面的作战，第1总军司令杉山元曾经向海军方面建议，在横须贺镇守府司令长官的统辖下，将房总、三浦两个半岛的地面作战，交由东京湾兵团长统一指挥，但没有得到镇守府司令长官的同意。结果决定将陆军独立混成第114旅

日本陆军第12方面军司令田中静壹

团，用以增强三浦半岛的战斗力，归海军横须贺镇守府的指挥。

关东地区决战的航空作战将由陆军的第1航空军和海军的第3航空舰队，相互协同担任。海上特攻作战由横须贺镇守府司令长官担任。航空兵力问题，如前述"关于'决号'航空作战的中央协定"，陆、海军加在一起，预计约有8000架飞机（其中特攻机6000架）；但如果在九州作战中使用这些飞机，则很难指望补充。另外由于把重点放在九州方面，实际上准备是不够的。海上特攻舟艇仅准备了约800只，预定在满足九州方面的需要后，再加以增强。因此在日本陆、海军方面看来，如果美军直接进攻关东，由于作战准备和兵力的关系，日本军队估计很难取得九州那样的战果。

关东方面的日本陆军地面兵力，加上伊豆诸岛，共有18个步兵师团（其中2个师团配置在新泻，此外还有一个守卫皇宫的近卫第1师

团）、2个战车师团、7个独立混成旅团（其中1个在沼津方面）、3个独立坦克旅团、2个独立步兵联队（其中1个在下田方面）、1个高射炮师团、军直属部队、3个警备旅团，及宇都宫、东京、长野各师管区部队等；此外，还有横须贺海军特别联合陆战队（18个大队）。

当关东决战时，如上所述，还计划从东北和近畿方面各抽调3个师团，从九州方面抽调2个师团，如情况容许，还要从东海地区抽调两个师团。但究竟有几个师团能够抵达战场参加决战，事实上谁也不敢打包票。因此第1总军司令官首先命令第12方面军司令官沿袭过去的作战计划，继续进行作战准备，同时加紧讨论了总军的作战计划。到7月对作战计划做了根本性的修改，放弃了过去的中央准备阵地的设想，自主地确定大致以九十九里滨方面为决战的正面战场。为适应这一设想，令第36军推进到利根川的下游地区，并严令贯彻沿岸决战的方针。

在决战正面的战斗指挥上，计划在美军开始登陆的第二天，令该正面战场的军队首先转入攻势，接着令第36军主力趁混战状态，断然发动攻势。开始进攻的时间，预定为美军开始登陆后的第3天至第4天。万一美军登陆部队的主力从其他的正面（相模湾或鹿岛滩正面）登陆时，也应先完成该正面预定的决战任务后，再转向其他正面进行决战。第二次决战预定在相模湾正面。敌军如果不在九十九里滨正面登陆，当然要谋求在相模湾正面进行第一次决战。

第1总军的这个新计划于7月17日传达给方面军。此时，特别以"第1总军作战纲领"的形式下达，明确指示出沿岸决战的思想。可是，各军还没来得及根据这个设想确定会战计划，战争就结束了。这个关东决战计划是设想在美军直接进攻关东的情况下拟订的。如果美军像日方估计的那样，先在九州登陆，然后进攻关东，估计日本陆军的战斗力大半残破，将不可能进行有组织的决战。

一方面，虽然日本陆军在关东地区表现出了要把来攻的美军消灭在沿海重要地区的强烈决心，进行了作战准备；但另一方面，为了防备出现最坏事态，从6月下旬起，采取了新的防卫东京的措施。6月23日，大本营下达了负责固守首都的东京防卫军的战斗序列令，将其编入第12方面军；同时传达了"帝国首都防卫作战纲要"，以此作为首都重要地区作战的准则。

东京防卫军由该军司令部和第 1 至第 3 警备旅团以及第 83、第 116 独立工兵大队组成。在发起关东决战的同时，预定从关东以外的地区集中 2 至 3 个师团、一个独立坦克旅团、两个野战重炮兵联队、一个山炮兵联队和约两个高射炮联队，予以加强。

东京防卫军按照大本营的指示，制定了作战计划纲要，其要点如下：

（1）方针：以坚持一年为目标，确保以皇宫为核心的首都中枢部分，护卫皇宫，防卫重点放在首都西部。

（2）修建工事要领：以皇宫为中心，经浅草附近至品川——大体上沿山手线的地区以及品川、隔田川两河口间的海岸附近，定为主要抵抗地区的前沿，构筑三个师团用的主阵地。另在皇宫周围的曲町、神田附近地区构筑二道防线阵地。阵地要筑成足以抗得住坦克和轰炸的坑道网。此外，还要在飞鸟山、驹场、南品川修建前进阵地；在江户川右岸和栗原、川口市、赤羽、天沼、下高井户、田园调布、六乡村、羽田町、多摩川一线修建警戒阵地。

今天日本长野县境内的"松代大本营"地下工事群的入口之一

（3）作战指导要领：在主阵地带的前方指导进行游击战；在主阵地带进行顽强的抵抗；情况实在万不得已时也要死守二道防线阵地。

根据上述计划制定了构筑阵地的计划，但除了近卫师团构筑的皇宫防卫设施外，直到战争结束为止也没有着手执行。这是因为如此庞大的构筑工事计划，仅以3个警备旅团的力量加上市民的协助，在建筑材料和器材都奇缺的情况下，自然是无法完成的。另外考虑到政治影响，日本政府事实上也不愿意在首都东京周边大兴土木。

同本土的防卫，尤其是同关东的防卫相关的，还有政府和大本营的转移问题。为了应付本土决战的非常事态，陆军省从昭和十九年（1944年）春起，就秘密地在长野县的松代开始了大本营的修建工程。为了能经受强烈的轰炸，该项工程是用混凝土加固的坑道设施；到1945年7月，已大致完成。

不过虽然做好了相应的准备，但在6月6日的最高战争指导会议上讨论大本营转移的问题时，一干重臣却一致表示固守帝国首都。在7日的内阁会议上，首相铃木贯太郎再度向阁僚们传达了此项决定，明确表示了固守首都的决心。铃木贯太郎之所以如此决绝，并非是缘于自身的大无畏精神，而是因为天皇裕仁不愿离开东京，导致对局势失去控制。与之相对应的是，日本陆、海军的少壮派却一直在努力推动着大本营的转移计划，其目的自然是准备"挟天皇而令日本"，将所谓"一亿玉碎"贯彻到底。用日本国民的鲜血去淹没来犯的美国军队，最终达成一个相对体面的和平。可惜这些痴心妄想，很快便将随着一声巨响而破灭。

（二）核平降临——美国对日本核打击行动的台前幕后

1945年4月12日，正当美国副总统的哈里·S.杜鲁门（Harry. S. Truman，1884—1972年）在国会和议长山姆·雷伯恩一起研究纳粹德国被击败之后的欧洲局势时，突然被紧急传召回白宫。到达之后，第一夫人埃莉诺·罗斯福才告诉他——总统罗斯福刚刚由于脑出血而辞世。但是当杜鲁门慰问说可以为她做什么之时，这位前第一夫人却反问道："我们有什么事情可以为你效劳吗？你现在才是真正地身陷困境。"

或许很多人会认为罗斯福夫人是悲伤过度以至于心智失常，但事实上了解美国政府当时所面临问题的人却都会认同前第一夫人所言非虚。虽然在罗斯福总统的前三届任期之内，美国经历了空前的经济危机、扩军备战以及从珍珠港开始的漫长战争。但事实上美国最为困难的时节却才刚刚开始：在欧洲虽然纳粹德国已经奄奄一息，但是美国却要面对虚弱的欧洲以及咄咄逼人的红色帝国；而在亚洲，

1945 年 2 月 10 日，仍沉浸于声色犬马之中的杜鲁门

经过了连场恶战之后，日本虽然败象已呈，但却依旧在负隅顽抗，在"一亿玉碎"的叫嚣之中，美国军队向日本本土的挺进步伐显得异常的艰辛。而在美国国内，战争的消耗已经令美国进入了新一轮的经济衰退周期。而自由主义、保守主义以及对共产主义恐慌的思潮更令美国国会俨然如骚乱的蜂巢，随时有失控的可能。

　　而罗斯福无疑是那个时代的一个伟人，一个执着地追求美国现实利益的总统，他的行为方式更多地体现出了实用主义的倾向。正是这种不拘泥于教条理论的务实态度，才使罗斯福在内政和外交方面取得了前所未有的成就。而他在美国政界的人脉和威信，更令他推翻比任何人都多的先例，砸烂比任何人都多的古老结构。但是绰号为"密苏里的小人物"（"Give 'Em Hell Harry"）的杜鲁门显然不具备前任那样资深的背景和政绩。

　　在杜鲁门之前，罗斯福曾经拥有过两位才干非凡的副总统——约翰·N.加纳和亨利·A.华莱士，应该说这两位都曾与罗斯福总统有过长时间的密切协作，在美国政坛同样是一呼百诺的人物。但是总统罗斯

福却因为副总统亨利·华莱士过分崇尚自由主义，而在自己的第四任任期内希望予以撤换。

而来自南卡罗来纳州的詹姆斯·F.柏恩兹则是其中的一位热门人选，但由于他的种族隔离主义者身份而被认为过于保守，最终杜鲁门是在同样来自密苏里州的民主党全国委员长——罗伯特·E.汉尼根的推荐之下才勉强上任。对于他而言执掌这个世界上或许最为强大的国家曾经几乎是梦幻般的事情。为此杜鲁门曾告诉传媒："我的感觉就像月亮、星星和所有星球都要坠落到我身上。"

但是很快杜鲁门便找准了自己的位置，面对一系列棘手问题，杜鲁门作出了许多与美国、世界有关的重大决定，对第二次世界大战以后美国的外交政策和国际关系的发展产生了深刻的影响。作为一位"威尔逊国际主义者"，杜鲁门强烈支持成立联合国，并在前第一夫人埃莉诺·罗斯福的襄助下，促成了首次联合国大会的召开，以回应社会在战后渴求和平的心态。

虽然杜鲁门谦称自己不熟悉外交事务，国会又为共和党所控制，但是他仍凭国内浸信会教徒的支持，发表了"杜鲁门主义"及落实了"马歇尔计划"。"杜鲁门主义"是美国奉行"围堵政策"的开端，他先后请国会拨款4亿美元，支援希腊和土耳其对抗共产主义。而为了使国会通过对"马歇尔计划"的拨款，杜鲁门则尽量把国会的目光移到共产主义，指出共产主义正在欧洲的落后地区兴旺发展。

一方面，杜鲁门后来承认自己的言论夸大了共产主义的威胁，但辩称这样做是"为了让国会意识到危机的存在"。

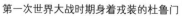
第一次世界大战时期身着戎装的杜鲁门

太平洋战争全史

另一方面，为了强化美国在冷战中对抗共产主义，他签署了《1947年国家安全法案》，又分别成立了国防部、中央情报局、美国空军（独立于美国陆军航空队）和国家安全会议。而这一系列的"铁腕改革"，在后来被杜鲁门归功于对日本实施核打击的战争决策。

实际上在杜鲁门入主白宫之前，他并没有与罗斯福总统有过太深入的协作，以至于耗资巨大的"曼哈顿计划"，杜鲁门和美国大众一样一无所知。1945年4月25日在旧金山，51个国家的代表们正准备举行联合国第一次大会，富兰克林·罗斯福曾把联合国看成是保障世界和平的主要希望。这时候，已故总统发起的另外一个伟大计划的可怕含义降临到他的继任人头上了。在曼哈顿工程区的负责人格罗夫斯将军的陪同下，美国陆军部长史汀生在那天下午到达椭圆形办公室报告说，美国用不了4个月就可以试用第一颗钚原子弹了。当听到美国将拥有"有史以来最可怕的武器，一颗炸弹就能毁灭整个城市"之时，杜鲁门这位只在第一世界大战中指挥过一个国民警卫队炮兵连的总统的第一反应自然是手足无措。

最初，美国政府仅为"曼哈顿工程"确定了两个原则：（1）造出的原子弹供给军队使用；（2）要在德国人之前造出原子弹。可以说对于这种具有毁灭性威力的武器，无论是杜鲁门前任的经验还是世界其他国家的情报都不可能给出任何的帮助。为此在1945年4月25日，杜鲁门上任两周之后，美国陆军部长史汀生便不得不建议这位新科总统任命一个特别委员会，以研究这种武器爆炸后在政治、军事和科学方面将会产生什么影响。

1945年5月29日，美国陆军参谋长马歇尔得到了原子弹发展的相关情报，随即提出应考虑将其投放到日本"诸如大型海军基地"或"工业基地"这样的军事目标上。不过此时这种打击模式还被理解为是一种威慑。马歇尔希望在原子弹投放之前，美国应该向当地的日本军队或民众发出警报，提醒其撤离目标区域。

马歇尔甚至强调需要"把我们的警告记录下来"以便"用这样的警告来抵消责备，这种责备会在误用这种武器之后接踵而来"。事实上美国陆军在获悉"曼哈顿工程"之前，已经在考虑使用诸如芥子气之类的化学武器来瓦解日本军队那些"狂热但并无希望"的防御，然而马歇尔不得不考虑公众舆论，同时对于化学武器或原子弹，马歇尔都报以"这种武器的性质并不比喷射器和火焰喷射器更不人道，但不应该用来对付人口稠密的老百姓居住区"的理念。

1945 年 6 月 1 日，特别委员会向杜鲁门总统建议，一旦具备条件，就立即使用原子弹对付敌人。在奥本海默的领导下，美国核物理科学家们通力合作，终于在 1945 年 7 月初制成了三颗原子弹，它们的代号分别是"大男孩""小男孩"和"胖子"。但是此刻对日本实施的海上封锁和大规模常规轰炸已经使日本的战争潜力枯竭，杜鲁门甚至已经从破译出的日本电报得知，从 1945 年 6 月开始，东京政府内就有人准备投降，只要美国保留天皇的位子，本土决战并非不可避免。

在不断了解了核武器的工作原理和威力之后，杜鲁门曾一度对于是否应该使用这种武器而产生了犹豫。不过此时一切都已经进入了无法逆转的倒计时，美国陆军航空兵开始了对 B-29 型战略轰炸机的改装，同时又集中 509 大队千余官兵从事投掷原子弹的各项准备工作。

此时欧洲的局势同样牵扯着美国的精力，纳粹德国无条件投降之后，在英、美军队转向太平洋战场的同时，英国开始忧心忡忡于苏联在欧洲的势力扩张。1945 年 5 月 6 日，丘吉尔向杜鲁门提议举行最高级紧

阿拉莫戈多荒原之上的人类第一次核武器试验

太平洋战争全史

急会议，以便"在我们致命地削弱军队或缩小占领区以前，同苏联达成谅解，至少要搞清楚我们在苏联面前处何劣势"。

此时的斯大林同样在急于调整着苏联在东欧及亚太地区的外交政策。因此一套折冲樽俎之后，英、美、苏三方最终敲定在距离柏林10千米的德国历史名胜——波茨坦的采茨利霍夫宫举行首脑会议。而当1945年7月6日，杜鲁门登上重型巡洋舰"奥古斯塔号"横渡大西洋前往安特卫普时，格罗夫斯将军向他保证，经过他的科学家和工程师小组昼夜不息地努力，当杜鲁门到达目的地的时候，使用钚元素的"大男孩"原子弹将会爆炸。

7月16日，总统专机载着杜鲁门从比利时飞进柏林的坦帕霍夫机场时，第一颗原子弹爆炸前准备工作的递减计数已经在进行了。当杜鲁门会晤了丘吉尔，查看了柏林的废墟，回到皇帝路二号的时候，他接到一份绝密电报："确诊尚未完成，但结果满意且超出预计。"那天早晨5点43分，阿拉莫戈多山上的日出已被人类抢了先。这位将军的正式报告如实描述道："刹那间，周围20英里内出现一道亮光，犹如正午出来了几个太阳；一个大圆球喷散成蘑菇状，升到1万英尺以上的高空，然后逐渐散去。"

波茨坦会议上的杜鲁门、斯大林和丘吉尔

正是有这份电报的鼓舞，杜鲁门在波茨坦会场之上显得信心十足和勇气过人。面对傲慢而霸气的苏联领导人斯大林以及那席卷了整个东欧的共产铁骑，西方世界第一次感到了深深的战栗。曾经不可一世的英国首相丘吉尔此刻已经沦为会议的附庸。但杜鲁门却在第二天的私人午餐会上第一次走近斯大林时，完全没有惧意。那天下午将举行第一次全体会议。当他在波茨坦华丽的赛西林宫就座的时候，丘吉尔立刻注意到总统的变化，他"简直要指挥整个会议"。关于在由苏联解放的欧洲需要建立民主政府这一点上，他对斯大林采取了强硬的态度。

面对苏联对战后欧洲格局上的颐指气使，杜鲁门开始意识到美国和苏联不再存在共同敌人和利益，因此他在政策方针上明显有抗衡苏联的倾向。这位外交政策上经验不足，但策略上老练的总统预感到，同斯大林和苏联的冲突不可避免。他希望，通过展示美国的优势来避免不久之后同苏联的冲突升级。因此，在1945年7月，对日本使用原子弹已经如箭在弦，也许只有日本政府中有人能冲破军部的阻碍，开启无条件投降才能打破这一自动机制。

7月24日，波茨坦会议中杜鲁门决定进行最后的尝试，他以非正式方式向斯大林随口提道："美国已拥有一种具有空前毁灭性能的新式武器。"即便是在同盟状态之中美、苏两国的情报机构仍彼此刺探着对方的底线，苏联的最高当局没有理由不知道"曼哈顿工程"和美国的核武器进展。但是斯大林却态度冷漠地回应道："那就能好好利用它来打击日本吧！"鉴于斯大林的这种冷淡态度，杜鲁门不得不决定使用原子弹，希望借助核爆的威力能够震慑住战胜德国之后处于极端亢奋之下的苏联。为此杜鲁门在自己1945年7月25日的日记中写道："不是希特勒或者斯大林那伙人率先研制出这种炸弹，真是世界的福气。"

1945年7月26日，在苏联政府无意过早与日本方面决裂的情况之下，美、英、中三国联名发出了《促令日本投降之波茨坦公告》。全文共计13条，主要内容为：盟国将予日本以最后打击，直至停止抵抗；日本政府应立即宣布所有武装部队无条件投降；重申《开罗宣言》的条件必须实施，日本投降后，其主权只限于本州、北海道、九州、四国及由盟国指定的岛屿；军队完全解除武装；战犯交付审判；日本政府必须尊重人权，保障宗教、言论和思想自由；不得保有可供重新武装作战的工业，但容许保持其经济所需和能偿付货物赔款之工业，准其获得原料和资源，参加国际贸易；在上述目的达到、成立和平责任政府后，盟国占领军立即撤退。

《波茨坦公告》的相关内容于 7 月 27 日通过各种渠道传到日本国内，铃木贯太郎内阁随即展开一系列研究和解读。日本外务省方面逐字逐句从"公告"寻找出对自己有利的一线曙光。如：公告第一条中要求"日本武装部队无条件投降"而并非针对日本政府，似乎已经表明了在日本军队放弃抵抗的情况下，美、英等盟国将维持日本政府的正常运转。同时"……对日本应予以这一机会，以结束此次战争"未加劝说"投降"或"无条件投降"。另在公告第五条中出现"以下为我方之条件"，似乎说明日本还有机会与美、英探讨"有条件投降"的可能性。

从公告中有关"战犯"的表述"欺骗及错误领导日本人民使其妄欲征服世界"等字句来判断，日本外务省也基本确定美、英盟国将战争责任主要推给了直接领导战争的东条英机等"昭和军阀"，以天皇裕仁为代表的日本王室和"公卿重臣"集团以及官僚阶层仍有被免予审判和刑罚的可能。

《波茨坦公告》中虽然没有明确对日本本土的占领范围，但既然表示只是占领"日本领土上经盟国指定之地点"，那么就可以认为美、英盟军没有全面占领日本领土的计划。对照美、苏、英三国对纳粹德国所发出的《克里米亚声明》中明确的"三国部队将各自占领德国一个区域"的提法，显然美、英有意对日本采取网开一面的方针，何况在《波茨坦公告》中还明确最终从日本撤军的时间。

基于上述分析，外务省方面认为"日本只有予以接受，方能结束战争，否则别无他途"。但是日本国内的媒体却依旧以狂妄的姿态，对《波茨坦公告》采取了敌视的态度。《读卖新闻》以《可笑的投降条件》（笑止·对日降伏条件）为题发表社论之后，日本官方媒体新闻社方面也以《白日梦一般的错觉》（白昼梦错觉を露呈）来形容《波茨坦公告》所描绘的日本无条件投降的可能。而这些长期以来为日本军部所把持的新闻媒体之所以如此统一口径地集中发声，其背后自然是陆军方面拒绝投降的强硬。

在陆军方面的巨大压力之下，7 月 28 日铃木贯太郎不得不在记者招待会上明确表示："我认为那份公告不过是开罗宣言的翻版。政府认为并无任何重要的价值，只有置之不理。"有趣的是，这段话中铃木贯太郎用的是"默杀"一词，日本官方对外喉舌"同盟通信社"将其以"ignore"（忽视）予以翻译，但"美联社"（Associated Press）却直接以"Reject"（拒绝）来予以报道，因此战后日本方面还公然指责美国方面曲解了自己的意思。但这样的口舌之争，并不能改变日本并未接受《波茨坦公告》的现实。

美国陆军部长亨利·刘易斯·史汀生

日本方面之所以如此重视"默杀"这个词的翻译问题，缘于其始终将拒绝《波茨坦公告》与遭遇美国方面核打击挂钩，营造出一种美国方面未能理解铃木贯太郎首相的苦衷。"默杀"的意思本是"再考虑考虑、再讨论讨论、再等等、再看看……"不应直接以原子弹相对应。殊不知早在《波茨坦公告》发布之前的7月25日，杜鲁门已经授意美国陆军部长亨利·刘易斯·史汀生（Henry Lewis Stimson，1867—1950年）致电美国陆军航空兵太平洋战区司令斯帕茨，要求其做好8月3日在天气许可的条件下，立即在日本的广岛、小仓、新泻和长崎四城市中选择一个目标，投掷"特种炸弹"。留给日本的时间已经不多了。

1945年7月30日上午，当"日本正式拒绝同盟国提出的投降条款最后通牒"的标题出现在《纽约时报》头版的同时，美国陆军航空兵太平洋战区司令斯帕茨亲自抵达了关岛，向李梅等美国陆军航空兵一线指挥官口头传达了即将对日本展开核打击的相关命令。与此同时，按照参谋长联席会议的要求，斯帕茨还以私下透露的形式向太平洋战场上的美国陆、海军掌门人——麦克阿瑟和尼米兹分别进行传达。

尼米兹在战后坦承自己在对日核打击中是知情的，并强调原子弹虽然违背人道主义精神，并不符合道德法则，但同时也强调武士道的传统精神在日本人心中植根太深，不可能立即投降。即使看来是在毫无希望的时候，他们还是决心争取胜利。因此在不想牺牲更多美国人和日本人的情况下，使用核武器是完全合理的。与之相比，麦克阿瑟则出于政治上的考虑，坚持宣称其是在8月7日即原子弹在广岛投下的第二天，才通过杜鲁门总统的科学顾问了解了这种武器的原理和构造。并强调从军事角度来看，为了迫使日本投降而使用原子弹是完全没有必要的。

与麦克阿瑟持有相同观点的，还有美国海军第3舰队司令哈尔西。整个7月，这头"莽牛"打着为"奥林匹克"行动做好准备的名义，指挥着麾下的舰队在日本近海狼奔豕突。7月24日到28日，美国海军出动上千架次的舰载机对吴港展开猛烈空袭。毫无还手之力的日本海军保有的主力战舰，除战列舰"长门"之外，几乎全部遭遇重创，或直接倾覆沉没，或搁浅于海水之中。甚至连老旧的装甲巡洋舰"磐手"和"出云"也未能幸免。

向来自诩幽默的哈尔西，对于自己的这番赫赫战功更是妙语连珠："日本的战舰都奔去送死""日本帝国海军已经'不复存在'了""日本海军联合舰队总司令还可以到达他在旗舰——轻型巡洋舰'大淀'上的座舱之内，不过这一次他要穿着潜水服"。

吴港空袭中倾覆的日本海军联合舰队旗舰"大淀"

除了对吴港内的日本海军舰艇继续穷追猛打之外，哈尔西还授意美国海军第3舰队的舰载机对日本列岛的民用设置展开攻击，甚至一度出现了美国舰载机追着日本民用列车倾泻子弹的场景。而第3舰队的水面舰艇更频繁抵近日本列岛的海岸线展开炮击。哈尔西对此颇为得意，表示他唯一遗憾的是"我们的战舰没有轮子，否则我们从海岸撵日本人时，就能一直把他们驱向内陆"。

飞临日本上空的B-29轰炸机群

可惜这样的畅快并没有维持太久，随着美国陆军航空兵对日本本土的空袭日益猛烈，美国海军舰载机很快便发现他们越来越难找到有价值的目标了。8月1日下午3点，美国陆军航空兵出动836架B-29重型轰炸机空袭日本本土，之所以选择在这一天全力出击，是因为根据气象预测，未来几天日本本土云层较厚，不利于轰炸。美国陆军航空兵有意为即将投放原子弹的美国陆军航空兵第20军所属第509混成团开辟道路。

从8月1日开始，美国陆军航空兵开始在预定的4个目标：广岛、长崎、新泻、小仓之间进行抉择。有趣的是，战后中日双方对于美国方面之所以没有将京都列为核打击的备选目标，各自做出了非常主观的解释。中国方面认为是建筑学家梁思成教授写给麦克阿瑟的一封信起到了作用，在信中梁思成列举了京都现存的日本古建筑，认为用原子弹将其夷平将是全人类的损失。而日本方面则认为是牧野伸显与美国方面进行了沟通，最终保住了京都。但事实上对于美国而言，京都并非此时日本的政治、军事枢纽，完全没有展开核打击的必要。而考虑到广岛是四个备选目标之中唯一一个没有美军战俘营的城市，因此将其列为优先打击的目标。

1945 年 8 月 6 日凌晨 2 点 45 分，当美国陆军航空兵保罗·蒂贝茨（Paul Warfield Tibbets，1915—2007 年）上校和他的机组成员，驾驶着以蒂贝茨母亲名字命名的"伊诺拉·盖伊"号 B-29 重型轰炸机隆隆地沿着提尼安机场的跑道飞向夜空之时，在弹舱之内美国海军上校威廉·帕森斯正紧张地为那枚名为"小男孩"的原子弹安装 4 块用于引发核裂变的烈性炸药，以及被称为"绿插头"的信号发射器。这枚蓝色弹体的炸弹上，涂着送给天皇的粗鲁字句以及驰名的女电影明星丽塔·海沃思的艳照。之所以在起飞之前炸弹没有装炸药，是因为万一出事，其威力足以会把整个岛屿以及岛上的几百架飞机从太平洋上炸没了。

运抵提尼安岛的"小男孩"

8 月 6 日上午 7 点 9 分，抵达日本近海的"伊诺拉·盖伊"号 B-29 重型轰炸机上所有机组人员正在焦急不安地等待着消息。此时虽然气象台预报黎明时目标城市上空晴朗，但美国陆军航空兵方面还是派出多架 B-29 型气象侦察机飞到 4 个目标城市的上空收集各种参数。

7 点 42 分，来自广岛的气象侦察机报告说："目标城市被云层遮盖处不到十分之一，建议先在这里投弹"。"我们将飞往广岛。"蒂贝茨用他们的内部通信联络系统告诉飞机上的 12 名同僚。此时战机飞行在 2.6 万英尺（近 8000 米）的高空，且正在继续往上爬升，同时减速到每小时不到 200 英里（即 321 千米／每小时）。蒂贝茨这才第一次告诉他的伙伴，他们将要扔下一枚具有惊人破坏力量的新型炸弹。

虽然与他们同行的还有另外两架 B-29 型轰炸机，但那两架飞机上运载的是美国陆军部的观察人员和摄影人员，以便为后代记下人为的威力最大的一击。8 点 05 分，在距离广岛不到 50 英里（约 81 千米）处，投弹手托马斯·费雷比少校到有机玻璃机头座位就座，把十字标线对准城市里的 T 字形相生桥。

"戴上眼镜"，蒂贝茨在 8 点 14 分下令，于是机上的 12 个人除 3 人以外都戴上沉重的偏振片护目镜。通过微微闪光的烟雾，费雷比辨认出相生桥，把轰炸瞄准器的十字标线固定住。扔原子弹前的最后 15 秒钟是自动计时的。8 点 15 分 16 秒，炸弹舱的门开了，"小男孩"立即落下，稍稍晃动了一下，就加快了速度。不过它所发出来的超音速呼啸，到不了地面上人的耳朵里。准确地在 1800 英尺（约 550 米）上空，大气压装置触发了导爆机构，在千分之一秒的刹那间，一道闪光爆发成了强光和有毁灭性能量的火球。

"突然一道刺眼的带白色的粉红色光出现在天空，伴随着一种奇异的震动，几乎立刻出现一股令人窒息的热浪和风，把一切都卷走了。"这是一个观察者所记录下来的爆炸时刻的情景。火球发出比太阳表面还要热几千度的高温，它融化了花岗石，把人和物体的影子印在地面上和残留的墙上。没有几座建筑物在核反应的强光和雷鸣的冲击波下幸存，火光和波浪瞬息之间就夷平了广岛的中心。

保罗·蒂贝茨上校（中央抽烟斗者）和"伊诺拉·盖伊"号 B-29 重型轰炸机部分机组成员

太平洋战争全史

"几秒钟之内，数以千计的街上的人和市中心的花园都被干热的浪潮烧焦了。许多人立刻被烧死，还有许多人在地上翻滚，被烧得痛苦地叫喊着。一切东西：墙、房屋、工厂以及其他建筑物，只要遇到爆炸气浪，都被毁灭，残片被旋风卷到空中。""伊诺拉·盖伊"号从爆炸气浪中上升后，"一朵蘑菇状烟云逐渐形成，我们看着它开放。"蒂贝茨写道。"在蘑菇状烟云下面的情景，使我想起一壶正在沸滚的沥青，我再也想不出更恰当的比喻来形容它。下面是一片黑色沸滚的东西，上面带着一层蒸汽烟雾"。

一位日本记者的报道记载了那朵丑恶的烟雾下面的浩劫惨状。"在不留下任何生机的绝对死亡地区以外，房屋在砖瓦、屋梁飞舞中倒坍。离爆炸中心约 3 英里的地方，轻型房屋都被夷平，仿佛都是纸板所造。在房子里的那些人或者死亡，或者由于某种奇迹得以幸免，但也被火

广岛遭遇核打击后的损失情况（深色为火灾区域）

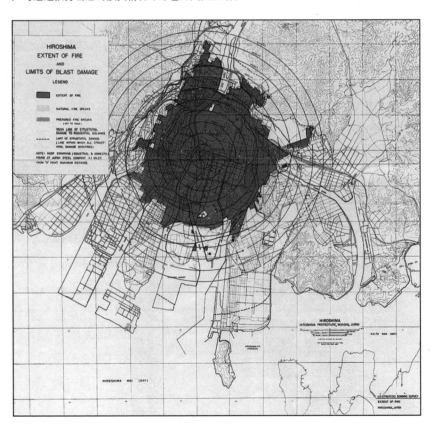

焰包围。少数挣扎着到达平安之地的，由于后来的厉害的伽马射线的作用，一般都在约 20 天以后死亡。"蒂贝茨上校在被炸毁的城市高空转了三圈，这时候伊诺拉·盖伊号的无线电报务员向提尼安发回电报说："清清楚楚，各方面都成功。看得见的效果已超过阿拉莫戈多。扔弹后飞机中情况正常，正朝基地返航。"

在斯帕茨的关岛总部，大家得意洋洋地迎接这个新闻。在洛斯阿拉莫斯，制造原子弹的人们互拍脊背。"这是有史以来最伟大的事情。"杜鲁门接到"广岛被炸"的电文时喊道。当时他正在大西洋中部"奥古斯塔号"上同水手们一起午餐。"这是一枚原子弹。"白宫事先准备好的文稿宣称，"它驾驭的是宇宙间的基本力量。太阳从之获得能量的那种力量，我们把它释放出来对付那些在远东发动战争的人。"

（三）八月风暴——苏、蒙军的进攻与关东军之防御

广岛遭遇核打击的消息传来，日本政府的第一反应自然是空前的震惊。由于当天上午日本陆军方面的防空雷达仅捕捉到了少数几架美军轰炸机，且未进行轰炸便飞离了（实际为美国陆军航空兵的气象侦察机）。于是广岛地区于 7 点 30 分解除了相关防空警报。因此当原子弹爆炸之际，大多数的当地民众均未进入防空掩体。事后统计 343000 人左右的广岛市民中当场死亡者为 78150 人，负伤或失踪人员为 51408 人。不过具有讽刺意味的是，日本陆军的损失较为轻微，甚至还在第 2 总军司令畑俊六的指挥下，第一时间展开了救灾工作。

日本红十字医院正测量广岛核爆伤者身上的放射性元素

正是因为陆军的损失并不惨重，因此虽然海军吴港方面的技术人员第一时间进入广岛市中心采集了剧烈爆炸的相关数据，但日本陆军方面仍拒绝承认摧毁广岛的为传说中的核武器，坚持要派出以末精三为首的大本营调查团进入广岛市，才愿意最终下达结论。

与日本陆军方面的有意拖延形成鲜明对比的是，广岛遭遇核打击的消息迅速刺激了苏联政府的神经。应该说长期以来在对日作战问题上，斯大林始终处于有恃无恐、待价而沽的状态。毕竟纳粹德国已经被他所指挥的红色铁骑碾碎，如果可能，他更希望日本可以继续坚持下去，以便更大程度地牵制美、英的力量，苏联便可以获得更多的时间去弥合残酷的卫国战争带来的创伤。而为了尽快结束战争，美、英和日本方面也分别向莫斯科伸出了橄榄枝。

美、英方面希望苏联出兵中国东北和内蒙古地区的愿望可谓由来已久，自不必多提。而日本政府也对莫斯科可以出面调停战争充满了幻想。早在铃木贯太郎上台组阁之初，日本陆、海军便分别向外务大臣东乡茂德提出了希望采取"果断的外交政策"，阻止苏联参战的同时，争取日苏同盟的可能性。海军甚至还希望通过让渡残存主力战舰的方式，获得苏联方面的燃料和战斗机支援。但东乡茂德深知此时的日本早已被归入了"弱国无外交"的行列，除非能够在冲绳决战中给予美、英盟军以重创，否则日本在苏联面前根本没有外交地位可言。而如果冲绳决战能够获胜，大可以直接和美、英媾和，何必再与苏联方面"勾兑"呢？

但是在日本陆、海军方面的一致要求之下，从 1945 年 5 月开始日本政府还是不得不认真考虑与苏联方面展开谈判，通过出卖部分主权的方式换取日苏之间的隐性同盟关系，以求制衡美、英。日本方面天真地认为，只要废除日俄战争之后的签署的《朴茨茅斯条约》，通过归还库页岛南部，开放津轻海峡，出让北满各条路，承认中国内蒙古为苏联的势力范围，允许苏联方面租借旅顺、大连，便可以满足斯大林的胃口，不仅可以保住日本在中国东北和朝鲜半岛的殖民统治，还能获得苏联方面的支持，甚至借助苏联的影响力完成与中国重庆国民政府的媾和，建立所谓的"苏、日、中"协防机制。

客观地说，日本方面的这些设想对于斯大林而言毫无吸引力。不过为了争取美、英同意苏联出兵占领日本本土，斯大林还是授意苏联驻日大使马立克与日本外交元老广田弘毅于 6 月 3 日展开接触。由于此时的日本政府已处于病急乱投医的状态，因此苏联方面仅仅是表示愿意考虑上述方案，便令日本方面喜不自胜。6 月 4 日参谋总长梅津美治郎于大连与"关东军"总司令山田乙三、"中国派遣军"司令冈村宁次在满铁总裁官邸召开会议，决定"中国派遣军"方面以主力控制华中、华北地区，关东军则将下辖 4 个师团（第 39、第 59、第 73、第 117 师团）的第 34 军由中苏边境撤往中朝边境地带，以便支援本土决战。

可惜的是，广田弘毅与马立克之间的会晤很快便没有了下文，6 月 17 日焦急万分的广田弘毅试图与对方联络却遭到了拒绝。6 月 23 日在天皇裕仁的督促之下，广田弘毅再度登门拜访，终于得到马立克让日本方面提出具体条件的机会。但是当 6 月 28 日日本方面给出了"为维持东亚的长期和平，以缔结关于相互支持及互不侵犯条约为主要内容"的相关方案后，苏联方面对于日本仅仅同意"满洲中立化"备感失望。从此之后马立克便对广田弘毅托病不见了，谈判事实上已然破裂。

7 月 12 日，走投无路的日本政府最终试图通过苏联进行结束战争的谈判，并向日本驻苏联大使馆发出了"圣意希望结束战争，但要求无条件投降则战斗到底。拟秘密派遣近卫（文麿）公携带陛下亲笔信赴苏，希同意入境，尽可能乘坐飞机"的指令。可惜此时苏联方面也已经完成对单独接受日本投降相关事宜的评估，认为不可能不经一战便从吝啬的日本手中获得想要的结果。于是最终于 7 月 18 日作出了"鉴于近卫特使的使命不明确，不能回答诺否"的电报，日苏和谈的大门至此彻底关上了。但日本方面还不死心，不断授意日本驻苏大使佐藤尚武恳求苏联方面重开谈判，甚至表示"如能避免无条件投降的方式，

在与日本的外交互动之中，斯大林始终保持着不急不躁的姿态

只要名誉和生存得到保证，可以在广泛妥协的条件下结束战争"。

8月8日，苦苦等待苏联政府给出答复的佐藤尚武终于获准面见主持苏联外交工作的国务委员莫洛托夫。但得到答复却是："苏联政府认为，苏联的政策是促进和平，拯救各国人员免予更大的牺牲和苦难，从上述观点出发，苏联政府宣布：从明日即8月9日起，苏联政府将与日本政府进入战争状态。"显然在苏联方面看来，随着美国方面将原子弹投入实战，日本随时可能屈膝投降，届时苏联方面长期以来在东北亚的政治诉求将颗粒无收，与其坐等和平的降临，不如主动加入战团，给予对手致命一击。

1945年8月9日0点10分，苏联红军外贝加尔方面军侦察分队、先遣支队、前卫部队跨过苏"蒙"、苏"满"边境，进入伪蒙古国和伪满洲国境内。由于"关东军"已经从中苏边境地带撤走了大批部队，因此苏联方面只有第36集团军所属侦察分队遭到了微弱的抵抗。4点30分，苏联红军主力部队开始发动进攻。当然苏联方面的势如破竹，还缘于此时日本政府根本没有得到苏联已经对日宣战的消息，而美国方面鉴于日本方面在广岛遭遇核打击之后迟迟没有做出无条件投降的答复，杜鲁门决定再度向日本投掷原子弹。

摧毁长崎的美国陆军航空兵 B-29 重型轰炸机 "博克之车"

8月9日中午11点02分，曾在广岛核打击中担任观测任务的美国陆军航空兵第509混成团查尔斯·斯威尼少校（Charles W. Sweeney，1919—2004年），驾驶着同僚弗雷德里克·卡尔·博克那架名为"博克之车"（Bockscar）的B-29重型轰炸机飞抵日本九州岛北部的上空。其弹舱中存着美国的第二枚核武器——钚弹"胖子"。

美国的核物理学家普遍认为钚弹"胖子"具备着比三天前投下的铀弹"小男孩"更加巨大的威力，但其超规格的体形却给吊装带来了巨大的麻烦。或许正是因为对于这枚炸弹缺乏信心，弗雷德里克·卡尔·博克才和查尔斯·斯威尼调换了座机，将成为美国陆军航空兵第二位成功投掷原子弹飞行员的荣誉拱手让出。

果然在飞行的过程中，各种麻烦不断出现。首先在飞往预定目标小仓的过程中，天气情况非常不利，厚重的云层覆盖了整座城市。斯威尼只能临时决定前往备选目标长崎试试运气。结果长崎上空的天气情况也不利于投弹，此时"博克之车"的一个副油箱又出现问题。焦急万分的斯威尼正准备采用雷达导航的方式将炸弹投下之际，投弹手却在云层中发现一个窟窿。

钚弹"胖子"超规格的体形给吊装带来了巨大的麻烦

按照美国方面的测算，钚弹"胖子"的爆炸威力相当于22000吨TNT炸药，约为在广岛爆炸的铀弹"小男孩"15000吨TNT炸药威力的1.5倍。但长崎当地群山环绕的地形，限制了其效果。炸弹仅造成了长崎240000常住居民中约74000人的死伤，市区36%的建筑物被摧毁。但正是这一次核打击彻底粉碎了山本方面试图将战争进行到底的勇气。具有讽刺意味的是，

长崎上空升起的蘑菇云

当天日本政府刚刚草拟好了文件，指责美国在广岛使用核武器的"不人道"。

战后很多西方的人道主义者曾一度谴责过杜鲁门当时所作出的决定，甚至他的妻子伊丽莎白·贝丝·弗吉尼亚·华莱士也因此而离开了他，但是在公开场合，杜鲁门从未曾因此而进行过忏悔。当美国的"原子弹之父"奥本海默受到杜鲁门总统接见时，情不自禁地哭着说："我们的手沾满了鲜血。"杜鲁门也轻松地回答："不要紧，可以洗掉的。"在杜鲁门的后半生，他曾多次为自己的决定辩护：投掷这两颗原子弹结束了对日战争，并因此拯救了"成千上万名美国士兵"。但是午夜梦回，这位虔诚的"浸礼会"教友又是否听到过那10万日本平民在地狱中的哀鸣，或许永远无人可知。

苏联的宣战和美国第二次核打击的消息纷至沓来，令日本政府手忙脚乱无从应付。但苏联红军方面的推进却是有条不紊，势如破竹。外贝加尔湖方面军最右翼的苏蒙骑兵机械化集群的两个行军队列相隔达200千米，分别以加强工兵的机械化第25旅和独立坦克第43旅为先导推进，驱散了沿途小股伪蒙古军骑兵部队的抵抗，到8月9日黄昏时分已经嵌入敌阵55千米。往东，苏联红军第17集团军也排成两列纵队，以得到加强的坦克第70、第82营为先头部队推进，到日终时该先遣支队

推进了 70 千米。

方面军主攻方向上的近卫坦克第 6 集团军也排成两列纵队，右翼以近卫机械化第 9 军打头阵，近卫坦克第 5 军在其后跟进。左翼则以近卫机械化第 7 军为主力组成。这两支快速部队的行军队列通常分为 4 到 6 支独立的纵队，在 15 到 20 千米宽的正面上推进。一路上坦克集团军几乎没有遭遇任何抵抗，因此行军十分迅速，到日终时先遣支队已经推进了 150 千米，冲到了大兴安岭山脉西北的山口。

坦克集团军左翼的第 39 集团军以近卫步兵第 5 军和步兵第 113 军的兵力全部布置在第一梯队向南然后转向东南方向进攻，从而绕过日军哈伦—阿尔山筑垒地域和吴家口筑垒地域。坦克第 206、第 44 旅分别是两个军的先遣支队。而集团军先遣支队坦克第 61 师则在最前方引导两个步兵军的进攻。

步兵第 94 军则以两个步兵师的兵力向北进攻，迂回到海拉尔筑垒地域的后方对其实施进攻。另一个步兵师负责维持步兵第 94 军与近卫步兵第 5 军之间的联系，并在第 39 集团军完成对日军的合围后对筑垒地域实施突击。在集团军主攻方向北侧，第 107 师团两个联队负责在筑垒地域实施全向的防御。一路上，苏军肃清了所有日军小队级防御分队和伪蒙古军骑兵。集团军成功地迂回了哈伦—阿尔山筑垒地域，在第一天推进了 60 千米。但道路原始而树木不多的地形还是使步兵军远远落在了坦克师、坦克旅后面。为此苏联红军组建了以师属自行火炮营为核心、更具有机动性的先遣队。

面对苏军来势汹汹的进攻，日本陆军第 107 师团将两个步兵联队布置在筑垒地域外，还将第三个步兵联队用于沿吴家口到索伦的铁路线实施防御，以掩护师团的交通线。但苏联红军第 39 集团军继续穿过大兴安岭中部山脉的崎岖道路向索伦、王爷庙前进，以切断洮南铁路，从而合围前方的日军筑垒地域。

第 36 集团军在两个方向上向额尔古纳河实施突击。9 日 2 时步兵第 86、第 2 军第一梯队各师各派出一个步兵营作为首批突击部队，以确保雨后涨水的额尔古纳河旧楚鲁海图伊到波格丹诺夫卡河段渡口的安全。随后步兵第 2 军用 30 辆美国通过租借法案提供的水陆两栖车将两个步兵团运到对岸以扩大战果。到 6 时集团军主力开始渡河。这些部队肃清了河边日军中队、小队级的守卫部队和骑兵的抵抗。

随后苏联红军方面派出了以坦克第 205 旅为基干组建的先遣支队，向 60 千米以南的海拉尔实施突击，力求防止日军进入卡在通往满洲里的铁路上的筑垒地域。负责防御的是日军第 80 旅团（5 个步兵大队和支援部队）、第 119 师团和伪军骑兵部队。

9 日夜，坦克旅先遣队已经控制了海拉尔北部至关重要的桥梁。随后苏联红军的坦克旅从东北发动夜袭夺取该城，同时在其后跟进的步兵第 94 师所属第 152 团从东南实施突击。然而最初的突击只取得了有限的成功。10 日晨，坦克旅继续为夺取镇北部的铁路桥而战，而步兵团经过激烈战斗以后则控制了镇南部和东部。结果日军第 80 旅团成功挫败了苏军的夜袭，迟滞了苏军的进攻。当日军第 80 旅团在镇东北、西南实施防御时，第 119 师团按照独立第四军的命令向东撤退并建立新的防御。日本陆军希望能以此阻止苏军进入大兴安岭山脉各山口，从而从牙克石突向博克图。

按照日本陆军"关东军"最初的作战计划，第 44 军应在边境筑垒地域挡住苏联红军的进攻。但现在这份计划已经得作废了。苏军部队绕过或闯过了这些筑垒地域。面对这一情况，关东军决定只使用已经部署在西部的部队拖延苏军的推进，而不是向这一地区调集预备队，从而为在中满地区实施坚决的防御争取时间。这就意味着能够阻击苏军的防线将沿图们—长春—大连一线展开。

因此 8 月 9 日晨，日军第三方面军司令后宫淳大将命令第 44 军将所有未被切断的部队往东向长春、大赉转进。后宫淳决定集中方面军兵力在沈阳南北两翼实施防御以保护官兵的家眷。然而关东军总司令山田乙三大将却认为还应该在更深的纵深内实施防御。结果日军高层之间的分歧在口军各级军官中造成了混乱。

很快，后宫淳又命令第 44 军司令本乡义夫中将命令其正在哈伦—阿尔山、吴家口、洮南一线实施防御的第 107、第 117 师团向长春转进。当其后撤到大赉到辽源一线时将转隶给第 30 军。同时在齐齐哈尔的第 149 师团和在哈尔滨的第 131 旅团向吉林撤退；在通辽的第 63 师团和在本溪的第 136 师团向沈阳集结。当上述兵团抵达沈阳后，方面军预备队中的第 130 师团、第 130 旅团将转隶第 44 军。

尽管遇到了这些混乱，第107、117师团还是于8月12日转隶给第30军并受命在四平到长春一线实施防御。然而两个师团都已经在西满被切断，这一命令根本无法执行。作为补偿，第44军得到了驻防于承德的第108师团——1个守备师团，以及第136师团、第130旅团。第44军将在沈阳西南、西、西北面实施防御并发动反击，歼灭苏军部队。同时独立第4军从海拉尔、孙吴地区撤退，以在吉林以北建立防御。

　　苏联红军外贝加尔方面军部队向大兴安岭山脉后的满洲中部大平原发起冲刺时，日军正在中满地区集结兵力，并以部分已经完成重组的部队在西满地区迟滞苏军的进攻。此刻苏军的进攻已经彻底打乱了日军的部署，日军所面对的是一个前所未有的强敌。

　　8月10日，日本内阁决定接受盟军于7月26日基于波茨坦协定提出的最后通牒。然而苏联政府认为这不过是说说而已，攻势继续全速进展。苏联红军第35集团军当日以第15国境守备队、第135师团第368步兵联队在虎头要塞群实施防御，国境守备队在自己的要塞中防御，而其他步兵中队则在松阿察河西岸的支撑点内防御。第135师团余部在密山（东安）的防线、要塞中防御，并派出了中队规模的分队在北面宝清、蛟河防御。

　　8月9日1时，内务人民委员会边防军第57总队所属分队乘小船横渡乌苏里江、松阿察河，粉碎了日军边防哨所的抵抗，并于2时在松阿察河对岸建立了小桥头堡。15分钟炮火准备后，步兵第363、66师先遣营渡河，但未遭日军抵抗。然而拜大雨所赐，除非迅速修筑道路，否则即使是步兵也无法通行。于是扎赫瓦塔耶夫向这两个步兵师额外派出了工兵增援。

　　渡河后步兵第66师进入了沼泽地带，水最深处甚至到腋窝附近。步兵们还是在凌晨2时在沼泽中突入12千米，冲到了离塔桥（音译）村西北2千米处。同时，到9时步兵第363师全体渡过了松阿察河并开始向内陆发起进攻。仅有的一次激烈战斗，是11时与驻防在荒岗的小沼泽地附近5座碉堡内的一支中队级日军部队的交火。尽管苏军步兵的进攻获得了团属76.2毫米炮火的支援，但疯狂的日军依然坚持到了19时。随后苏军继续进攻，于23时冲到塔桥村西南缘。

　　在苏军第35集团军右翼，步兵第264师和第109筑垒地域准备对

　　　　　　　　　　　　　　　　　　　　太平洋战争全史

虎头实施突击。经过 30—50 分钟的炮火准备后，在虎头镇以南江面强渡乌苏里江。空军第 9 集团军的轰炸机实施了 2 小时的轰炸以压制、摧毁日军的防御。到 9 日战斗结束时，苏军完成了对虎头要塞南侧的包抄，并解放了虎头镇附近的火车站，切断了到虎林的高速公路。

8 月 9 日凌晨 1 时整，远东第一方面军第 5 集团军各先遣营和配属的坦克自行火炮一同冒着大雨在黑夜中越过边境，向日军支撑点缓缓进发。大雨掩盖了苏军的突袭，有些据点未经激烈抵抗即被苏军攻克。红旗第 1 集团军各一线步兵团抽调步兵、工兵在坦克伴随下组成团先遣队，脱离团主力 3—5 千米引导主力前进。当日军因为苏军飞机的活动而警觉时，前线早已开始交火。

第 5 集团军的进攻就复杂很多，但集团军先遣营最初的进攻达到了预期效果。通过突然、机动、协同、密切的突击占领了一些据点，在其他据点则夺取了部分以作为出发阵地。这使主力能按时间表行动，也节约了后方炮兵的炮弹。主力部队的进攻将由坦克自行火炮的直射、随叫随到的炮兵和空中打击来提供火力支援。

苏军的夜袭完全出乎日军预料，在夜暗和暴雨的掩护下通过渗透突击的方式迅速切断了许多重要防御点的通信，因此日军各级指挥官无法掌握战斗情况。日军始终未从苏军首轮突击的震撼中恢复过来，整个战役中无法对苏军的进攻做出有力的反应。

苏军正加速进攻，甚至主力刚开始向前时先遣营就已经通过了日军阵地上切出来的走廊。第二梯队步兵师去攻克孤立在后方的日军据点。9 时 30 分步兵第 65 军先遣营摧毁了骆驼据点西坡的军营。1 小时后，该据点被步兵第 97、第 22 师主力碾过，部分阵地交给第二梯队消灭。一个坦克旅、自行火炮团和步兵团或营组成的先遣队引导步兵师前进，到 9 时，步兵第 97 师已经前进了 20 千米到达马桥河镇车站，步兵第 22 师前进 16 千米抵达鹿窖岭。12 时，步兵第 72 军第 215 师已占领瑞梨据点西坡的军营并切断了南北方向的军用公路。

步兵第 63 师先遣营继续攻击梨据点。步兵第 215 师投入坦克第 210 旅、重型自行火炮第 333 团和步兵组成的先遣支队拓展胜利，向西攻向绥阳，引导步兵第 63 师主力的先遣支队与之并行。到晚间，先遣支队已经推进 15—18 千米。第二梯队步兵第 277 师第 852 团受命清剿剩余日军。

到 8 月 9 日战斗结束时，第 5 集团军先遣支队和先遣营已经在 35 千米的正面上推进了 16—22 千米不等，连第三天的任务都已经完成。而后方跟进的主力则卷入了消灭日军残余据点的艰苦战斗。最左翼的第 25 集团军兵分三路。莫罗佐夫少将指挥的步兵第 39 军从诺沃格罗济夫卡车站东北的波戈罗夫卡出发，突破日军防御然后从北面包抄东宁筑垒地域并解放东宁镇，随后向西南方向拓展胜利解放汪清市，切断日军第一方面军与朝鲜的联系。

最左翼的第 108、113 筑垒地域和边防军部队将强渡图们江，解放延吉，分割日军"满洲"、朝鲜集团。同时第 106、109、110、111 筑垒地域将向当面日军边防阵地进攻从而牵制住日军。最后原本在方面军预备队中的步兵第 88 军将拓展第 25 集团军的胜利，向朝鲜北部的雄基、罗津、清津港进攻。

第 25 集团军的突击与红旗第 1 集团军和第 5 集团军类似，以突击队在夜间实施突击肃清日军各哨所。最初的进展非常顺利，到 9 日 3 时肃清了全部日军边防。8 时 30 分，步兵第 39 军第 40、386 师在坦克第 259 旅引导下开始沿河向东宁筑垒地域以北进攻。到 9 日战争结束，步兵第 39 军已经推进了 10—12 千米。

第 15 集团军在阿穆尔河区舰队江河舰艇第 1 支队的协同下于 9 日晨解放鞑靼岛，从而封锁了日军松江地区舰队向黑龙江的出口。日军开始向同江撤退。9 日夜步兵第 361 师主力已经在黑龙江南岸登陆。10 日晨第 1 支队舰艇抵达同江，在此之前日军已经退往富锦。第 2 支队从下斯帕斯科耶出发，3 小时后将一个步兵营组成的登陆部队运输到抚远县附近。此处日军进行了抵抗，但苏军江河舰艇搭载的 130 毫米舰炮和火箭弹摧毁了日军的工事，从而保障了登陆分队的顺利进攻。16 时苏军解放抚远县。独立步兵第 5 军也在第 3 支队协同下，在饶河地域顺利渡过乌苏里江并解放饶河。

第 16 集团军和堪察加防御区部队占领防御阵地，防止敌军可能的两栖登陆。北太平洋分舰队和彼得罗巴甫洛夫斯克海军基地的舰艇开始在鞑靼海峡、萨哈林岛海湾和彼得罗巴甫洛夫斯克附近海域布设水雷。苏军航空兵对日军地面军事设施进行了空中侦察和轰炸。

（四）最长一日——天皇对停战的决断及玉音放送前的政变

8月9上午10点，鉴于苏联对日宣战的突发情况，在是否接受国际反法西斯同盟的停战条件上，继续保持着超然姿态的天皇裕仁终于坐不住了。他授意内大臣木户幸一向首相铃木贯太郎发出"迅速决定收拾战局"的相关暗示。铃木贯太郎深知裕仁此刻急于求和，但自己虽然身为首相却无专断之权，于是提出召开所谓的"最高战争指导会议"。

由于时间紧张，一向喜欢装聋作哑的铃木贯太郎也不得不开门见山，向一干阁僚重臣发出了声音："我认为，我们除去接受《波茨坦公告》之外，别无其他选择。现在，我想听听诸位的高见"。可惜与会众人都知道这个问题需要承担的政治风险实在太大，于是各个缄口不语。无奈之下，只能由海军大臣米内光政继续发问："大家缄口不语，那就一事无成。我们是否无条件地接受敌方的最后通牒？我们要不要提出条件？如果需要，那么最好此时此地就来讨论一下。"

米内光政代表海军的发言随即引发了陆军方面的反弹，陆军大臣阿南惟几、参谋总长梅津美治郎拉上海军军令部总长丰田副武一同表示，停战未尝不可，但希望再加上其他条件：同盟军向日本派驻最小规模的占领军；由日本方面而不是由双方审判日本战犯；由日本方面遣散日本军队。

对于这些出于军方立场的反提案，外交大臣东乡茂德在内心自然是嗤之以鼻的，但在会场上仍不得不表示尊重对方的意见。但提出日本目前的情况朝不保夕，即使日本想提出若干条件，同盟国十之八九会断然拒绝谈判。梅津美治郎则争辩道："日本尚未输掉这场战争，倘若敌人进犯日本本土，日本军队依然有能力阻止他们，甚至击退他们，敌人的伤亡将会异常惨重。"对此，东乡茂德回答说："即使敌人的首次进攻被击退，日本的自卫能力也将进一步削弱，敌人的再次进攻几乎可以肯定会如愿以偿。"

此时由于会场上陷入了僵局，外面又传来了苏联红军大举进攻和又一枚原子弹在长崎爆炸的消息。铃木贯太郎不得不宣布暂时休会。而就

太平洋战争末期的日本情报头子下村宏

在战时内阁休会期间，天皇裕仁单独召见了情报局总裁下村宏。这次召见是宫内省根据下村宏秘书的请求安排的，且整整持续了2个小时（通常天皇召见臣僚至多不过30分钟）。召见结束时，下村宏带着宽慰的笑容对秘书说："一切进展良好。天皇已经同意发表广播讲话，晓谕全国，我们要和还是要战。"

8月9日下午2点30分，决定日本命运的内阁会议在首相官邸开始了。外务大臣东乡茂德首先发言。他叙述了到苏联宣战为止发生的所有事件，包括政府试图说服克里姆林宫从中调停的种种努力，道出了突然降临广岛和长崎的这场劫难的实质："杜鲁门最近一次广播讲话中谈到原子弹时宣布说'我们将继续使用这种武器，直至彻底摧毁日本进行战争的能力。唯有日本投降，才能使我们罢手'"。

铃木贯太郎随后征询海军大臣米内光政和陆军大臣阿南惟几的意见，但这两位不过把早些时候在最高战争指导会议上说过的话原封不动地又重复了一遍。米内光政表示："我们可以为日本赢得第一场战斗，但无法打赢第二场。我们的大势已去。所以，必须抛开'脸面'，尽快投降。我们必须立即着手考虑，怎样能最好地保存我们的国家。"

但阿南惟几却说："我们不能打肿脸充胖子，硬说我们肯定取胜，但是说我们业已战败，未免为时过早。毫无疑问，假如敌人进攻日本，我们将使他们遭到惨重的损失。我们或许能够扭转战局，反败为胜，这绝非不可能。"此外阿南惟几还补充道："我们的陆军不会乖乖地被遣散，皇军士兵绝不愿放下武器。他们知道是不准他们投降的，他们懂得，军人投降要受到最严厉的惩罚。所以，事实上，我们只有继续打下去，没有其他路可走。"

眼见阿南惟几态度强硬，铃木贯太郎只能让内阁的其他成员发表意见。农林大臣、商工大臣、运输大臣和军需大臣一致反对继续战争。他们指出，美国人已经把冲绳当作未来进攻九州（即"奥林匹克"行动）

的桥头堡，日本人民已经濒临精疲力竭的边缘。今年的水稻生产是 1931 年以来最糟糕的。最近几周，空袭和轰炸造成的破坏越来越大，今后可能更加严重。敌人的军舰已经开始炮击日本的沿海城市——总之，日本已经既没有力量也没有办法再打下去。可惜这些话说服不了代表陆军的阿南惟几，他不耐烦地喊道："大家都清楚目前的局势……但是，不管形势对我们如何不利，我们都必须把战争进行到底！"

此时内务大臣安倍源基突然发言，提醒大家注意陆军方面少壮派军人的情绪，并以昔日"二二六事件"为例，认为如果一味强逼陆军方面接受内阁的意见，可能会爆发不可挽回的流血冲突。安倍源基的这番话后来被作为其建议拒绝接受《波茨坦公告》的主要证据。但考虑到安倍源基为警察系统出身，参与过平息"二二六事件"的戒严行动，从某种意义上他的发言一方面是为了避免过度刺激阿南惟几，导致对方迅速发难；另一方面也

日本太平洋战争末期的内务部长安倍源基

是在暗示铃木贯太郎，此刻唯有请天皇裕仁出面才能破局。

以铃木贯太郎的老辣自然不难听出安倍源基的弦外之音，因此在装模作样地以天色不早为由宣布休会之际，迅速与外务大臣东乡茂德前往皇居，邀请天皇裕仁出面主持会议。而此时的裕仁也早已面对恶化的形势如坐针毡，早已做好了出面干预政局的准备。铃木贯太郎等人一开口，他便火速答应，并要求当晚便在皇宫之内的御文库内召开御前会议。

8 月 9 口深夜 11 点 50 分，由首相、外务大臣、陆军大臣、海军大臣、参谋总长、军令部长组成的"最高战争指导会议"再度开席。虽然铃木贯太郎此次请出了天皇裕仁坐镇，但局面并未有所好转。无奈之下铃木贯太郎只能主动开口说道："争论已达两小时之久，很遗憾的是结果为三比三，无法进行表决。然而事态紧急，事已至此，刻不容缓。虽然是第一次，确实感到不胜惶恐，但还是请陛下圣断为妥，以圣上的御裁为本次会议的结论吧。"

此时的裕仁仿佛又回到了 3 年多前决定对美、英宣战的时刻，但此时的局面已经不容许他以两句"四海之内皆兄弟，奈何风雨乱人间"来搪塞敷衍，不仅不得不身穿陆海军大元帅制服来体现自己为日本武装力量的最高领袖，更史无前例地在御前会议上做出明确指示。

裕仁声线不高，但此刻的话语却可谓掷地有声："既然如此，谈一下我的意见。本土决战，本土决战，连最重要的九十九里滨的海防都未搞好，士兵连枪和刺刀都没有，这种状态进入本土决战会怎么样？能保住日本这个国家并传给子孙吗？空袭愈演愈烈，整个人类遭受不幸……当然军人是朕的股肱，要解除他们的武装，并把朕的臣下作为战犯引渡出来，实在难以忍受。但是，现在须忍所不能忍者，耐所不能耐者。"

应该说裕仁的话讲到这个份上已经够了，但他唯恐自己的话仍有被陆军方面误解的可能，不得不最后再明确地以强作平静、实则压抑的声音说道，"朕同意依据外务大臣提出的条件接受《波茨坦公告》。"说罢，裕仁缓缓地走出了房间。铃木贯太郎随即宣布"天皇陛下的圣断，应该作为这次会议的决定"，而余者只能继续沉默表示了同意。

裕仁所谓的外务大臣提出的条件，实则即为保留日本的所谓"国

太平洋战争之前，裕仁常以军装出现在公开活动之中

体"，继续延续"万世一系"的天皇制度。而此外无论是美、英方面要求日本解除武装，还是要审判一干战犯的条件，日本事实上是照单全收了。不甘心自身的利益受到侵犯的日本陆军方面当然不会甘心，于是在8月10日上午7点，日本决定接受《波茨坦公告》的消息经中立国瑞典、瑞士传递向美、英的同时，阿南惟几第一时间召集了陆军省所有课长级以上的人员，在陆军省的地下防空洞里集合，通报了御前会议的结果。

而梅津美治郎则通过大本营陆军部向"关东军"方面发表了"为摧毁苏联的狂妄野心，开始新的全面作战，击败苏军，以维护国体、保卫皇土"的命令，并授意"中国派遣军"方面火速抽调6个师团又6个旅团的兵力，转用于中国东北和朝鲜方面。显然按照梅津美治郎的逻辑，《波茨坦公告》既然是美、英、中三国提出的，日本即便接受也不过是向上述三国投降，而苏联和日本仍处于战争状态，为了将苏联挡在中国东北之外，美、英、中可能会对日本陆军有所倚重。

基于与梅津美治郎相同的考虑，阿南惟几在8月10日还通过陆军控制的日本国内媒体发表了所谓的《告全军将士书》。其中淡化了与美、英、中之间的战事，强调："苏联终于入寇皇国，无论文辞如何粉饰，其侵略与称霸东亚之野心昭然若揭。事已至此，又复何言，只有毅然决然将维护神州之圣战进行到底。"可以说这套对抗苏联"入侵"的台词，日本陆军方面已经在内心演练了十余次，此刻终于脱口而出，内心的爽快自然可以想象。可惜的是此时的关东军早已不是昔日的状态，面对苏联红军的大举进攻不仅没有还手之力，更无招架之功。日本陆军试图借助在中国东北战场顶住苏联红军来证明自身价值的努力，显然也将以失败而告终。

与此同时，收到日本方面外交照会的美国政府也对这种公然提出条件的行为颇为不满。尽管陆军部长史汀生和总统军事顾问莱希上将都认为天皇的存在不独对日本人，而且对美国人都是至关重要的。它将有利于投降的进程，避免占领军和战败军队之间的流血冲突。但国务卿贝尔纳斯（James Francis Byrnes，1882—1972年）却从政治和外交层面提出了反对意见，他指出罗斯福与丘吉尔都坚持日本必须"无条件"投降，既然英、中两国参加签署了《波茨坦公告》，美国在同意任何"条件"

深受杜鲁门信任的国务卿贝尔纳斯

之前，都应该与之磋商。

贝尔纳斯这番话的重点不在于美国要与英国和中国进行商议，而在于日本方面是否有资格提出"条件"。果然经过一番权衡之后，杜鲁门最终决定给予日本方面如下答复："从投降时刻起，天皇及日本政府统治国家的权力便隶属于盟军司令部……日本政府的最终形态，将根据《波茨坦公告》，依照日本国民自由表达之意志建立。"

这番话看似是拒绝了日本方面的条件，但实则却留有极大的操作空间。可以说是没有给日本以"面子"，却给了"暗箱操作"的空间。但是消息传来，本就不甘心即将不复存在、从日本的社会生活中销声匿迹的日本陆、海军，随即鼓噪而起，认为美、英既然不同意保存日本的"国体"，那么自然只有决战到底。大本营海军部发出了："无须顾虑为决号作战保存兵力，应加强对主要敌人美国的作战，把握战机，努力歼灭敌机动部队"。陆军方面也电告各方面军："已收到美国对此答复的广播。但陆军方面认为，上述广播违反维护国体的本意，决定断然予以拒绝，仍坚持坚决继续战斗的态度……要求各军仍须坚决为完成作战任务而奋斗。"

可惜的是此时不仅以天皇裕仁和铃木贯太郎为首的日本政府已经无心再战，甚至连陆军内部也产生了分裂。8月12日，铃木贯太郎再度组织召开内阁会议，外务大臣东乡茂德认为局面至此，日本唯有接受无条件投降或宣布谈判破裂两条路可走了。但陆军大臣阿南惟几等人却希望通过再发送一份照会与美国人再谈谈价钱。会议由此陷入了僵局。

东乡茂德根据从日本驻瑞士大使馆传来的情报，认为美国在日本投降问题上已经尽了最大的努力，如果按照苏联和中国方面的意见，可能直接便宣布取消天皇制度了。因此力主为了避免谈判破裂，不应再提出条件，以免刺激美国。而陆军方面则抓住美国没有明确将保留日本"国体"这一点，力主拒绝投降。

在双方意见相持不下的情况之下，外务大臣东乡茂德不顾政治惯例，在会议中途进入皇宫上奏，并得到了"可按照外务大臣的主张办理"的口谕。铃木贯太郎随即以"天皇的意旨是现在就要媾和停战。如果照旧战斗下去，纵设背水之阵，在已出现原子弹的今天，为时未免太晚，那样也不能维护国体……就臣下克尽忠诚的角度来看，也可能想要作战到底，但是，即使能满足自己个人的心愿，日本国家将会如何呢？实在危险万分。陛下深知这种危险，才作出这一决定，相信为臣子者，除遵旨奉行以外别无他途"。

铃木贯太郎这番话几乎已经直指阿南惟几等人刚愎自用、挟私乱国了，但表面上无法作出反驳的日本陆、海军却没有停止抵抗。会议结束之后，已经被提升为海军军令部次长的大西泷治郎试图秘密串联永野修身等海军元老，说服天皇收回成命，但却四处碰壁。而陆军方面则出现了少壮派军官试图发动政变，调动日本陆军近卫师团包围皇宫，控制内大臣木户幸一、首相铃木贯太郎、外务大臣东乡茂德和海军大臣米内光政，从而夺取政治主动权的动向。

关于这些日本陆军少壮派究竟受何人指使的问题，后世的日本史学界普遍认为这些愣头青其实是受了投降之后铁定会被以战犯名义审判的东条英机的唆使。而陆军大臣阿南惟几则始终对其阴谋活动采取了抵制的态度。但事实上从获益的角度来看，这次政变如果成功，阿南惟几便将成为日本政坛的主宰，因此其表面上虽然保持着超然的态度，内心深处却是乐见其成。

可惜此时日本陆军内部并非铁板一般，8月13日凌晨4点左右，陆军大臣阿南惟几命令副官传达口信给陆军参谋总长梅津美治郎，表示打算请求陆军元帅畑俊六代表陆军所有高级将佐上书天皇，拒绝接受同盟国提出的投降条件。但梅津美治郎却表示他已经决定按照天皇裕仁的意愿行事，领导日本陆军接受无条件投降的命运。而没有了参谋本部的配合，日本陆军省方面无力完成任何兵力调动，所谓的政变计划自然胎死腹中。

8月13日下午开始，美国方面以日本故意拖延投降为由，再度出动舰载机和重型轰炸机空袭关东地区，并在日本各主要城市空投印有《波茨坦公告》全文和日本政府回复的宣传册，一时之间日本政府长期在国民面前维持的强硬姿态轰然倒塌。8月14日上午，内大臣木户幸一带着相关的宣传册进入皇居，恳求天皇裕仁再度出面，尽快推动停战事宜。随后首相铃木贯太郎也赶来提出了类似的建议。

　　应该说此时的天皇裕仁对整体局势的把握仍十分冷静，他虽然爽快地应允了木户幸一和铃木贯太郎的要求，但却还是第一时间先召见了陆、海军方面的三位元老：杉山元、畑俊六和永野修身。在面谕了所谓"停战决心"之后，裕仁更要求日本军队要无条件服从这一命令。随后又再度召开御前会议，以昔日"明治天皇"睦仁接受俄、德、法三国"干涉还辽"为例，说明日本帝国并非不能屈服，最后还不忘流下几滴眼泪，试图以一场悲怆的表演来感动阿南惟几等强硬派。

裕仁天皇亲笔签署的《停战诏书》

　　裕仁的这番安排为铃木贯太郎内阁起草《停战诏书》，以及向盟国方面通报日本无条件投降打开了道路。随后内阁情报局方面通知日本放送协会（NHK）的相关工作人员进入皇宫，录制裕仁亲自朗读的《停战诏书》全文，制作成所谓的"玉音盘"，准备于8月15日中午向全国及各战区展开广播。

　　眼见日本"无条件投降"从政治层面已经无法阻止，日本陆军省和参谋本部的少数少壮派军官不得不铤而走险，于8月14日夜间，以枪击刀劈的方式杀死了近卫师团司令森纠，伪造相关命令调动近卫步兵第2联队，打着"清君侧"的名义全副武装冲入皇宫之中，是为"宫城事件"。

　　客观地说，日本陆军内部对天皇裕仁心怀不满者大有人在，"宫城事件"之所以能够爆发，绝非只是少数少壮派军官的意愿可以左右。而如果这些人在8月14日夜间能够更为大胆一些，而不是将手中宝贵的武装力量用于搜查几张"玉音盘"的话，或许在日出之前他们仍有可能逆转局势。更具有讽刺意味的是，这些昔日推翻武士阶层的所谓"皇军"在皇宫之内大肆搜罗之际，始终保护着"玉音盘"的竟然是昔日主导江户幕府的德川家后代——侍从长德川义宽。

随着太阳的升起，"皇军攻占皇城"的消息随即引发了日本陆军方面的高度重视。在天皇裕仁表示要亲自向"叛军"解释自己有关为何决定无条件投降的情况下，一整个晚上都无所作为的"东部军"司令田中静壹突然出现，将所有近卫师团的士兵撤出了皇宫。

8月15日7点21分，日本放送协会播送了一个特别通知："天皇陛下已发布诏书。今天中午12时将广播诏书。届时请大家恭听天皇御音……将向白昼停电的地区供电。所有的车站、邮局以及政府和私人机构都应准备好收音机。"而几乎在同一时间，陆军大臣阿南惟几选择在自己家中剖腹自尽。

由于此前的御前会议和"宫城事件"的发生令日本无条件投降的过程显得格外曲折，因此8月14日到15日的一昼夜，被日本"昭和史著作第一人"半藤一利套用美国方面将诺曼底登陆誉为"史上最长的一天"的模式，将其称为"日本最长的一天"。据说半藤一利曾在1945年8月15日的日记中这样写道：

"简直难以置信！几天前我说过，没有其他途径能够拯救日本，免予毁灭。实际上，几年前我就这样想过，也这样说过：避免革命，保存日本的唯一办法，就是天皇亲自向人民发表广播讲话。这是最后的，也是唯一的机会。但我从来不相信真会这样做！我知道，天皇发表广播讲话困难重重。可是，几小时后就要成为现实。我明白，这样做不是轻而易举的事。这将是日本历史上的一个转折点。"

这段文字的背后自然充斥着日本普通国民对战争的厌恶和恐惧，同时也无声控诉着军部的高压。但其中却也流露出对天皇裕仁的莫名期待，仿佛世间一切的丑恶都与这位"神格化"的统治者无关。殊不知这是为了保住自己的统治地位。天皇裕仁才迟迟不愿意向美、英屈服，而此刻他选择屈膝也不过是为了苟全自己而已。

（五）胜利日——日本无条件投降后的处置

1945年8月15日，对于日本军队和普通国民而言或许代表着战败的屈辱，但是对于太平洋战场的美、英军而言却是一场狂欢的开场。那天早晨刚过 6 时，当哈尔西海军中将接到简洁的信号"空袭暂停"时，他大吼一声欢呼。强大的第三舰队停泊在日本海岸附近，战舰"密苏里"号鸣汽笛一分钟庆祝胜利。当战列舰的主桅上亮出"干得好"的旗子时，各舰只都挂出同样的旗子。哈尔西召回刚从他的航空母舰出发去进行空袭的飞机。他继续在高空进行严谨的空中巡逻，发出的命令是"调查并击落一切侦察机——不要以报复的态度，要以友好的方式"。这典型说明他对日本人的不信任。

在冲绳方向集结的美、英主力舰队，皇家海军特遣部队看到从"国王乔治五世号"战舰上打过来的旗语"对日停止敌对行动"，欢呼的水手们立刻挤满在舰只的上层，高掷钢盔——高兴得太早了，只过了几个小时就有人后悔了，因为一架日本海军的战机突然飞来投下了炸弹。事实上在日本宣布停战之后，大西泷次郎和宇垣缠等人仍亲自带领残存的"神风特攻队"向美、英舰队发动自杀式袭击，但这些行动不过是这些人的末日狂奔而已。

那天上午，尼米兹在他的关岛总部接到欧内斯特·金简要的通报，命令结束敌对行动。当美国海军太平洋舰队司令的工作人员高兴得跳起来的时候，尼米兹只不过礼节性地微笑了一下。还有一事也表现出这位曾经是太平洋战争胜利的主要缔造者之一的、不愿出头的海军上将的个性，那天下午他在发出的祝贺信号中，提醒他手下的士兵：既然战争已经结束，"再以侮辱的词句辱骂日本民族和日本人，就不符合美国海军军官的身份了"。

尼米兹的伟大任务几乎已经结束，而麦克阿瑟的却刚刚开始。杜鲁门总统通知他说："根据美国、中华民国、联合王国和苏维埃社会主义共和国政府之间的协定，你被指派为同盟国的最高联合司令。"这是自从战争爆发以来麦克阿瑟一直在期望、争取、谋求的职位，因此当他读到他的任务是"要求并接受日本天皇、日本政府以及日本帝国统帅部的正式官方代表们签署的投降文件"时，他并非不知道情况的嘲讽意味。终于，指挥了历史上战斗力量的最大集合体的麦克阿瑟以凯旋的姿态答复白宫说："整个东半球为战争的结束而表现出无法形容的激动和兴奋。"

8 月 15 日夜间，美国陆、海军在冲绳和莱特湾举行了空前盛大的

太平洋战争全史

日本无条件投降后，在美国纽约时代广场上著名的"士兵之吻"，但事后证实两位当事人并非真正的海军和护士

"烟火表演"，价值数百万美元的各种口径弹药，被用于向天空宣泄士兵们压抑已久的情绪。纽约的时代广场立刻拥满着欢呼的人群，水手和士兵看见漂亮姑娘就拥抱。全国一再举行狂热的庆祝，欢乐和狂欢通宵达日。警察接到严格命令，只准在全国性的狂欢超过控制时才能加以干涉。

而在日本国内，不甘失败的情绪不断催生着零星的暴动。8月15日当天，据守厚木机场的日本海军第 302 航空队以小圆安名为首的一干人员，宣布拒绝执行"无条件投降"的命令，但很快便在海军大臣米内光政等人调集的镇压部队的围攻下选择了投降，是为"厚木航空队事件"。同一天，东京市内的右翼团体"尊攘同志会"的 12 名成员，带着军刀、手枪、手榴弹等武器冲入东京港区附近的爱宕山中，试图占山为王，但随即便被东京都警视厅镇压，是为"爱宕山"事件。

"爱宕山"事件虽然迅速被平息，但却引发了日本国内更多好事者的效仿。8月24日，日本本州西部岛根县的另一个右翼组织"皇国义勇军"聚众 2000 余人攻击县政府，一番打砸抢烧之后才被赶来的警察所驱散。由于"皇国义勇军"以松江神社为集结点，因此这一事件被日本官方称为"松江骚扰"事件，但事实上民间所谓"皇国义勇军"事件或"岛根县政府烧打"事件似乎更为贴切。

"爱宕山"事件和"松江骚扰"事件都是日本民间团体的自发组织，显然掀不起什么风浪。"厚木航空队"事件虽然是日本军方所为，但终究是海军方面的动作，影响也不大。真正令日本政府担忧的还是陆军方面，事实上在天皇裕仁宣读《停战诏书》之后，日本政府便密切关注着陆军的动向。

事实上自8月10日日本政府宣布接受《波茨坦公告》以来，日本陆军方面便波折不断。对局势颇为敏感的"南方军"和"中国派遣军"先后表示拒绝停战，以践行"生不受虏囚之辱"的训诫。为此"天皇"裕仁不得不要求陆军三长官、两元帅联名要求各海外方面坚决服从"无条件投降"的命令。眼见局势无从挽回，"中国派遣军"司令冈村宁次率先表示"承诏必谨，以安圣怀"。"南方军"司令寺内寿一不仅表示"遵奉诏书"，更向"南方军"方面全体官兵做出了如下指示：

大诏俨然颁布，远在他乡万里，聆听天皇的声音，远征官兵谁不为之感激涕零。天皇的决定既已颁布，本官要绝对顺从天皇的心愿。属下全体官兵必须更加严整军纪，直至最后一瞬也要遵守本官的命令，要充分显示出天皇亲自统帅的军队的本色……皇国的前途虽多事多难到了极点，但全体官兵要铭记：神州是绝对不灭的。

为了安抚陆军方面的情绪，也为了做好下一阶段日本陆、海军解除武装的工作，8月15日铃木贯太郎内阁宣布总辞职，代之以有着陆军背景的皇室成员东久迩宫稔彦王。东久迩宫稔彦王身为皇亲国戚，在日本陆军一路升迁、顺风顺水。此番上台组阁之后，却是全力配合美、英方面全面解除日本陆、海军的武装。具有讽刺意味的是，为了给即将登陆的美、英方面一个好印象，东久迩宫稔彦王号召国民要进行"一亿总忏悔"。这个说法看似没什么问题，但联系此前日本政府号召国民拼死抵抗的"一亿玉碎"却实在有些滑稽了。或许也正是缘于对这种无耻的愤怒，8月24日日本陆军通信学院的学员攻占了川口广播大厦，是为"川口广播大厦"事件。虽然事态被迅速平息，但掌控部队不力的指责还是令东部军司令田中静壹选择了自戕。

8月19日，东久迩宫稔彦王亲自任命的16名代表乘坐2架解除了武装的"一式"陆基攻击机前往马尼拉，遵照麦克阿瑟的命令，在机翼和机尾上画上绿色十字的标记。他们到那里去准备根据波茨坦宣言的帝国投降书的措辞。美军占领的第一阶段的重点，是对一切同盟国俘虏给以人道的待遇。因此B-29型轰炸机再度被派上天，不过这次的任务不是去轰炸，而是向在泰国和华北的战俘营中的美国战俘空投食品和药品。

1945年8月17日，美国第3舰队在日本海岸巡弋

由于台风和日本国内重新发生骚乱而延误了一个星期以后，第一批美军在8月28日踏上日本国土，飞到横须贺附近的厚木机场。同一天，第三舰队的旗舰驶入东京湾。倒没有如哈尔西海军中将曾经答应过的那样以雷声震耳般的炮声的特殊方式到达，甚至并没有像38年前他作为海军少尉随白色大舰队到东京湾时那样鸣礼炮来炫耀。

虽然第三舰队已经如此壮大，如果把所有的战舰都聚集在日本神圣的富士山阴影之下，还是显得有些渺小，但是这次是在一个码头集结如此多的舰只来显示最惊人的海军力量。战列舰、航空母舰、巡洋舰、驱逐舰和登陆舰的灰色侧影驶入港内，这又提醒大家促成日本惨败的美国威力。英国海军以"约克公爵号"为代表，舰上飘扬着英国远东舰队司令布鲁斯·弗雷泽海军上将的旗帜。那天下午，美国太平洋舰队司令本人乘海上飞机前去战列舰"南达科他号"上升起他的将旗。

据说在得知是由麦克阿瑟主持日本投降仪式的消息时，尼米兹勃然大怒。他极为愤愤不平，绝不是为自己，而是为了那些在太平洋的历次战斗中承担主要作战任务的海军和陆战队勇士们。这种任命又一次证明麦克阿瑟的邀功自诩已经获宠。全世界视听再次集中于他，似乎是他的部队赢得了对日战争的胜利。

尼米兹愤怒至极，并将此种情况报告老领导欧内斯特·金，欧内斯特·金立即向总统杜鲁门提出，如果由一名陆军将领主持和平协议，那么，仪式应在一艘海军舰只上而不是在陆上举行。于是，只好这样作出了让步，选定在比尔·哈尔西的战列舰"密苏里"号上举行仪式。哈尔西向海军军官学院发出一封特函，要求借给他那面在1853年马修·佩里准将进入东京湾时挂在舰上的国旗，不过这个要求最终未能实现，因为当时的美国国旗还没有代表夏威夷的那一颗星星。

　　签字仪式的细节已由麦克阿瑟与日本政府商定。在举行仪式的前两天，尼米兹对麦克阿瑟作出最后一次的友好姿态。他命令海军工兵按海军上将专用艇的要求将一艘登陆艇改装为陆军上将的专用艇。他将这艘艇交给麦克阿瑟，作为他自岸上航渡至"密苏里"号上主持仪式时用。麦克阿瑟看了它一眼，声称它"太小了——我要一艘大舰，而且是新舰，只有驱逐舰可当此任"。麦克阿瑟获得了驱逐舰"尼古拉斯"号，但究竟是谁的将旗应悬挂在"密苏里"号的主桅上，仍然是一个使人敏感的问题。尼米兹将此问题交由拉马尔中校全权处理，并称他为旗官。拉马尔煞费苦心，他不偏不倚地解决了此问题，在海军历史上首次出现了在一艘舰的主桅上两面五星将旗并排悬挂。

　　8月29日，美国海军陆战队登陆占领横须贺海军基地，同时第11空降师前来接管毗连的机场。那里停着一排排的日本飞机，这些飞机已经在早些时候被迫拆除推进器，以免不听话的"神风突击队"飞行员在最后一分钟采取孤注一掷的行动。下午2点19分，当闪闪发光的巴丹号C-54运输机徐徐降落时，美国军乐队奏起乐曲。麦克阿瑟出现在机舱后面的门口，戴了一顶破旧便帽、一副太阳镜，抽着老玉米轴做的烟斗，这已经成为战时麦克阿瑟的"商标"。他以演员小心翼翼走向舞台中心时的那种庄严姿态，不慌不忙地步下舷梯。当记者们灯光闪闪拍摄照片时，他对艾克尔伯格将军致意说："鲍勃，现在算清账了"。

　　这想必是有史以来最不协调的军事胜利之一。以红色的救火车为首的麦克阿瑟的汽车长列到横滨短短的路程走了两个小时，因为日本人提供的这些破车用的是木炭，一再抛锚。沿途，美国将军们感到纳闷，在路上排成长行的士兵都把背对着汽车队。人们告诉他们，这是一种尊敬

1945 年 9 月 2 日，东京湾，日本投降仪式，F4U 和 F6F 战斗机编队在密苏里号战舰上空掠过

姿态，平常是为天皇保留的。盟国司令部在大饭店设立了临时总部，这是东京港口城市中，还没有被毁坏的少数几个建筑物之一。第二天黄昏，当温赖特将军和珀西瓦尔将军到达时，他们在晚餐时激动地重新会合。他们从沈阳的战俘营飞来，显得衰弱、病态，准备着出席投降仪式。

　　1945 年 9 月 2 日上午，天气阴沉沉的，驱逐舰把盟国的将军们运渡到"密苏里号"上去，同行的有世界各国的新闻代表，包括日本的新闻代表。自从海军准将佩里到达这里把西方的门户向日本打开以来，已然过去了 92 年的光阴。一面崭新的美国国旗醒目地展示在后面甲板上铺着台面呢的桌子上方的舱壁上，正式投降书将在这张桌子上签署。旗舰的高处，挤满了水手。而下面，甲板上，9 个同盟国的制服整齐的海、陆军代表争占有利位置，都想使自己在这一历史大事的照片中占一个地位。

　　日本代表乘坐的驱逐舰停在一个客气的距离之外，等待最高司令的人员乘坐的舰只靠近大战舰。当麦克阿瑟在奏乐声中上船时，他注

1945 年 9 月 2 日，麦克阿瑟将军在文件上签字，靠近话筒站立的是乔纳森·温赖特中将，他旁边是接受日本在新加坡投降的英军帕西瓦尔中将

意到"密苏里号"的主桅上出现不寻常的现象。将军的红旗同尼米兹海军上将的蓝旗并排飘扬——说明他们在太平洋司令部的级别是相同的。

对于坐船来的日本人没有致敬礼，因为他们是求和的战败敌人。梅津美治郎将军代表帝国统帅部，脆弱可怜的重光葵将代表日本政府签字。甚至在爬陡峭的楼梯时，也成为这位外务大臣的艰难考验。因为多年以前在遭到暗杀时他失去了一条腿，靠了一根手杖他踢踢趿趿地走到他的位置上。在一片军人制服的大海中，他戴着丝绒礼帽，穿着大礼服，他是战败的日本老百姓的可怜的象征。

当盟国的领袖们就座时，乐队奏起美国国歌。牧师祈祷以后，麦克阿瑟站在一排麦克风前，老练地发表了一篇简短而有说服力的演说，最后他说："我最热诚的希望，确实也是全人类的希望，就是在这次庄严的仪式以后，将从过去的流血、屠杀中出现一个更好的世界——一个献身于维护人类尊严的世界，一个致力于自由、宽容和正义这个崇高愿望的世界。"

　　　　　　　　　　　　　　　太平洋战争全史

"这个窄小的后甲板这时候成了和平的祭坛。"这是日本代表团的一位成员在回忆当时的情景时说的。当时，日本代表被招呼过去在投降书上签字，然后最高司令一个字母一个字母地签字，把各支钢笔递给温赖特将军、帕西瓦尔将军以及他手下的其他成员。尼米兹海军上将代表美国签字。他签字以后，接着签字的有中国的徐永昌将军，英国代表布鲁斯·弗雷泽海军上将，苏联代表库兹马·杰列扬科中将，澳大利亚代表托马斯·布拉米将军，然后是加拿大、法国、荷兰和新西兰的代表。

1945 年 9 月 2 日，在东京湾，来自世界各国的军队要员和记者在"密苏里号"战舰上观看日本投降仪式

"让我们祈祷，现在世界恢复和平了，上帝将永远维护和平。"麦克阿瑟吟咏道，然后宣布："现在仪式结束。"正当第一批 1900 架同盟国的飞机轰隆隆地飞到头顶上来的时候，太阳从云层中冒了出来。但是麦克阿瑟表演的完美时机几乎被破坏了，因为正要离开的日本代表发现文件上有错误。加拿大代表以及随后的代表们的签字都签错了地方，萨瑟兰将军不得不赶紧纠正错误。

日本的代表们现在已经不是敌人了，他们受到礼遇被送出后甲板。尼米兹为了表明日本代表们的新身份，命令在日本代表所乘的驱逐舰上，以咖啡和香烟招待他们。同盟国的司令官们休会去喝咖啡，吃炸面饼圈——因为美国海军是禁酒的，不可能敬香槟酒。不管怎样说，这总是不怎么恰当的，因为麦克阿瑟将军已经向全世界的无线电联播宣称："今天枪声不响了，一场大悲剧结束了……"

尼米兹则回到"密苏里"号上他的舱室里休息，给妻子和孩子们写信，记叙了这一历史性的时刻。然后请他的同事们共进午餐，接着乘飞机赴关岛。不到一周之后，尼米兹登上一架飞机飞返珍珠港，然后去

准备返回美国的航母，星条旗在高高地飘扬着

"天皇"裕仁和麦克阿瑟站在一起

旧金山。这是他感情脆弱的时刻，他疲劳而兴奋，忧伤而充实，愁闷而愉快。他充满了那种即将凯旋的人的感情。他离开关岛，再也没有返回过。

当盟国最高司令的总部于1945年秋在东京建立时，麦克阿瑟面临的任务，是要管理一个破烂国家，它既受战败的创伤，又受到战争的破坏。一半的城市变成废墟，三分之一的工业被毁灭，甚至在海外的600万士兵和百姓开始回国以前，7000万居民已经处于饥饿边缘。然而，美国占领军的负担又不很重，因为经过许多年的极权统治之后，日本人容易接受从一个军事权威到另一个军事权威的过渡。受到华盛顿的惊人松散的制约，麦克阿瑟成了日本的实际统治者，他全权监督新宪法的制定和执行。

1947年通过的宪法，保留天皇为立宪君主，并重建议会的最高权力地位。宪法条款使日本人从许多传统的束缚中摆脱出来，使妇女第一次获得选举权。它还规定解散统治经济的"财阀"工业集团。虽然日本直到1951年《旧金山和平条约》签订时才获得完全自主权，但是国家的复苏和再建却很快在进行中了。日本人民在拥抱西方的观点、方法和方式上，又表现出当初明治维新时同样的非凡能力。到了战后第一个10年结束的时候，一个崭新的国家当会出现：非军事化的、民主的以及——全国热衷于棒球和好莱坞电影——美国化了的。

太平洋战争全史